财经法治

金融财税法学前沿问题论丛 | 许多奇 / 总主编

Financial and Tax
Fiscal Law

A Study of the Legal System of SME Set Bond

中小企业集合债券法律制度研究

陈怡西 / 著

7

法律出版社 | LAW PRESS

总　序

回顾历史可以发现，决定21世纪全球结构巨变的动因主要有两个，都发生在美国。一个是2001年9月的恐怖袭击事件；另一个是2008年9月的投资银行"雷曼兄弟"破产。前者引起了阿富汗战争和伊拉克战争，导致美国财政赤字激增。就在此时IT泡沫破灭，经济形势恶化，"钱从何处来"的问题变得非常尖锐。美国政府的对策是借助不动产政策来抬升景气，由于无法采取财政扩张手段，不得不采取信用扩张手段，借助金融技法获取必要的注入资金。然而增发货币和降低银行利息的结果是制造出了极大的住宅泡沫，最终因次贷问题诱发金融危机。后者——雷曼事件——则发出了政府不会救济大型证券公司的信号，接着在投资银行和券商中激起连锁反应，从不同角度严重冲击了世界的金融市场。正是这两大事件让美国政治和经济蒙受惨重打击，单极的帝国体制构想也终于土崩瓦解。

不言而喻，经济景气恶化势必造成国库税收减少，而反恐战争规模扩大势必增加政府开支。在一减一增之间，财政赤字必然会不断膨胀。这时，如果想提振景气、开拓资金来源，决策者会面临一系列困境。如果因为赤字压力无法进一步运用财政刺激方法来拉动经济，那就不得不增发国债或者扩大货币供应。

但是,这样做总是有限度的。如果国债和货币发行过度,可能引发国债信誉暴跌和货币价值暴跌。在金融市场出现信用收缩之际,银行放贷行为随即会消极化,从而影响企业的生产绩效、雇佣以及销售。实体经济一旦恶化,又会反过来造成不良贷款率上升和金融市场的萧条,进而形成金融领域的恶性循环。为阻止金融危机的蔓延,不得不硬着头皮按照凯恩斯的思路采取财政刺激手段,这就难免酿成政府债务危机或者加重企业和公民的税负。于是,很可能形成另一种财税领域的恶性循环。

在法学研究的视野中考察上述社会变迁及其经济形势,就会发现财税法与金融法之间其实存在某种奇妙的关联,似乎在凯恩斯学派与芝加哥学派之间出现了一个复杂的制度环路。一般而言,在风险性不断增大的状况中,仅凭确定的法律规则很难有效解决问题,政策性裁量的余地势必有所拓展。因此,在面临金融风险时,基于凯恩斯主义的财政扩张、金融救济以及企业援助等举措将陆续出台,政府对市场的干预和诱导会显著加强。显而易见,这些做法与全球金融资本主义体制所追求的市场原理主义和自由至上主义的理念是互相抵牾的。但是,如果不采取这些举措,一定要坚持芝加哥学派的那种货币主义立场,全球化的自由市场最终将被金融危机所摧毁。这是一个怪圈。

换言之,这也是一个自反性悖论。全球化的金融市场在强烈要求更大自由的同时就埋下了政府干预的契机,这样的逻辑似乎构成某种历史的讽刺。实际上,没有政府的干预和引导,20 世纪 30 年代的金融危机以及世界大萧条是很难收场的。实际上,在全球化的状态下,由于边界的流动化,通过货币供应量的维持或调节来保持经济平衡的效果已经越来越微弱,货币主义已经捉襟见肘。这就证明了纯粹的资本主义体制的确具有不稳定性、脆弱性,需要某种非市场的基础条件来克服其内在的无政府主义冲动。这种市场的非市场性基础,归根结底,就是适当的政府监管以及公平而有效率的法治。

然而我们不能仅仅从技术层面来理解监管和法律秩序的作用。的确,现代文明的一个本质特征是技术。在美国财政和金融领域,技术主义(technologism)的倾向尤其显著。众所周知,在 20 世纪五六十年代,庞德(Roscoe Pound)的“社会工程”法律观曾经风靡一时;20 世纪八九十年代,马科维茨(Harry M. Markowitz)开发的金融数理方法和通过复数证券的组合来分散风险的技术更成为华尔街的天之骄子。这样的金融工学，实际上暗设了一个前提，这就是人们的心理可以在一定范围内进行预测和计算。这样的理论预设，把个人金融动机的不确定性转化成了具有一定概率、可以进行控制的风险性，并通过拆解和重组的理性操作来分散和管理投资行为的风险。这种技术理性在微观上的确是可以存续的，也是有效的。但是，微观行为的合力未必能形成宏观的合理性。为此，我们需要超越个别行为和技术理性的维度，从信念、结构以及实践等不同侧面，把握金融领域的法治。

例如，信贷资产在细分之后进行证券化处理，在一定程度上转化为似乎很安全的金融商品，并大量出售给全世界的投资家，使风险被极大地稀释。房贷是一种新式金融衍生品，全球金融资本主义体制为这种证券化商品的流转提供了最佳环境——这两者结合在一起，却于不经意间无限放大了美国 2008 年之秋次贷问题的危害。结果是一个国家内部住房泡沫的破灭竟然把欧洲乃至世界的金融市场冲得七零八落，激发了一场百年难遇的经济地震，至今余波荡漾。在这样的背景下，如何甄别和防止金融风险及其“蝴蝶效应”就成为一个世界性课题。分析与次贷危机相关的各种现象和效应后人们不难理解，金融市场的不确定性和脆弱性并非证券的固有品质，而是由作为金融市场的基础或者框架的制度和规范所决定的。不言而喻，金融自由化会加强市场的动态，即增加流动性。信贷资产的证券化因为分散了风险也会增加市场的流动性。这种人为的流动性越显著，越容易形成投机性价格，并使这种投机价格与正常的基础价格相距越来越远。反之，如果适当完善和坚持制度、规范以及监管，就会抑制投机的流弊，维护市场的稳健性。

金融法与财税法的贯通式研究是许多奇教授有意识追求的学术目标。她计划主编一套题为“金融财税法学前沿问题论丛”的系列研究成果，推动金融法与财税法的学科交叉合作，为学者、专家、律师以及金融管理者提供专精化的知识交流平台。对于这样的宏伟抱负和雷厉风行的执行力，我很欣赏，也非常钦佩，更乐观其成。鉴于金融法和财税法在中国还属于新兴研究领域，今后具有越来越重要的学术价值和现实意义，我希望法学界同人对有关动向给予更多的关注和支持，并愿意与大家共同促进相关学科的交流合作。金融危机及其对实体经济乃至财税制度的影响是当今世界不得不面对的最大风险，也是市场经济法律体系的一个关键性变量。相信这套丛书对于我们深入理解和把握风险社会的法治问题也大有裨益。

是为序。

 *

2015 年 12 月 2 日于京沪旅次

---

* 季卫东，上海交通大学法学院教授，长江学者。

序

在我国，企业债券经过30余年的发展，已经逐步摆脱了计划经济的烙印，从单纯为国家能源、交通、工业、基建等支柱产业的大型国企服务转而向民营企业、中小企业等多元主体开放。中小企业集合债券作为债券市场的新兴产物，在统一组织、统一增级、统一管理的基础上使中小企业联合体的总体信用和债券融资总体规模达到了法律规定发行交易的要求。然而，在政府自上而下地推动金融创新以弥补原有市场机制的缺失和不公时，既有法律法规却无法包容中小企业的特殊性，滞后于中小企业集合债券的发展。鉴于此，本书作者以政府扶持和规范中小企业集合债券为研究主线，以中小企业集合债券的应然特殊法律制度构建为目标，力图梳理出中小企业集合债券实践中已经面临的和可能出现的法律问题并提出解决思路，这无疑是一项极富理论意义和实践价值的工作。综观本书，作者具有一定创新的思维体现在以下几个方面：

其一，对中小企业集合债券法律制度的研究，逻辑起点在于将中小企业定位为市场竞争中的弱者和不善从“规矩”者，通过政府对其融资行为的扶持、引导和规范，助力中小企业发展。作为研究的主线，政府扶持、引导和规范中小企业集合债券发展的思路贯穿于牵头人机制、合作机制、信用担保法律制度、信用服务法律制度、发行法律制度、监管法律制度的整个制度构建的逻辑结构之中。作者从市场自发组织的缺陷、中小企业的认同感、政府宏观调控的效果等角度，考察了政府干预的正当性和可行性，并论证了其提升市场效率的更优方案，对于创设政府干预手段以及划定政府干预边界颇有助益。

其二，中小企业集合债券既涉及债券所共有的法律问题，也有其自身的特性，作者并未简单重复债券一般法律问题的探讨，而将着眼点聚焦于中小企业集合债券的特殊性法律问题上。中小企业集合债券的实际发行人并非单个中小企业，而是中小企业联合体，表现为一些在地域上相邻或者在产业链上相连的中小企业为了相互提供融资便利，通过合力减少信息不对称、提升信用等级、降低融资成本而组成的特殊“联盟”，其集群式的合作形式、联动且较高的信用风险、灵活且规模较小的信用资产等，都对传统的债券法律制度提出了新挑战。以此为基础，作者从政府牵头的市场需求、信用合作的内外联动、信用担保的丰富形式等视角，对中小企业集合债券这种新型债券的法律制度提出了建构方案，并从信用风险的特殊评定、发行条件的更正设计以及监管制度的渐进革新等方面，对债券法律制度体系提出了完善路径。

其三，重视运用实证分析方法，以经验事实为基础提出研究的问题。一是通过分析、评价中小企业集合债券的组织模式和运行流程等具体实务，找出现行体制下的牵头人机制、合作机制、信用担保制度、信用服务制度以及监管制度等存在的法制障碍；二是通过考察政府扶持、规范中小企业集合债券的干预手段，探究政府干预与市场需求分离、与效率原则不符、与经济情势脱轨等具体问题；三是通过考证原有立法这一经验事实对中小企业集合债券的确认、指导和规范程度，指出现有法律规范在概念中的缺失、在监管中的权力冲突以及在内容上的滞后等问题。进而，将规范分析建立在实证分析的基础上，通过制度构建逐一回应和解决实践中发现的问题。

本书是作者在博士学位论文的基础上成就的。作为作者的导师，我得以见证了本书形成的全过程，对本书的出版自然感到十分欣慰。随着债券市场的变迁和政府调控方式的变化，中小企业集合债券在实践中不断显现出新问题，希望作者在后续的研究中引入更多的案例分析，以增强经验实证的论证，同时对一些尚未深入分析的问题进行更进一步的研究。

是为序。

2020 年 1 月

前　言

中小企业集合债券是我国近几年才出现的一种新型金融工具。与一般金融工具创新意义不同的是，除了有助于实现转移市场风险、增加资产流动性、降低融资成本以及扩大投资者投资渠道等经济利益之外，其甫一产生便基于债券市场资源配置功能不健全的大背景，解决了中小企业不能公开发行债券的现实难题。其本质是将中小企业作为竞争中的弱者给予补偿性质的差别待遇，通过政府的扶持、引导和规范，使社会资金高效、有序、安全地流向融资困难的中小企业。对中小企业集合债券法律制度这个论题展开理论研究，其目的在于为中小企业集合债券的可持续发展提供建议，进而通过法律的确认、支持和监督，健全促进中小企业发展的融资机制。本书围绕以上核心观点，按照政府扶持、规范中小企业集合债券的主线展开研究，从政府牵头、中小企业合作、信用担保、信用服务、发行和监管等方面加以制度上的构建。在内容上，尽管中小企业集合债券法律制度既涉及普通债券共通性内容，也具有自身特性，但是为了突出中小企业集合债券法律规范的特别法地位，彰显中小企业集合债券法律制度的理论和实践价值，本书着重阐述具有特殊性的法律问题。

在本书的结构安排上，除导论和结论外，共分八章。前两章(第一章、第二章)为总论部分,通过理论解读,对中小企业集合债券予以界定,阐释了中小企业集合债券的法律关系和作用;通过实证分析,揭示了中小企业集合债券在实践中产生的问题。后六章(第三章至第八章)为分论部分,重点围绕牵头人机制、合作机制、信用担保制度、信用服务制度、发行制度和监管制度对中小企业集合债券进行法律制度构建。具体各章内容如下:

第一章,中小企业集合债券的理论解读。通过探讨中小企业集合债券的定义、特征、与相关概念的区别、法律关系以及作用,试图回答“中小企业集合债券是什么”、“中小企业集合债券特殊法律属性”以及“中小企业集合债券出现的必然性”等问题。首先,中小企业集合债券作为企业债券的一种特殊形式,不同之处主要体现在运行模式上,通过对运行模式的解构和归纳,笔者提出了中小企业集合债券的定义。其次,为了与普通债券的共通性内容相区别,凸显中小企业集合债券的特殊性,本章从发行主体、基本要素和外部因素三个方面对其特征进行了探究。再次,通过与企业债券、公司债券、中小企业集合票据以及中小企业私募债券之间的异同对比,进一步对中小企业集合债券的概念进行辨析。复次,对中小企业集合债券的法律关系展开分析。法律关系有助于确定参与主体的角色定位,通过权利义务的配置,将中小企业集合债券事实关系进行反映和提升,并最终成为法律制度内部生命力的源泉。在中小企业集合债券法律关系中,中小企业具有核心的主体地位,其发挥的作用贯穿于中小企业集合债券的合作、中介服务、发行、政府干预的整体过程中。因此,以中小企业为基点分析中小企业集合债券涉及的主要法律关系,方能展现中小企业集合债券的独特属性。最后,为了解答中小企业集合债券是否具有生存空间、是否具备制度优势等问题,本章对中小企业集合债券的特有作用进行了分析,认为中小企业集合债券在缓解中小企业融资难、实现中小企业外部规模经济以及优化金融资源配置等方面具有独特优势。

第二章,中小企业集合债券的实证分析。实证分析关注的是制度的实在方面,具有真实反映法律制度实施效果的作用,并进而发现实际问题、指明改革方向。中小企业集合债券自 2007 年诞生以来,已历经多年发展。其间,中小企业集合债券是否满足了中小企业的融资需求、是否符合了市场自由发展的规律、是否产生了政府预想之中的效果,都需要实证分析的结果进行解答和支撑。本章基于此认知,首先,对中小企业集合债券牵头人机制、合作机制、信用担保制度、信用服务制度和监管制度进行了现实考察，发现：政府所构建的牵头人机制缺乏明确标准和严格程序；中小企业之间的合作仅止步于发行规模的简单相加和信用资产的价值平衡；以国有企业或者政策性担保机构承担连带责任的信用担保形式，增大了信用担保机构的负担和风险；中小企业集合债券的几起违约案例充分表明，中小企业集合债券的信用服务有着供给不足、评级失灵等缺陷，监管机制尚存信息披露不足、监管缺位等问题。其次，将政府干预放在中小企业集合债券的特殊问题中加以认识，是对政府扶持、规范中小企业集合债券的效果进行评判的最佳方式。而现实中，由于缺乏对社会需求的本位关怀，对干预成本与干预收益的判断不足，以及天然的权力膨胀，使政府对中小企业集合债券的干预定位不清、边界模糊。最后，政府对市场失灵的干预必然会涉及私权。为了保护私权，维护干预效率，有必要对政府干预进行干预，即保障政府干预的法定性。但是，在政府主创性地推动中小企业集合债券的发展以弥补原有体制的缺失和不公之后，相关立法在时间和空间上又滞后于中小企业集合债券的发展需要。因此，有必要用动态而非静止的方法对中小企业集合债券的相关立法进行考察，以对变动的市场发展予以适时的法律回应。此外，通过考察政府干预和立法中存在的问题，进一步发现，现有发行机制在审核模式、发行条件、发行程序等方面都没有关注到中小企业集合债券的特殊性，尚存改进的空间。

第三章，中小企业集合债券牵头人机制的法律安排。牵头人机制是组织发行中小企业集合债券的首要环节，亦是政府扶持中小企业发展的重要举措。通过论证中小企业的需求与认同、市场自发组织的缺陷以及宏观调控的效果，可以得出牵头人机制的存在和运行具有正当性的结论。为了回应中小企业集合债券牵头人机制在现实中存在的问题，本章立足转变宏观调控理念，将牵头人机制视为市场需要和中小企业民主认同的结果，提出设立独立统一的牵头人、明确牵头人的职责、建立调查宣传和考核机制、完善筛选机制以及建立民主参与机制等对策建议。

第四章，中小企业集合债券合作机制的法律安排。中小企业集合债券之“集合”是其生命力的源泉，只有对“集合”的价值、实质和程序深刻理解，才能给予中小企业集合债券不竭的发展动力。笔者将“集合”的精髓归为中小企业之间的信用合作。中小企业集群是信用合作关系的组织载体，其所形成的融资合作环境减轻了中小企业在资源获得上的劣势，提高了集体行动的效率。

在制度构建上，只有致力于维护信用合作的外部环境、建构信用合作的组织模式、优化信用合作的内部组合，才能保障中小企业之间的合作效果。故而，本章提出：应当遵循整体性原则、开放性原则和需求原则制定维护中小企业信用合作外部环境的法律和政策法规体系；在组织机制上，依托多方主体合力，以地方政府提供偿债保障基金、信用促进会开展信用评估、地方性商业银行竞聘承销商、园区内信用担保机构提供担保的组织模式，为中小企业集合债券高效运行提供原动力；在内部组合上，应采取科学的方法，充分考虑中小企业之间的差异，以信用风险更小、融资效率更高的组合模式指导中小企业间的信用合作。

第五章，中小企业集合债券信用担保法律制度。为支持中小企业集合债券与投资者建立信任关系、维护市场金融安全，信用担保在信用增级和信用风险等方面发挥了重要作用。但是由政策性银行、国有企业和政策性担保机构提供强制性全额不可撤销连带责任保证的现实做法，其实质是以政府隐性责任为中小企业和投资者风险“兜底”，不利于市场自身防范和化解风险功能的正常发挥。中小企业集合债券信用担保立法分散、担保形式单一、风险分散机制缺位等问题，也进一步制约了其市场化发展。因此，应健全中小企业集合债券信用担保法律体系，促进政策性担保、互助担保、商业性担保多元化发展；探索信用担保的公益性与市场化发展相结合的模式，由中小企业、投资者等主体共担风险。

第六章，中小企业集合债券信用服务法律制度。由于在中小企业集合债券政府牵头、信用合作、信用担保、发行以及监管等不同阶段，各个市场主体对中小企业信用信息的采集、整理、加工以及评估、认定都有不同程度的需求，使信用服务包括征信和信用评级两种不同形式都发挥出重要作用。但是，由于我国信用服务法律体系尚不健全，信用服务机构所提供的信用信息对中小企业集合债券的供给不足，信用评级失灵使其对中小企业集合债券风险防范的功能大打折扣。为此，本章主要针对以上两个方面的问题，提出通过支持和引导民营征信机构、建设专门的中小企业征信数据库等办法来促进信用信息的有效供给，通过规范信用评级质量体系、健全信用评级监管机制来弥补信用评级失灵的缺陷。

第七章，中小企业集合债券发行法律制度。发行制度历来都是债券法律制度的核心内容，其成果之丰、共识之多以及由此促成的改革力度之大，都是债券其他问题所难以企及的。但是我国债券发行制度在专注于自身发展时却忽视了中小企业的特殊主体地位及其带来的不同,理论研究贫乏,以至于对改革的推动极为有限,成为中小企业集合债券发展的掣肘。因此,有必要在转变理念的基础上完善立法,以发行审核的渐进革新、发行条件的更正设计、发行程序的特殊补充来重塑中小企业集合债券发行制度。

第八章,中小企业集合债券监管法律制度。监管是政府对中小企业集合债券进行规范的主要手段,但是,监管并不总是有效。受利益冲突、路径依赖以及监管者自身局限等因素的影响,对中小企业集合债券的监管存在不完备的情况,制约了政府对中小企业集合债券的规范效果。因此,本章通过探究国家发改委、证监会、央行多头监管的利弊,以及国家发改委行政监管与银行间市场交易商协会自律监管的优劣,得出的改革方案是:改变分头监管格局,由证监会统一负责中小企业集合债券的监管,并充分发挥证券交易所自律监管的补充作用,最终实现中小企业集合债券监管法律规范的统一和完善。此外,鉴于将信息披露而非行政许可作为保障市场安全和投资者权利的有效手段已经成为业界的共识,本章通过分析中小企业集合债券信息披露存在的问题,提出应从健全信息披露法规体系、完善中小企业信息公示机制、强化中介机构信息披露职责以及维护监管机构中立性和权威性几个方面进行制度构建。

Contents

目录

导　论

一、选题的意义

（一）选题的缘起

“小而强的时代来临了，当全球经济越扩张，规模越小的成员，影响力反而越大。综观世界各国经济发展足迹，中小企业在促进科技进步，增加就业和扩大出口等方面发挥着非常重要的作用。”①中小企业面临的内生规模约束和外生制度约束所造成的融资“瓶颈”业已成为其发展最严重的桎梏，致使中小企业在市场竞争中始终处于弱势地位。为了缓解中小企业融资难的问题，我国在探索解决方法的过程中逐渐认识到直接融资的重要作用，并出台了一系列法律和文件，要求加快中小企业直接融资的发展。例如，《中华人民共和国中小企业促进法》（以下简称《中小企业促进法》）第18条规定：“国家健全多层次资本市场体系，多渠道推动股权融资，发展并规范债券市场，促进中小企业利用多种方式直接融资。”2009年9月，国务院《关于进一步促进中小企业发展的若干意见》提出：“稳步扩大中小企业集合债券和短期融资券的发行规模，积极培育和规范发展产权交易市场，为中小企业

---

① John Naisbitt, *Global Paradox: The Bigger the World Economy, the More Powerful Its Smallest Players*, New York, William Morrow, 1994, p. 2.

产权和股权交易提供服务。”2010 年 6 月，中国人民银行、中国银监会、中国证监会、中国保监会《关于进一步做好中小企业金融服务工作的若干意见》指出：简化中小企业集合债券和中小企业集合票据的审批手续，对其开展绿色通道；鼓励中介机构减少中介费用，降低中小企业集合债券的成本；健全信用增级等配套措施，防范中小企业集合债券的风险。

我国通过制度创新，支持中小企业以中小企业联合体的形式发行债券，实现了中小企业的信用合作，探索出一条既具经济民主，又有平等和效率价值的直接融资途径，并力图以法律为其保驾护航。《中华人民共和国证券法》（以下简称《证券法》）、国务院《企业债券管理条例》等法律法规为发行中小企业集合债券提供了一定的法律依据。在实践中，国家发改委于 2007 年开始主导发行中小企业集合债券，目前我国共有 16 只中小企业集合债券成功发行，包括：“07 深中小债”“07 中关村债”“09 连中小”“10 中关村债”“10 武中小债”“11 豫中小债”“11 常州中小债”“11 蓉中小”“12 芜中小债”“12 扬州中小债”“12 合肥中小债”“12 石开中小债”“13 云中小债”“14 扬州中小债”“14 邯郸中小债”“15 湖南中小债”，发行总额为 59.72 亿元。[①] 中小企业集合债券在政府的引导下业已发展成为一项新兴的、极具潜力的业务，较好地实现了为中小企业提供新的直接融资渠道的目标。

然而，由于缺乏专门的法律进行规范，中小企业集合债券存在大量的风险。国家发改委虽然创设了中小企业集合债券，但是从未出台相关的正式法规。试点省市中，仅深圳市政府办公厅印发了《深圳市中小企业集合债券组织发行实施细则》，其他各地发行中小企业集合债券的标准不一、操作混乱。在此背景下，伴随着共识与争论，中小企业集合债券成为债券理论研究和实务运作关注的热点问题。但是，现有的研究大多从经济学的角度出发，系统、深入地对中小企业集合债券法律制度进行研究的较少。鉴于此，笔者拟对中小企业集合债券法律制度进行全面、系统的阐述，研究的范畴具体包括中小企业集合债券的理论界说、实证分析、牵头人机制、合作机制、信用担保法律制度、信用服务法律制度、发行法律制度以及监管法律制度等内容。

---

① 根据企业债发行公告统计，载中国债券信息网：http://www.chinabond.com.cn/Channel/4840666，2020 年 2 月 10 日最后访问。

(二)研究的意义

中小企业集合债券作为债券市场的新兴产物,是由地方政府、监管机构和债券实务界共同推动发展起来的,其着眼点主要在于中小企业集合债券的功能发挥和运行效果,法学界对其关注不多,以至于缺乏系统性审视。从法学角度对中小企业集合债券进行理论研究,深入洞悉其背后的经济学原理和法律关系,有助于为建立中小企业集合债券相关法律制度夯实基础;深入探究中小企业集合债券的法律价值,有助于实现对弱势群体的保护,追求经济民主和实质公平;深入考察中小企业集合债券的牵头人、合作、信用担保、信用服务、发行以及监管法律制度,有助于探寻符合我国实际的制度需求。

任何理论研究必须对变化的现象予以适当和适时的回应,并最终接受实践的检验。首先,本书通过选取具有一定代表性的案例进行实证分析,总结实践经验和存在的问题,为各地发行中小企业集合债券提供法律意见和通用准则;其次,对政府干预中小企业集合债券的行为进行研究,剖析政府行为存在的缺位、错位和越位现象,为政府行为的合理性、合法性、准确性提供现实指导;最后,通过考察原有立法的经验事实,对滞后和阻碍中小企业集合债券发展的法律法规进行剖析,为完善立法提供建议。

二、研究综述

中小企业集合债券作为中小企业直接融资发展的创新路径和重要突破口,自2007年产生伊始便受到了各级政府的重视,在实务持续扩张的助推下,学界的研究热情也越发高涨并形成了一些理论成果。不过亦须承认的是,现有研究多以经济学的视角出发,从法学角度展开的系统性研究可谓付之阙如,然而仅凭经济学的效率原理推动发展,而缺乏法律制度的供给,将使中小企业集合债券的改革、发展和稳定缺乏强有力的制度支撑。事实上,中小企业集合债券的研究不仅植根于国内企业债券研究的生态环境,而且缘自中小企业融资理论的持续发展和应用。为了尽可能系统而清晰地阐释中小企业集合债券的理论渊源,充分吸收前人的研究成果,进而揭示出尚存的研究缺陷,笔者拟分两个部分审视中小企业集合债券的研究现状,力图为开展系统性法学研究奠定基础。第一部分是对专著、论文或其中设专章,直接以"中小企业集合债券"为题名或作为主题展开的研究;第二部分是尽管并非专门论述中小企业集合债券,但是对其内容具有包容性和相关性的企业债券方面进行的研究。

(一)关于中小企业集合债券研究的现状及评价

中小企业集合债券深受我国债券市场分而不统的体制影响,形成了国家发改委主管的"中小企业集合债券"和央行指导的"中小企业集合票据"两套模式。为了避免语义上的混淆和内容上的重复,本书将两者区分开来,采用其狭义概念,特指国家发改委主管的"中小企业集合债券"。然而在制度构建过程中,笔者参考了部分有关中小企业集合票据的文献资料,且为了全面展示学界的研究成果,故将中小企业集合债券和中小企业集合票据的研究成果一并归纳阐述。

1. 中小企业集合债券经济学方面的研究

第一,关于中小企业集合债券基础理论的分析。此类研究侧重于分析中小企业集合债券的形成动因和演进机理。例如,林洲钰、林汉川运用自组织理论,分析中小企业融资集群出现的原因和演进规律,强调集合信用资产在中小企业融资集群演进过程中的导向性作用,提出融资集群组织的内外部正反馈机理。① 周颖基于金融创新理论,在比较分析美国、日本、中国台湾地区的中小企业融资创新工具的基础上,剖析中小企业集合债券的创新动机,建立融资效率模型对中小企业集合债券模式开展实证分析。② 曾江洪、俞岩运用金融创新理论阐释中小企业集合债券产生的动因,并从企业遴选、增信、信用评级、违约风险管理、成本控制和国家制度保障等方面对融资模式提出完善建议。③ 潘永明、王芊从规模经济学的视角出发,提出中小企业集合债券应包括以下积极作用:增加资金供给,降低融资成本;达到外部规模经济;整合企业间信用资源,实现信用集聚;促进专业化分工,达到报酬递增。④ 张明喜、朱云欢分析了中小企业债券市场的现状及主要创新,指出发行主体少、参与主体积极性缺乏、政策保障不到位、融资成本高等不足之处,需从加大政策支持、鼓励模式创新、建立债券违约风险止损机制、完善市场信息披露等几个方面加以改进。⑤

---

① 林洲钰、林汉川:《中小企业融资集群的自组织演进研究——以中小企业集合债组织为例》,载《中国工业经济》2009 年第 9 期。

② 周颖:《中小企业集合债券研究》,中南大学 2009 年博士学位论文。

③ 曾江洪、俞岩:《我国中小企业集合债券融资模式探讨》,载《证券市场导报》2010 年第 8 期。

④ 潘永明、王芊:《中小企业集合发债的经济学研究》,载《商业研究》2012 年第 2 期。

⑤ 张明喜、朱云欢:《我国中小企业债券市场发展:创新、不足与对策》,载《南方金融》2015 年第 4 期。

第二,关于中小企业集合债券的实证分析。有学者以浙江省、安徽省、江苏省、河南省、浙江省、云南省和珠三角等地发行的中小企业集合债券和中小企业集合票据为研究对象,对筛选企业、企业辅导、信用评级、信用增级、设计产品和组织发行等程序进行剖析并提出改进建议。① 还有学者以经济学实证分析方法对中小企业集合债券各种数据进行分析和论证。比如,张琦、陈晓红通过结构化和约化方法,推导出中小企业集合债券与无风险债券之间的信用利差公式和中小企业集合债券显示定价公式,证明中小企业集合债券融资模式有利于克服信息不对称造成的信用风险。② 曾江洪、周颖通过构建经济模型进行分析,发现中小企业集合债券的融资效率仅次于民间融资,高于股票和银行贷款,论证了中小企业集合债券的不可替代性。③ 潘永明、张婷婷运用概率统计原理研究担保行为对中小企业集合票据违约风险概率的影响,提出信用担保机构的信用等级、信用担保机构与中小企业之间的违约相关性是中小企业集合票据信用增级的重要影响因素。④ 周颖、沙磊采用统计学分析方法,对中小企业集合债券的融资企业运营关联度、差异度、财务关联度等指标与融资效率进行了实证分析,以期通过优化发行主体,加快中小企业集合债券的推广速度。⑤ 夏远江、谭林选取样本企业并进行分组,证明 KMV 模型适用于中小企业集合债券信用风险计量,有针对性地提出信用风险防范对策。⑥

第三,关于依托中小企业集群发行中小企业集合债券的讨论。由于集群

---

① 徐小华、赵静雯、方麒贺:《我国中小企业集合融资发展现状及浙江的对策》,载《浙江树人大学学报》2012 年第 5 期;吴琼、蒋玉娇:《安徽省发行中小企业集合票据可行性研究》,载《现代商贸工业》2011 年第 12 期;丁韶华、王晓红:《对江苏省中小企业集合票据的研究及建议》,载《金融纵横》2011 年第 3 期;刘珺轩、孔小文:《珠三角中小企业发行集合票据融资的可行性分析》,载《特区经济》2011 年 5 月;徐小华、赵静雯、方麒贺:《我国中小企业集合融资发展现状及浙江的对策》,载《浙江树人大学学报》2012 年第 5 期;唐亮、龙超:《云南省中小企业集合票据发行实践及建议》,载《时代金融》2012 年第 4 期(中旬刊);刘海峰、张洋:《经济欠发达地区中小企业债券融资难点与对策——以河南省为例》,载《债券》2017 年第 6 期。

② 张琦、陈晓红:《不可预料违约风险的中小企业集合债券定价》,载《系统工程理论与实践》2010 年第 5 期。

③ 曾江洪、周颖:《中小企业集合债券的融资效率研究》,载《求索》2010 年第 1 期。

④ 潘永明、张婷婷:《中小企业集合票据担保增信研究》,载《金融理论与实践》2013 年第 4 期。

⑤ 周颖、沙磊:《中小企业集合债券的关键特征对其融资效率影响的实证研究——对优化和推动中小企业集合债券产品的启示》,载《管理工程学报》2013 年第 1 期。

⑥ 夏远江、谭林:《中小企业集合债券信用风险度量研究》,载《财会通讯》2018 年第 17 期。

下中小企业相较于单个中小企业融资具有各种优势，因此有学者建议以中小企业集群的形式发行中小企业集合债券。徐鲲运用协同理论分析了高科技中小企业集群发行中小企业集合债券的优势，并从甄别组建、多层次担保和降低融资成本等方面提出建议。① 张玉华、杨爱君通过分析供应链融资和中小企业集合票据融资两种融资模式的发展状况及特点，提出依托供应链发行中小企业集合票据融资的构想。② 黄志认为，中小企业集群存在融资优势，并以此为基础设计了中小企业集群财务公司作为发行集合债券组织载体的理论框架。③ 冀露婷、李旭以中小企业集群融资模式的创新为出发点，从发展"互联网+"形式、改革产业集群内部机制、加强政府的支持和引导等方面进行创新研究，为解决中小企业集合债券面临的问题提出建议。④

第四，关于中小企业集合债券信用增级和信用风险防范的研究。中小企业集合债券最终目的的实现离不开信用增级的制度供给，而实践中各种信用增级手段诸如担保、反担保、分层结构设计等广泛而灵活的运用亦成为其鲜明特色，进而引起诸多学者的关注。有学者将我国中小企业集合债券与韩国以资产证券化形式发行的中小企业集合债券（P-CBO）模式相比较，认为P-CBO充分利用了内部信用增级，如设立资产证券化的特殊目的机构SPV（Special Purpose Vehicle）、债券打包分层等重新配置风险，有效降低了对外部信用增级的依赖。⑤ 有学者对实践中的各种信用增级措施进行比较分析，进而提出改进意见。比如，陈小梅认为，中小企业集合债券信用增级服务基本上以第三方机构提供担保为主，以投资人定向选择权、流动性支持、提取风险准备金、财政贴息、内部分层等措施为辅，还存在外部信用增级压力大、内部信用增级运用

① 徐鲲：《基于协同理论的高科技中小企业集合债融资问题研究》，载《科技与管理》2012年第1期。

② 张玉华、杨爱君：《依托供应链发行中小企业集合票据的构想》，载《财会月刊》2012年第35期。

③ 黄志：《中小企业集群集合债券融资模式研究》，浙江师范大学2012年硕士学位论文。

④ 冀露婷、李旭：《中小企业集群融资模式创新研究》，载《山西农经》2018年第10期。

⑤ 李战杰：《韩国中小企业债券融资模式研究及对我国的启示》，载《中央财经大学学报》2009年第3期；周沅帆：《债券增信》，北京大学出版社2010年版，第181～184页；张军、林俊华：《中小企业集合债券融资制度探究》，载《江西社会科学》2010年第6期；邹炜、邹晓云：《中小企业集合债券信用增级：韩国模式及借鉴》，载《青海金融》2011年第5期；孙长坪、陈俊鹏：《中韩中小企业集合债券信用增级模式比较》，载《亚太经济》2015年第1期。

不足等问题。[①] 孙琳、王莹通过对“07 深中小债”、“07 中关村债”和“09 连中小债”的担保模式进行比较分析，提出完善中介服务机构、增强信用评级和推进中小企业多层次担保体系建设等建议。[②] 徐小华对中小企业集合票据的担保模式进行了梳理，将其归纳为：一般性担保、两家联合担保、“一般性担保 + 偿债风险准备金”、“一般性担保 + 偿债风险准备金 + 票据分层”、“一般性担保 + 再担保”、回购承诺、联合人之间非独立负债、政府补贴支持、反担保等多种组织形式。[③] 曾江洪、段丽通过对比中小企业集合债券与中小企业集合票据、中小企业私募债券之间的优劣发现，中小企业集合债券最大的竞争优势来源于其良好的信用风险控制，建议从政府和债券自身两个方面对信用风险防范进行完善。[④] 方荣祥等对中小企业集合债券第三方担保、流动性支持、内部增信等各类增信措施展开了比较分析。[⑤]

2. 中小企业集合债券法学方面的研究

直接以中小企业集合债券为主题进行的法学研究较少，主要从法制体系、法律制度、法律关系等方面展开。任洁认为，中小企业集合债券存在担保体系过度依赖政府信用、缺乏时间和成本优势，在投资人保护、信用评级、募集资金用途以及利率等方面都存在法律障碍，建议从以上几个方面加以改进和完善。[⑥] 党艳峰认为，中小企业集合债券的法律规则，包括主体资格、融资程序、融资条件和资金使用等方面存在缺陷，进而以此为基础，提出完善债券法律体系、保护投资者利益、改革发行机制、健全交易市场和社会监督体系等建议。[⑦] 刘超论证了中小企业集合票据的独特优势，通过分析中小企业集合票据多层次法律关系，突出其存在的不足和风险，为完善中小企业集合票据相关制度提

① 陈小梅：《中小企业集合债券信用增级机制研究》，载《金融与经济》2010 年第 9 期。

② 孙琳、王莹：《我国中小企业集合债融资和新型担保模式设计》，载《学术交流》2011 年第 6 期。

③ 徐小华：《中小企业集合票据及其担保方式创新》，载《浙江金融》2012 年第 8 期。

④ 曾江洪、段丽：《中小企业集合债券的生存空间与信用风险控制》，载《财务与金融》2012 年第 4 期。

⑤ 方荣祥、陈卓、陈磊：《关于中小企业集合债券增信措施比较分析》，载《时代金融》2016 年第 6 期。

⑥ 任洁：《中小企业集合债券法律问题研究——基于我国已发行的“07 深中小”、“07 中关村”、“09 连中小”的研究》，山西财经大学 2010 年硕士学位论文。

⑦ 党艳峰：《中小企业集合债券融资法律问题研究》，西南政法大学 2011 年硕士学位论文。

出建议。[1] 贺琴、张媛针对中小企业集合债券发展的制约因素，从把好企业遴选关、加强国家政策支持、加速债券流通、提升企业信用等级、完善担保机制和构建新的法律关系等六个方面提出了完善中小企业集合债发行机制的政策建议。[2] 朱红霞梳理了中小企业集合债券的法律关系，对担保制度和债券持有人保护制度进行了探讨，并针对其流动性差的现状提出了法律建议。[3] 孙萍萍认为，中小企业集合票据并非《中华人民共和国票据法》（以下简称《票据法》）所指票据，其本质仍属于债券，进而探讨了中小企业集合票据的三条合法化路径：附抵押/质押担保模式、资产支持模式和企业资产证券化模式，并以此为基础对发行主体范围、民事责任和监管制度的构建问题提出建议。[4] 明宇将中小企业集合债券的构成要素分为实体要素和程序要素，并阐述了相关制度安排和法律问题。[5] 田梦现认为，影响中小企业集合票据发行的三个关键因素为：高成本、高风险、低流动性，并在此基础上从发行制度、担保制度、增强流动性三个方面提出创新发展的对策建议。[6]

总体而言，经济学方面的研究将重心置于中小企业集合债券的可行性分析、方案设计与制度改进等方面，未能注意到中小企业以联合体的形式参与融资对目前中小企业融资机制的影响。然而，中小企业联合体作为一种新型合作组织，其组织的特征和关系、信用资产的来源和结构、信用集聚的作用和效果等都对现有融资机制进行了变革；当中小企业联合体选择以发行债券的形式进行融资时，其特殊的发行、交易模式以及信用风险都对债券市场的运行和监管机制产生了冲击。相较经济学的研究而言，法学角度的研究更为欠缺，少有的几篇文献也大多受载体形式所限，对问题的阐述和论证相对宽泛、浅显。首先，没有寻求中小企业集合债券法律制度存在的价值和意义。每一个法律制度都有它的理念和价值，摒弃法律的内在精神而空谈制度建设，只能是无源之水、无本之木。其次，对中小企业集合债券的实证分析仅限于个别的静态研

① 刘超：《中小企业集合票据法律问题研究》，中国政法大学2011年硕士学位论文。

② 贺琴、张媛：《发展中小企业集合债券融资再思考》，载《财会月刊》2012年第6期。

③ 朱红霞：《中小企业以集合债券形式直接融资的法律问题研究——以集合债券和集合票据为样本》，山东大学2012年硕士学位论文。

④ 孙萍萍：《中小企业集合票据法律制度研究》，中国政法大学2012年硕士学位论文。

⑤ 明宇：《中小企业集合债券要素分析——我国经济社会背景下的制度安排为视角》，载《中国证券期货》2013年第5期。

⑥ 田梦现：《中小企业集合票据发行断档深度思考》，载《财会通讯》2016年第3期。

究,没有进行相应的动态研究。有的文献对个别中小企业集合债券的发行状况进行了描述,但是没有通过动态的比较分析找出发行和流通中的薄弱环节,没有针对性地发现问题、提出建议。最后,未能将我国债券法律制度的共通性问题与中小企业集合债券法律制度的特殊性问题相区别。例如,有的文献用较大篇幅阐述了中小企业集合债券的债权人会议制度、债券信托制度等,而实践中在这类制度的构建上,中小企业集合债券与公司债券、企业债券几乎没有差异。

(二)关于企业债券研究的现状及评价

我国关于企业债券①的经济学研究成果相当丰富,既有对利率、定价、收益率曲线、流动性、行为绩效等方面的研究,也有对不同类型的债券进行的分类研究,还有对国外债券市场的比较研究。相比之下,企业债券的法学研究尚存不足,学术成果的笔墨主要集中于对企业债券法学基础理论的追根溯源及对企业债券法律制度的前瞻性探索。具言之,这些研究主要从企业债券的制度建构、市场改革以及立法修改几个方面展开。

第一,关于制度建构方面的研究。李园园以研究发行企业和债券持有人之间的负债代理成本关系为基础,构建债券持有人利益法律保护制度。② 刘迎霜将企业债券从信用、发行、转让、管理、治理和市场监管等几个方面进行解构,从法学原理到法学制度进行深入浅出的分析。③ 周慧通过控制权配置、债券投资者保护和风险监管法律制度等研究,提出防范企业债券信用风险的制度构建。④ 岑雅衍认为,债券市场存在各种监管不完备的现象,只有通过实证的方法进行分析和评判,才能构建出具有正激励作用的监管制度。⑤ 吴志攀等从债券发行的一般理论出发,通过考察国外先进经验和国内现实状况,认为

---

① 在我国,企业债券和公司债券、中期票据经常混杂使用,有的学者将其等同,而有的学者又将其严格区分。但是从实质上来看,它们都是公司发行并由公司承担到期还本付息责任的债券;从市场制度建构来看,它们都拥有相同的使命和责任;从对中小企业集合债券的影响来看,它们的意义同样重大。因此,此处将三者的研究成果一并阐述。

② 李园园:《公司债券持有人利益法律保护研究——以负债代理成本为视角》,中国政法大学2007年博士学位论文。

③ 刘迎霜:《公司债:法理与制度》,法律出版社2008年版。

④ 周慧:《论公司债信用风险的法律控制》,中国政法大学2008年博士学位论文。

⑤ 岑雅衍:《中国债券市场监管法律制度研究——以监管不完备为视角》,华东政法大学2009年博士学位论文。

核准制和发行条件设置所积累的弊端已逐渐显露，提出应尽快将核准制改为注册制、废止债券发行条件等制度设计的建议。[①]

第二，关于市场改革方面的研究。改革的方向，主要是致力于突破制约企业债券市场发展的法律“瓶颈”。有学者从制度变迁的角度出发总结经验教训，为企业债券市场的未来发展提供借鉴。董晓春指出，债券市场制度变迁的特点和规律：政府主导的强制性制度变迁具有明显推动效应，诱致性制度变迁始终没有形成主导力量，建议以市场需求为导向对这种结构进行调整。[②] 安义宽认为，在计划经济背景下，企业债券成为政府调控宏观经济的金融工具，应当从发展企业债券市场的基本原则出发对其重新加以构建。[③] 冯光华从探讨债券市场发展的一般模式出发，寻求债券市场发展的普遍规律，进而以此理论分析框架对债券市场的问题进行论证和建议。[④] 高坚从制度经济学的角度分析我国债券市场的发展，以激励约束机制为基础探究我国企业债券市场的问题和制度进步的动力。[⑤] 蒋大兴在对企业债券市场的发展史进行详尽梳理的基础上，得出其宏观和微观特质，并归纳出企业债券发展中的制度“瓶颈”，进而对企业债券市场的发展空间和制度建设作出展望。[⑥] 也有学者从市场需求的角度探讨企业债券市场的改革方向。陆文山认为，应注重研究债券市场自身建设的核心问题，如统一标准、协同监管、对内对外改革开放以及落实债券市场的统一互连问题，才能使利率更加真实地反映市场供需状况，进而让债券市场更加贴近市场需求。[⑦] 洪艳蓉认为，市场化是企业债券制度的内在要求和发展方向，只有构建一个与筹资者、投资者以及金融中介真实需求相符激励与约束机制，厘定政府与市场的合理分工，才能有效解决债券市场风险防范

① 吴志攀等：《证券发行法律制度完善研究》，载黄红元、徐明主编：《证券法苑》（第 10 卷），法律出版社 2014 年版，第 175～223 页。

② 董晓春：《基于制度变迁的中国债券市场结构与行为研究》，复旦大学 2006 年博士学位论文。

③ 安义宽：《中国公司债券：功能分析与市场发展》，中国财政经济出版社 2006 年版。

④ 冯光华：《中国债券市场发展问题研究》，中国金融出版社 2008 年版。

⑤ 高坚：《中国债券资本市场》，经济科学出版社 2009 年版。

⑥ 蒋大兴：《被忽略的债券制度史——中国（公司）债券市场的法律瓶颈》，载《河南财经政法大学学报》2012 年第 4 期。

⑦ 陆文山：《推进我国债券市场发展的若干问题再认识——兼论资本市场功能的完善》，载《证券市场导报》2010 年第 4 期。

与市场发展失衡的问题。[①] 此外,基于美国高收益债券市场成熟的市场规模以及对中小企业融资难的缓解作用,国内学者对其进行借鉴和引用的研究蔚然成风,不断从高收益债券的发展原因、品种类别、主体制度、发行和交易制度、投资人制度以及监管制度等方面进行考察和梳理,亦使相关理论不断得以深化和拓展。[②]

第三,关于立法修改方面的研究。企业债券制度结构及其生长的市场环境都在市场经济改革过程中不断地发展、创新,客观地改变了法律的约束范围和规范力度,许多学者都意识到现有立法已经无法解决企业债券在具体实施中面临的诸多问题,进而纷纷提出对立法的完善建议。王国刚认为,混淆公司债券与企业债券有诸多弊端,必须将两者分立开来并从立法的角度予以确定和规范。[③] 刘铁峰对我国债券市场的法律法规建设情况进行了整理和汇总,在比较分析的基础上,提出数量多、内容杂、范围宽窄不一以及缺乏有机联系等问题,提出应从完善《证券法》、修改《企业债券管理条例》以及修订和整合现有规章制度等几个方面加以改进。[④] 张媛认为,我国企业债券制度从体系到内容都呈现分裂状态,基于法制统一原则和企业债券发展需要,以《证券法》修改为基础,重构企业债券法律制度。[⑤] 朱小川认为,《企业债券管理条例》已经无法适应债券市场的发展需要,以从行政放权、兼顾市场公平与效率、增加制度包容性几个方面进行自上而下的改革。[⑥] 冯果认为,应当利用《证券法》修订的有利时机,回归各类债券品种的证券本质并将其纳入《证券

---

① 洪艳蓉:《公司债券制度的实然与应然——兼谈〈证券法〉的修改》,载徐明主编:《证券法苑》(第5卷),法律出版社2011年版,第753-798页。

② 夏霞、王彦军:《垃圾债券对我国中小企业融资的影响》,载《山西财经大学学报》2010年第1期;张红岩:《高收益债券在中国债券市场培育路径及发展前瞻》,载《中国证券期货》2012年第3期;贾昌杰:《美国高收益债券市场发展的经验及其启示》,载《金融论坛》2012年第11期;金永军、崔荣军:《美国债券定向发行制度研究及启示——兼论我国中小企业债券融资制度建设》,载《证券市场导报》2012年第6期;陈冰:《证券私募发行准入制度研究》,武汉大学2013年博士学位论文;苏亚民、李晓龙:《我国中小企业高收益债券融资研究》,载《中南民族大学学报》2014年第3期。

③ 王国刚:《论"公司债券"与"企业债券"的分立》,载《中国工业经济》2007年第2期。

④ 刘铁峰:《中国债券市场法规建设情况浅析》,载《证券市场导报》2009年第4期。

⑤ 张媛:《论我国〈证券法〉中公司债券法律制度的适用与完善》,载徐明主编:《证券法苑》(第5卷),法律出版社2011年版,第817~835页。

⑥ 朱小川:《浅议我国债券市场的制度改革——从改革〈企业债券管理条例〉开始》,载《证券市场导报》2011年第5期。

法》的统一调整，在确定债券制度的基本原则和主线的基础上整合和完善行政法规、部门规章和自律规则，从而形成有机统一的债券法律体系。①

近年来，随着实践发展的日益深化，企业债券的制度供给日渐贫乏，学者们面对企业债券存在的制度困境和市场体制难题无不殚精竭虑，意在唤起政府和实务部门对改革的重视并进而达成共识，其研究成果不断向纵深发展，为立法和实务都形成了重要的指导意义。然而，由于企业债券制度的改革与完善仍处于探索阶段，现有研究的理论解释仍存不足，特别是对一些较新呈现的问题缺乏足够深入的研究。鉴于此，当中小企业在现有体制下无法顺利发行债券时，不得不引起人们追问：中小企业发行债券相对于一般企业而言究竟有哪些特殊性？中小企业作为一个特殊主体能否利用现行体制发行债券？如若不能，是应该对现行体制进行修正，还是应该为其创设不同的渠道？修正与创设将如何付诸实现？尽管在对企业债券研究的过程中，已经有部分学者注意到这些问题，并进而对现有体制进行了批判，但是却极少进行深入的理论阐释和改革设想。申言之，企业债券制度结构仍然缺乏对不同融资主体的需求进行探索，市场改革的现有设计尚无法解答金融资源配置不均的难题，立法修改的天平将重心置于市场效率而非公平。由此可见，企业债券法学理论在总体上仍需加以更深入的探究。

三、研究思路和研究方法

（一）研究思路

中小企业融资历来都是中小企业发展的“瓶颈”，也是各国政府关注的主要经济问题之一。中小企业集合债券作为直接融资的新路径，打破了中小企业发行债券难的窠臼，为中小企业资金供应提供了多样化选择。研究中小企业集合债券法律制度，并不是论述中小企业作为一般市场主体而发生的私法问题，而是将中小企业作为市场竞争中的弱势群体，为彰显经济民主和充分竞争，由政府进行扶持并促进其发展的问题。研究中小企业集合债券法律制度，还需要关注中小企业的规范问题，中小企业资质良莠不齐，比重视声誉、内部运作相对规范的大型企业更具违约风险、更容易产生违法行为，只有通过防范

① 冯果：《债券的证券本质与债券市场法制化——〈证券法〉修订背景下的债券法律体系重构与完善》，载黄红元、徐明主编：《证券法苑》（第17卷），法律出版社2016年版，第1～14页。

中小企业集合债券信用风险、加强对其金融监管,才能推动中小企业融资活动更安全、更有效地进行。故而,本书以政府扶持和规范中小企业集合债券为主线展开研究,研究的脉络主要在于以下三个方面:

第一,以经验事实为基础提出研究的问题,通过制度构建逐一进行回应和解决。本书运用实证分析的方法,考察中小企业集合债券已经存在的经验事实,从中分析、归纳、提炼出中小企业集合债券的基本问题,并以问题作为逻辑起点,展开对中小企业集合债券法律制度的研究。在对经验事实的考察中,本书主要循着以下逻辑进行安排:一是发现既有组织、运行模式产生的实际问题;二是探究政府扶持、规范中小企业集合债券的干预手段与中小企业集合债券市场化发展的现实边界;三是考察原有立法这一经验事实是否滞后或阻碍了中小企业集合债券的发展以及是否实现了对政府干预进行干预的理念。

第二,以中小企业集合债券的特殊性法律问题为研究的主要范畴。一是研究主体以中小企业为中心。中小企业集合债券涉及的法律主体众多,除作为发行人的中小企业之外,还有处于债券法律规范核心地位的投资者,积极发挥债券市场桥梁作用的中介机构以及采取干预手段的政府等。本书主要以中小企业为出发点和落脚点,尽管在内容上会对其他主体有所涉及,但关注的重点始终围绕政府对中小企业扶持、引导和规范的功能和措施。二是研究范围是具有特殊性的问题。中小企业集合债券既涉及普通债券所共有的法律问题,也有自身所具备的特殊法律问题,但是为了彰显中小企业集合债券的特殊性,突出中小企业集合债券法律规范的特别法地位,本书着重阐述具有特殊性的法律问题。因此,由于债券交易、债券治理、债券消灭等平等主体之间"私"的关系,在中小企业集合债券中并没有发生质的变化,可以从普通债券的通用经验上寻找答案,笔者在此不再赘述。

第三,以中小企业集合债券的纵向顺序为研究的逻辑结构。本书主要依据中小企业集合债券法律制度的纵向结构进行安排,即按照事实发生的先后顺序,从组织过程中的政府牵头为起点,依次探讨合作、信用担保、信用服务的问题;再到中小企业集合债券正式发行;最后因组织过程到发行交易都受到政府监管机构的监管,因此,以监管制度为研究的终点。囿于表述的需要,笔者采用了单一线性的结构。但事实上,中小企业集合债券涉及的许多法律概念既相互涵盖又相互映射,如在信用服务(包括征信和信用评级)法律制度中,征信制度既是政府牵头进行筛选的重要依据,又为合作、信用担保提供了重要的信用信息;信用评级是继信用担保之后的法定程序,也是政府监管的辅助措施;发行程序中讨论的募集说明书,既是发行时的要约邀请文件,又是监管中信息披露的重要内容。针对这些交叉问题,笔者只能将其放在某些章节重点分析,在其他章节作概况性描述。

(二)研究方法

本书的研究方法主要包括实证分析方法和规范分析方法。

1.实证分析方法

实证分析是按照一定程序性的规范进行经验研究、量化分析的研究方法。① 对于中小企业集合债券来讲,要解答现实的社会经济制度如何催生了中小企业集合债券法律制度的问题,必须从法律规则背后的市场需求、经济规律和文化习俗等角度进行深刻的分析,而不能把法律规则孤立起来,作为一个单一个体进行探究。申言之,要对中小企业集合债券产生的某些问题之成为理论问题进行必要的验证,应当以经验事实、可量化的数据为依据。本书综合运用了两种实证分析方法:

第一,社会调查的分析方法。通过对中小企业集合债券运行的实证材料进行收集、统计和分析,将具体的经验事实进行量化,得出中小企业集合债券相关问题的量化描述;实地调研了中小企业的真实需求,经过调查、整理和分析调研数据,得出研究结论,并以此评判中小企业集合债券运行效果和政府扶持、规范中小企业集合债券的正当性。

第二,比较分析的方法。笔者将既有的法律规则、法律条文视作一种现象和经验事实,对规则内部不同侧面之间的关系以及规则与外部现象之间的关系进行量化比较,来解释现行法律机制的目的、范围、有效性以及是否滞后或阻碍了中小企业集合债券的发展等问题。一方面是横向的比较,即通过不同法律规则之间的相互比较,来检验立法的优劣;另一方面是纵向的比较,通过对比同一部门在不同时间公布的法律文件,来领悟立法者的意图,追寻法律改革的方向。

2.规范分析方法

规范分析是在思维过程中,以可靠的前提为指引,通过逻辑论证得出具体

① 白建军:《论法律实证分析》,载《中国法学》2000年第4期。

结论的思维方法。[①] 一个法律上规范命题的判断也是一个法律之内的价值判断。本书主要从以下几个方面运用规范分析方法：通过事物的运行状态和既有的法律规定，对中小企业、中小企业集合债券、中小企业集合票据等概念的内涵和外延进行判断；通过剖析市场主体在中小企业集合债券的牵头组织、合作、信用担保、信用服务、发行和监管等过程中的行为和法律依据，对中小企业集合债券的法律关系进行判断；通过研究域外发展债券市场和扶持中小企业的经验、教训，对我国政府扶持和规范中小企业集合债券提供可资借鉴的经验；通过讨论现行法律规范的制约因素及法律制度的路径依赖，对中小企业集合债券法律制度的发展方向和具体建构进行判断。

---

① 夏正林：《论规范分析方法与法学研究方法》，载葛洪义主编：《法律方法与法律思维》（第7辑），法律出版社2011年版，第203页。

第一章　中小企业集合债券的理论解读

理论解读的第一步，应回答中小企业集合债券“是什么”的问题。通过对中小企业集合债券定义、特征、相关概念辨析的基本界定，才能认清中小企业集合债券的本质并揭示其特殊性。进而，通过研究中小企业集合债券法律关系，①一种法对生活关系进行评价的结果，将生活世界与法律世界相结合，才能从法律的视角认识中小企业集合债券的根本属性。理论解读的第二步，应回答中小企业集合债券“为什么存在”的问题。通过分析中小企业集合债券的特殊作用，才能进一步考察其存在的发展空间和具备的制度优势。

一、中小企业集合债券的界定

（一）中小企业集合债券的定义

学界通说一般认为，企业债券是指企业依照法定的条件和程序，通过发行有价证券的方式，为向社会

① 主流理论认为，法律关系是法律对于生活关系进行规定后的结果。我国目前关于中小企业集合债券的专门立法尚显阙如，似乎无所谓“中小企业集合债券法律关系”的提法。然而，从应然的角度来看，“中小企业集合债券法律关系”仍具有存在的必要性。

公众募集资金并在约定期限内还本付息的一种债务。① 此种定义是从企业债券的本质出发,彰显其以有价证券的形式所设立的一种债权债务关系。然细究之后则可发现,源于我国债券市场的坎坷发展史,在国际上有着相同本质和通用名称的企业债券,在我国则因主管部门的不同而被人为划分成"企业债券"、"公司债券"和"中期票据"三种形式,并适用三套不同的债券规则。② 尽管称谓多、形式泛,但凡此类债券的发行平台无一例外将市场定位于大型企业,中小企业根本无缘于债券融资。为了弥补这种缺陷,进而为中小企业创造公平的市场竞争环境和高效的融资渠道,国家发改委于 2007 年通过制度创新,创设了中小企业集合债券,为中小企业开辟了一条独特的债券融资路径。但是,中小企业集合债券自产生以来就被锁定在债券市场既有的发展轨迹上,受到人为分割:一是由国家发改委核准发行,既可以在银行间债券市场交易,也可以在上海、深圳证券交易所市场交易的"中小企业集合债券"模式;二是央行授权交易商协会自律监管,实行"注册制"发行,在银行间债券市场交易的中小企业集合票据模式。广义的中小企业集合债券包括国家发改委主管的"中小企业集合债券"和央行主管的"中小企业集合票据"。为了便于区分以及对现有的法律制度进行分析和重构,本书使用的"中小企业集合债券"采用狭义的外延,特指国家发改委主管的"中小企业集合债券"。

历经几年的发展,尽管"中小企业集合债券"这一概念已被广泛使用,并且在一些政策法规中经常出现,但由于中小企业集合债券的具体运作方式仍处于探索和发展阶段,迄今为止,社会各界对中小企业集合债券的认识并不完全一致。国家发改委虽然创设了中小企业集合债券,但是从未出台相关正式法规为其正名,各个试点省市中仅有深圳市政府制定了《深圳市中小企业集

---

① 沈四宝:《西方国家公司法原理》,法律出版社 2006 年版,第 194 页。

② 与发达市场相比,债券市场在资源配置中的基础性作用发挥得还远远不够,无法满足中国经济持续发展的需要。为了实现政府管理市场方式的转变、满足市场发展的要求,政府不断推动着债券市场的改革。2007 年 8 月,中国证监会根据《证券法》、《公司法》和《公司债券发行试点办法》,正式启动在证券交易所内发行、交易的上市公司债券。2008 年 4 月,央行公布《银行间债券市场非金融企业债务融资工具管理办法》,将债券发行核准权下放至银行间市场交易商协会,开创了在银行间债券市场上发行、交易债务融资工具的先河。自此,"企业债券"专指国家发改委主管的,主要以大型国企、地方重点企业为发债主体,募集资金大部分投向国家重点项目或基础设施建设的债券;"公司债券"专指上市公司发行的公司债券;"中期票据"特指在银行间债券市场发行、交易的非金融企业债券。

合债券组织发行实施细则》,其中规定:中小企业集合债券采取“政府牵头、企业自愿、集合发行、分别负债、统一担保、统一组织、市场运作”的模式,报经国家发改委批准后公开发行。此外,银行间市场交易商协会为中小企业集合票据制定的自律规则《银行间债券市场中小非金融企业集合票据业务指引》第3条规定,“本指引所称集合票据,是指2个(含)以上、10个(含)以下具有法人资格的企业,在银行间债券市场以统一产品设计、统一券种冠名、统一信用增进、统一发行注册方式共同发行的,约定在一定期限内还本付息的债务融资工具”。目前,多数学者对中小企业集合债券的定义都是以此为基础的描述性概念,在此不再逐一赘述。

笔者认为,中小企业集合债券作为企业债券的一种特殊形式,其自然属性和法律属性与企业债券并无根本性差别,不同之处主要体现在运行模式上。(见图1-1)

第一,统一组织。地方政府根据本地的经济发展和中小企业需求状况,确定由地方政府或者相关职能部门担任牵头人,负责统一组织协调、鼓励中小企业申报、选择中介机构、与债券主管部门沟通以及综合协调等工作。中小企业则根据地方政府公布的筛选标准,包括产业领域、信用资产、截止时间等具体要求自愿申报、组成中小企业联合体。

第二,统一运作。中介机构在牵头人的组织下形成项目工作组统一进行产品设计,并各司其职完成后续相关工作。具体包括:牵头人对中小企业进行初选,主承销商(或财务公司)对初选通过的中小企业进行进一步的评估和筛选,并完成对入选中小企业尽职调查,与中小企业共同商讨发行方案;信用担保机构对中小企业作进一步的考察,视其信用资质的大小,决定是否运用反担保、再担保等风险分散措施,并就中小企业的担保财产登记、保管、持续监督等作出安排;信用评级机构对各个中小企业以及信用担保机构分别作出评级,并最终完成对中小企业集合债券的评级,出具信用评级报告;律师事务所对各个中小企业、信用担保机构的主体资格以及债券发行的合法性进行审查,出具法律意见书;会计师事务所对各个中小企业以及信用担保机构进行财务审计,出具财务报告和审计报告;主承销商汇总其他中介机构的意见和报告制作中小企业集合债券发行申报文件,经省发改委审查之后上报国家发改委核准。

第三,统一发行上市。国家发改委接到中小企业集合债券申报文件后,在3个月内做出核准或不予核准的决定,不予核准的应给出理由并进行反馈,由

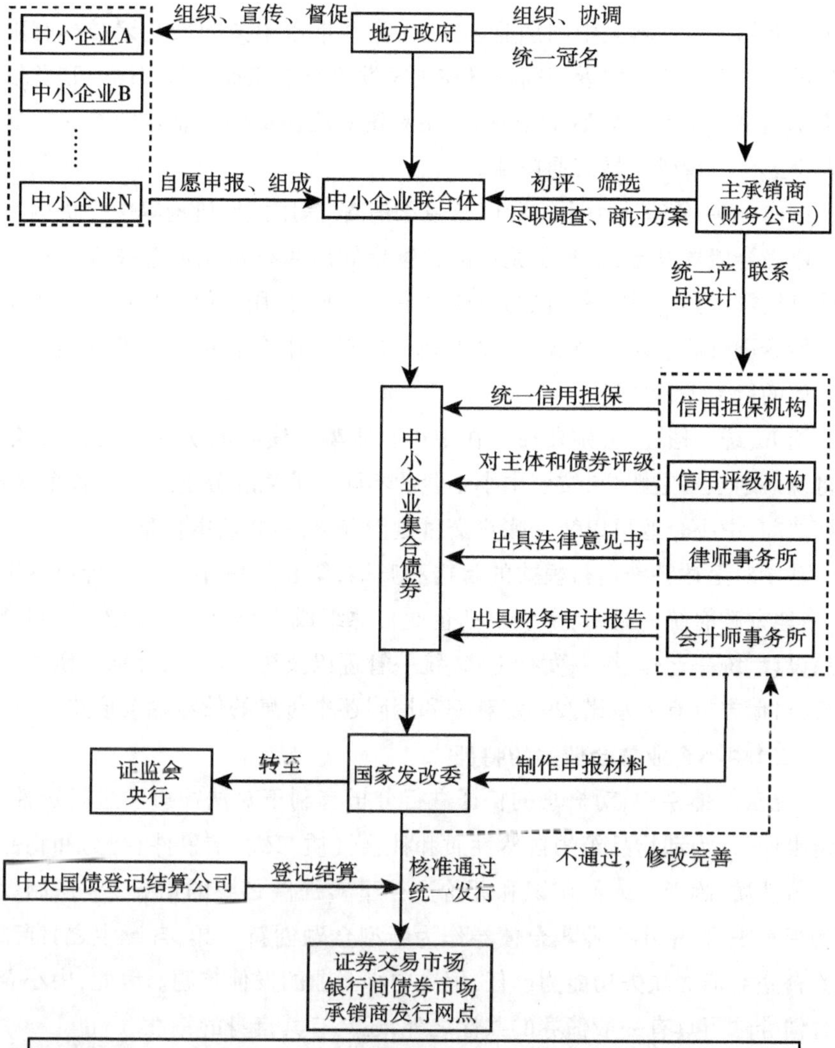

流程说明：

地方政府牵头组织→中小企业自行申报→中小企业初选入围→承销商、财务公司尽职调查，信用担保机构、信用评级机构等开展中介服务→中小企业最终筛选入围→制作、上报申报材料→国家发改委审核→正式发行、资金划拨

图 1－1　中小企业集合债券运行模式

主承销商联系中小企业以及其他中介机构修改补充发行材料以再次上报；核准之后将相关文件转至中国证监会及央行，并报送中国国债登记结算有限责任公司。中小企业与主承销商择日在国家发改委指定报刊和网站上刊登债券募集说明书。发行结束后1个月内，主承销商应协助中小企业向有关交易场所提交上市申请或交易流通申请。

第四，统一管理。中小企业以及主承销商、信用担保机构等中介机构在中小企业集合债券发行、交易及兑付的存续期间应履行定期信息披露义务和重大信息披露义务；信用评级机构亦须对中小企业、信用担保机构以及中小企业集合债券进行后续跟踪评级①。监管机构应对中小企业集合债券存续期间相关主体的行为进行监管。

第五，统一偿还、分别负债。在中小企业集合债券成功发行之后，募集资金将统一划至规定账户，按照中小企业的不同发债额度分别拨付至各个账户；到期之前，中小企业再以统一账户交付偿债资金，一并还本付息。

基于对上述特殊运行模式的解构和归纳，笔者将中小企业集合债券定义为：由地方政府统一组织，多个中小企业自愿组成中小企业联合体，按照统一产品设计、统一运作、统一发行上市、统一管理以及统一偿还、分别负债的模式运行，对债券持有人承诺按一定利率和期限还本付息的债券融资形式。

（二）中小企业集合债券的特征

"在法的体系中，对概念的特征进行分析有利于对法律事实进行定性，既确定事件、行为和物品等的自然性质和社会性质，又确定事件、行为和物品等的法律性质，因而为人们认识和评价法律事实提供必要的指导。"②从制度变迁的视角来看，中小企业集合债券作为新型金融创新工具，自诞生之日起，就以弥补企业债券缺失功能为己任，解决中小企业的发债难题。因此，中小企业集合债券除了具有一般债券的共性之外，还具有其自身的特性。

1. 中小企业集合债券的发行主体具有特殊性

首先，发行人由中小企业组成，而非一般企业，必须符合中小企业的法定

---

① 跟踪评级，是指在信用评级机构在债券发行之后，长期关注与受评对象相关的各种信息，定期或在出现可能影响信用等级的重大信息时，重新审议，进而做出调整或保持信用等级及评级观点的行为。

② 张文显：《法学基本范畴研究》，中国政法大学出版社1993年版，第59页。

标准。关于中小企业的界定,各国一般采用定性和定量两种界定方法。定性是从企业的控制方式和经济特征对中小企业进行界定,其标准为:在市场上占有较小的份额;所有权与经营权合一,由所有者亲自管理;在重大决策过程中,企业不受外部支配。定性标准重视企业内部属性,便于从长远角度把握中小企业的实质范畴,但在操作上存在一定难度。目前采用定性标准的多为欧美国家,如美国、英国、德国、加拿大等。定量标准则是指以若干量化指标对企业规模大小进行衡量,具有直观明了、容易量化和操作简便的优点,但是却存在滞后性,缺乏灵活性。我国目前主要采用定量标准。根据《中小企业促进法》第2条规定,中小企业包括各种所有制和各种形式的中小型企业。由此可见,法律对中小企业的界定标准主要有两点:一是包括各种所有制的中小企业,即公司制、合伙制、个人独资、国有、集体和外商投资的中小企业;二是以企业规模大小为标准,凡生产经营规模属于中小型的,即为中小企业。[①] 至于具体的划分标准,则应满足国家工信部等四部委于2011年6月联合制定《中小企业划型标准规定》的要求,即以企业从业人员、营业收入、资产总额等指标为基础,根据农林牧渔业、工业、建筑业等16个行业的不同特点,分别对中型企业、小型企业和微型企业三种类型作出了划分。(见表1-1)

表1-1　我国中小企业划型标准②

行业	中小微型企业	中型企业	小型企业	微型企业
农、林、牧、渔业	营业收入20,000万元以下	营业收入500万元及以上	营业收入50万元及以上	营业收入50万元以下
工业	从业人员1000人以下或营业收入40,000万元以下	从业人员300人及以上,且营业收入2000万元及以上	从业人员20人及以上,且营业收入300万元及以上	从业人员20人以下或营业收入300万元以下

① 杨林瑞、尹良培:《中小企业融资问题的法律研究》,载《中国法学》2003年第3期。

② 根据2011年《中小企业划型标准规定》整理。

续表

行业	中小微型企业	中型企业	小型企业	微型企业
建筑业	营业收入 80,000 万元以下或资产总额 80,000 万元以下	营业收入 6000 万元及以上，且资产总额 5000 万元及以上	营业收入 300 万元及以上，且资产总额 300 万元及以上	营业收入 300 万元以下或资产总额 300 万元以下
批发业	从业人员 200 人以下或营业收入 40,000 万元以下	从业人员 20 人及以上，且营业收入 5000 万元及以上	从业人员 5 人及以上，且营业收入 1000 万元及以上	从业人员 5 人以下或营业收入 1000 万元以下的
零售业	从业人员 300 人以下或营业收入 20,000 万元以下	从业人员 50 人及以上，且营业收入 500 万元及以上	从业人员 10 人及以上，且营业收入 100 万元及以上	从业人员 10 人以下或营业收入 100 万元以下
交通运输业	从业人员 1000 人以下或营业收入 30,000 万元以下	从业人员 300 人及以上，且营业收入 3000 万元及以上	从业人员 20 人及以上，且营业收入 200 万元及以上	从业人员 20 人以下或营业收入 200 万元以下
仓储业	从业人员 200 人以下或营业收入 30,000 万元以下	从业人员 100 人及以上，且营业收入 1000 万元及以上	从业人员 20 人及以上，且营业收入 100 万元及以上	从业人员 20 人以下或营业收入 100 万元以下
邮政业	从业人员 1000 人以下或营业收入 30,000 万元以下	从业人员 300 人及以上，且营业收入 2000 万元及以上	从业人员 20 人及以上，且营业收入 100 万元及以上	从业人员 20 人以下或营业收入 100 万元以下
住宿业	从业人员 300 人以下或营业收入 10,000 万元以下	从业人员 100 人及以上，且营业收入 2000 万元及以上	从业人员 10 人及以上，且营业收入 100 万元及以上	从业人员 10 人以下或营业收入 100 万元以下

续表

行业	中小微型企业	中型企业	小型企业	微型企业
餐饮业	从业人员300人以下或营业收入10,000万元以下	从业人员100人及以上,且营业收入2000万元及以上	从业人员10人及以上,且营业收入100万元及以上	从业人员10人以下或营业收入100万元以下
信息传输业	从业人员2000人以下或营业收入100,000万元以下	从业人员100人及以上,且营业收入1000万元及以上	从业人员10人及以上,且营业收入100万元及以上	从业人员10人以下或营业收入100万元以下
软件和信息技术服务业	从业人员300人以下或营业收入10,000万元以下	从业人员100人及以上,且营业收入1000万元及以上	从业人员10人及以上,且营业收入50万元及以上	从业人员10人以下或营业收入50万元以下
房地产开发经营	营业收入200,000万元以下或资产总额10,000万元以下	营业收入1000万元及以上,且资产总额5000万元及以上	营业收入100万元及以上或资产总额2000万元及以上	营业收入100万元以下或资产总额2000万元以下
物业管理	从业人员1000人以下或营业收入5000万元以下	从业人员300人及以上,且营业收入1000万元及以上	从业人员100人及以上,且营业收入500万元及以上	从业人员100人以下或营业收入500万元以下

续表

行业	中小微型企业	中型企业	小型企业	微型企业
租赁和商务服务业	从业人员300人以下或资产总额120,000万元以下	从业人员100人及以上,且资产总额8000万元及以上	从业人员10人及以上,且资产总额100万元及以上	从业人员10人以下或资产总额100万元以下
其他未列明行业	从业人员300人以下	从业人员100人及以上	从业人员10人及以上	从业人员10人以下

其次,中小企业集合债券的发行人并不包括所有的中小企业,而是专指具有法人资格的中小企业。法人资格是指中小企业除了通过法定程序拥有独立的法律身份外,还须以独立的财产、独立的意思和独立的责任为条件的法律人格。从立法上来看,《证券法》《企业债券管理条例》都对企业债券发行人应当享有法人资格作出了明确规定。理论上而言,债券所承载的信用关系是以明晰的产权为基础的。有限责任则是界定企业产权边界的基本制度。由于有限责任割断了法人财产与股东财产之间的联系,使法人的责任能力具备了相应的物质基础,投资人也因此获得了合理的担保预期,进而成为债券存在的信用基础。因此,股份有限公司和有限责任公司等具有法人资格的中小企业方才允许发行中小企业集合债券。相反,出资人承担无限责任的中小企业(如合伙企业、个人独资企业、无限责任公司等),都不具备发行债券的产权基础,不能公开发行中小企业集合债券。还有一种比较特殊的主体是中小型国有独资企业。由于国有独资企业的产权结构有许多独特之处,与现代企业法人治理结构基本无异,①因此,我国国有独资企业也可以发行企业债券。相应地,中小型国有独资企业也应成为中小企业集合债券的发行主体。

最后,中小企业集合债券的实际发行人并非单个中小企业,而是中小企业

① 依据1994年国务院发布的《国有企业财产监督管理条例》规定,国有独资企业应当具有以下特征:明晰的产权关系,企业财产的所有权和经营权分离,企业独立支配其法人财产和独立承担民事责任,国家对企业承担的财产责任以投入企业的资本额为限,企业以其全部法人财产独立承担民事责任。

联合体。中小企业联合体是指以融资为核心目的，以信用资产有序整合为主要特征，依托信用关系网络形成的中小企业融资合作组织。在形式上，表现为一些在地域上相邻或者在产业链上相连的中小企业，为了相互提供融资便利，通过合力减少信息不对称、提升信用等级、降低融资成本而组成的“联盟”或“集团”形式。在数量上，2个以上中小企业即可组成联合体，一般组成联合体的中小企业有2～20个。在目的上，由于并非所有的中小企业都能发行债券，为了保障融资效率、减少发行风险，国家规定了严格的债券发行条件，而中小企业联合体有效克服了单个中小企业信用资产数量不足和结构单一的缺陷，在统一信用增级的基础上，使总体信用达到了法律规定的要求。在功能上，中小企业联合体通过对信用资产进行集聚和整合，以提高融资活动的专业化程度，增强中小企业的融资能力，使中小企业的融资机制从“无序竞争”走向“有序组织”，从“个体行为”走向“集体协作”，体现了特有的组织优势。①

2. 中小企业集合债券的基本要素具有特殊性

债券是权利与权利载体的结合物：作为一种权利，它集中反映了发行人与投资者之间的债权债务关系；作为权利载体，它表现为一种特殊的物，物的基本要素使债券在形式上具有特定性，同时也决定了不同债券种类之间的联系与区别。中小企业集合债券作为一种特殊的债券，其基本要素与一般的债券有着明显的差异，具体表现为：

第一，债券名称具有特殊性。中小企业集合债券的名称一般是根据发行时间和牵头人、中小企业所在地的地名来命名的，例如，2007年深圳市中小企业集合债券，简称“07深中小”；2011年河南省中小企业集合债券，简称“11豫中小债”；2012年石家庄高新技术产业开发区中小企业集合债券，简称“12石开中小债”；等等。这种命名方式的独特性在于：在形式上，时间以年为单位在名称中加以表述，便于金融监管和信息服务的标准化统计公示；②地域名称的使用，则既便于国家发改委统筹、计划、管理全国各省市的中小企业集合债券发行工作，也便于揭示处于相同地域、具有相同社会文化和产业政策环境的中

---

① 林洲钰、林汉川：《中小企业融资集群的自组织演进研究——以中小企业集合债组织为例》，载《中国工业经济》2009年第9期。

② 明宇：《中小企业集合债券要素分析——我国经济社会背景下的制度安排为视角》，载《中国证券期货》2013年第5期。

小企业联合体的区域经济风险。在实质上,以行政单位的名称进行命名,不仅明确了牵头人的主导作用,也体现了以政府信用作为担保是中小企业集合债券成功发行的先决条件。

第二,债券额度和资金用途具有特殊性。通行做法是,先由各个中小企业申报发行金额并说明资金用途,再交由牵头人汇总上报国家发改委审批,最终额度以国家发改委审批结果为准,已发行的债券额度在1.75亿~10亿元。这一模式的优点在于:一是债券额度以"集合"募集资金为准,单个中小企业不会受到法律规定募集额度的限制,可以根据自身的现实需求和偿债能力进行申报;二是赋予了中小企业极大的资金运行自由,既允许用于专用项目,也允许用于补充营运资金和偿还贷款;三是中小企业作为"经济人"具有趋利性和有限理性特征,为追求更多的利润,可能在信息不充分的情况下盲目举债,国家发改委审批债券额度的行政手段是债券市场宏观调控制度的具体体现,政府在拥有更加客观的立场和更充分信息的情况下,能够起到遏制中小企业高风险行为的作用。

第三,信用增级具有特殊性。信用增级是指债券发行人运用各种增信手段来降低债券违约概率或者减少违约损失率,以提高债券信用等级、改善发行条件和降低发行成本的行为。由于我国社会信用制度尚未完全建立,信用问题严重制约债券市场特别是信用较低的中小企业集合债券的发展。投资者在社会信用缺失的背景下,也难以判断和抵御市场风险。尽管法律已经不再要求对企业债券开展强制性信用增级,但是单个中小企业的信用等级较低,无法满足法律规定的发行和上市条件,只有将中小企业联合体的信用进行整合并实施信用增级,才能得以顺利发行和交易。因此,发行中小企业集合债券要求强制性信用增级。根据信用增级方式的不同,中小企业集合债券一般采取信用担保、反担保、再担保和风险准备金机制等不同形式。

3. 中小企业集合债券的运行方式具有特殊性

中小企业作为"经济的牵引力和社会的主角"的重要地位,已被世界各国通过法律法规予以确认。中小企业既是市场竞争的促进者,也是企业创新的担当者,其作用不可替代。但是,中小企业面临的内生规模约束和外生制度约束所造成的融资"瓶颈"将长期存在并制约中小企业的发展,由此形成了政府扶持和引导中小企业发展的客观需要。

在宏观方面,政府通过制定中小企业发展所需要的政策,用以扶持和引导中小企业增强市场竞争力。在中小企业的发展过程中,为了缓解中小企业融资难的问题,政府通过强制性制度变迁,采取自上而下的制度变革,创设了中小企业集合债券的市场规则、基础设施和发展动力等基本要素。从国务院提出稳步扩大中小企业集合债券的发行规模以提供政策支持,到央行、中国银监会、中国证监会、中国保监会(2018 年国家机构改革后中国银监会和中国保监会合并为中国银保监会)联合发文要求积极推进完善中小企业集合债券试点工作,无不彰显了政府政策对促进中小企业集合债券发展的推动。

在微观方面,中小企业管理部门作为政府政策的执行者,以牵头人的身份引导和扶持中小企业形成联合体,成为中小企业集合债券成功发行的必要条件。牵头人机制产生了以下几个方面的优势:一是效率性。由最了解中小企业需要的中小企业管理部门作为牵头人,可以充分发挥调研、监测、宣传和反馈作用,根据中小企业需要及时调整方案,提高中小企业集合债券的组织和发行效率。二是鼓励性。在牵头人组织下,信用增级一般由政策性担保机构负本息全额不可撤销连带责任保证,具有公益性质,部分地方政府甚至采取政府风险缓释基金、债券贴息等方式保障债券顺利发行。这些扶持手段可以激励中小企业积极参与债券发行,在实现自身利益最大化的同时带来良好的社会效益。三是引导性。牵头人在制定筛选标准以及开展筛选的过程中,可以使更多的资金向高新技术、绿色产业等具有可持续发展的中小企业流动,以防止经济资源过度集中,避免资金流向高成本、劳动密集型中小企业,从而发挥对中小企业的引导、示范作用。

(三)中小企业集合债券与相关概念的比较

1. 中小企业集合债券与企业债券的比较

要理解中小企业集合债券与企业债券之间的关系,首先要厘清企业债券的概念。企业债券作为我国资本市场的投融资工具,迄今已有 20 多年历史。1988 年《中华人民共和国全民所有制工业企业法》第 2 条第 1 款规定:“全民所有制工业企业(以下简称企业)是依法自主经营、自负盈亏、独立核算的社会主义商品生产和经营单位。”第 33 条第 2 款规定:“企业有权依照国务院规定发行债券。”1993 年《企业债券管理条例》第 5 条规定:“本条例所称企业债券,是指企业依照法定程序发行、约定在一定期限内还本付息的有价证券。”从理论上来讲,企业的外延涵盖了各种形式的企业,包括公司和非公司制企业,企业债券理应成为各种企业发行债券的总称。但是,我国的“企业债券”

只是特殊时代和特定法律框架下厘定的概念,在债券市场的变革中,这一称谓最终演变成为由国家发改委主管,以中央、地方国有企业或其他重点扶持企业为发行主体,募集资金主要投向国家重点项目的债券专有名词。

中小企业集合债券与企业债券之间关系紧密。从发行主体来看,中小企业是依据企业的从业人员、营业收入、资产总额多少来对"中小"进行界分的,属于企业的种概念。从法律规定的企业债券范围来看,根据国家发改委的规定,企业债券应包括公司发行的公司债券和其他类型企业发行的企业债券,但不包括上市公司发行的公司债券。由于中小企业一般属于"公司和其他企业"的范围,企业债券应当包括中小企业发行的债券。从主管机构来看,企业债券和中小企业集合债券的主管部门均为国家发改委,同时适用于《中华人民共和国公司法》(以下简称《公司法》)、《证券法》、《企业债券管理条例》以及国家发改委的各项通知。综上所述,中小企业集合债券包含在企业债券之中,两者具有属种关系。中小企业集合债券正是在企业债券基础上进行的创新,解决了中小企业无法独立发行债券的难题,弥补了现行债券体制"护强欺弱"的缺陷。因此,相较企业债券而言,中小企业集合债券具有一定的特殊性:

第一,发行主体特殊。中小企业集合债券服务于中小企业,发行主体是中小企业的联合体。中小企业的认定标准主要参照 2011 年工信部、国家统计局、国家发改委、财政部联合制定的《中小企业划型标准规定》。企业债券本质上属于中央政府机构债券(投向电力、石油、铁路、高速公路、通信等领域)和地方政府的市政债券(用于城市建设),发债的主体是大型央企、国有独资企业或国有控股企业。绝大多数能够获得发债资格的企业,都直接或间接地承担各级政府的发展战略意图,中小企业几乎没有发行企业债券的可能性。

第二,资金用途特殊。中小企业集合债券募集资金可以用作固定资产改造、技术更新改造之外的补充营运资金、偿还贷款等各种用途,募集资金比例没有严格的要求。企业债券募集资金则须根据国家宏观调控的要求,用于技术创新和基础建设,与政府职能部门的审批项目直接相关,募集资金比例必须按照法律规定的要求执行。

第三,发行规模特殊。目前,市场上发行的企业债券、公司债券、中期票据均由大型企业发行。对比 2015 年至 2017 年三类企业债券的发行规模可见,发行总量从 3405.8 亿元到 12,856.8 亿元,其平均融资规模从 9.79 亿元到 16.40亿元。(见表 1-2)单个中小企业发行债券融资无法达到企业债券、公司债券、中期票据的发行规模。

表 1－2　2015 年至 2017 年三类企业债券发行规模对比①

项目	企业债券			公司债券			中期票据		
	2015 年	2016 年	2017 年	2015 年	2016 年	2017 年	2015 年	2016 年	2017 年
发行次数	300	495	385	320	881	538	922	908	916
发行总量（亿元）	3405.8	5875.7	3741.0	5251.0	12,856.8	5611.7	12,775.2	11,418.1	10,365.0
平均融资规模（亿元）	11.35	11.87	9.79	16.40	14.59	10.43	13.86	12.30	11.32

中小企业集合债券则以“集合”的形式有效解决了这一难题。以“07 深中小”为例，参与发行的 20 家中小企业，最高的募集资金为 1 亿元，最低的仅为 3000 万元，而总体发行规模则达到 10 亿元，有效解决了中小企业发行债券融资规模小、发行成本高的难题。

2. 中小企业集合债券与公司债券的比较

公司制是企业组织制度发展演变的结果，而对外部的融资需求是促成企业组织形式不断演进和趋向于公司制的一个主要因素。② 根据《公司法》第 2 条规定：“本法所称公司是指依照本法在中国境内设立的有限责任公司和股份有限公司。”第 153 条规定：“本法所称公司债券，是指公司依照法定程序发行、约定在一定期限还本付息的有价证券。公司发行公司债券应当符合《中华人民共和国证券法》规定的发行条件。”在形式上，中小企业集合债券与公司债券的发行主体呈交叉关系，交叉部分是被工信部等四部委制定的《中小企业划型标准规定》划定为中小企业的有限责任公司和股份有限公司；在实质上，由于我国的公司债券专指上市公司债券，中小企业集合债券较其更有着独特的功能、信用来源和监管规则，主要表现为以下几点：

第一，功能特殊。中小企业集合债券解决了单个中小企业因规模小、资质弱而无法独立发行债券的问题，对于实现外部规模经济、优化金融资源配置等具有重要意义。公司债券则是各类公司获得中长期债务性资金的主要形式，

---

① 数据来源：根据中国债券信息网、联合资信公布的信息整理。

② 刘迎霜：《公司债：法理与制度——以我国公司债法律制度梳理为中心》，华东政法大学 2008 年博士学位论文，第 13 页。

并以此调整公司资产结构、降低公司财务成本、改善资金来源结构、进行固定资产投资以及进行技术更新改造等。

第二,信用来源特殊。单个中小企业的信用等级较低,通过集合中小企业资产信用并形成联合体,可以实现内部信用增级;外部则通过地方政府行政强制落实担保机制,由政策性担保机构负全额无条件不可撤销连带保证担保责任,由此实现外部信用增级。而公司债券的信用来源在于公司本身、公司本身的财产状况和支付能力以及既往的商业信誉,信用基础是资产信用。

第三,监管规则特殊。中小企业集合债券由牵头人组织报国家发改委审定发行,采用核准制。监管依据主要有:《证券法》、《企业债券管理条例》以及2013年国家发改委办公厅《关于进一步改进企业债券发行审核工作的通知》、2013年国家发改委办公厅《关于进一步改进企业债券发行工作的通知》、2015年国家发改委办公厅《关于简化企业债券申报程序加强风险防范和改革监管方式的意见》。公司债券由证监会核准发行并进行市场监管,主要按照《公司法》、《证券法》以及2015年中国证监会《公司债券发行与交易管理办法》进行运作。

3. 中小企业集合债券与中小企业集合票据的比较

中小企业集合票据本质上是一种信用债,属于债务融资工具的一种,而不是《票据法》意义上的"票据"。中小企业集合债券与中小企业集合票据的分立是由于企业债券与公司债券、债务融资工具相分离以及交易所市场和银行间市场相分割的历史原因和双重矛盾所造成的,其形成机理与国家发改委核准制下的企业债券和央行注册制下的债务融资工具相类似。因此,从本质上来说,中小企业集合票据属于广义上的中小企业集合债券。中小企业集合债券与中小企业集合票据在发行原理、发行主体和发行程序等问题上基本相同,都是政府职能部门担任牵头人进行组织,由多家中小企业组成联合体,统一运作、统一发行的,约定按期偿还本息的债务融资工具。不同之处主要在于:

第一,基本要素不同。从发行条件来看,已发行的中小企业集合债券均满足了2008年国家发改委《关于推进企业债券市场发展、简化发行核准程序有关事项的通知》(已失效)第2条前2项的规定:股份有限公司的净资产不低于3000万元,有限责任公司的净资产不低于6000万元;累计债券余额不超过企业净资产的40%。中小企业集合票据仅须符合银行间市场交易商协会《银行间债券市场中小非金融企业集合票据业务指引》第5条的规定即可:中小企业集合票据待偿还余额不得超过该企业净资产的40%，募集总额不超过2亿元，注册资本不超过10亿元。由于中小企业集合票据没有对中小企业的净资产上限作出要求，可发行债券的中小企业范围更加广泛，所面临的风险也更大。从融资期限来看，中小企业集合债券为3年期至6年期，中小企业集合票据一般为1年至3年。从承销商来看，中小企业集合债券的承销商为证券公司，中小企业集合票据的承销商为商业银行。

第二，监管规则不同。中小企业集合债券的主管机构是国家发改委，审核机制为核准制，与企业债券的发行依据相同。中小企业集合票据的主管机构是央行主管、监督下的自律组织——银行间市场交易商协会，审核机制为注册制，监管依据不仅包括央行制定的《银行间债券市场非金融企业债务融资工具管理办法》，同时也包括银行间市场交易商协会制定的自律规则《银行间债券市场中小非金融企业集合票据业务指引》等。由于监管机构不同，两者交易的场所也不同，中小企业集合债券既可以在银行间债券市场上市交易，也可以在证券交易所上市交易；中小企业集合票据则只能在银行间债券市场上市交易。

第三，市场化模式不同。从2007年11月14日启动中小企业集合债券，我国共发行了16只中小企业集合债券，筹集资金59.72亿元；[①]从2009年11月23日首次发行中小企业集合票据至今，已累计发行126只中小企业集合票据，共筹集资金303.61亿元。[②] 中小企业集合债券与中小企业集合票据市场化模式的差异，在现实中造成了5倍的融资规模差距。究其原因，中小企业集合债券在证券交易所市场或者承销商网点发行之后，既可以在证券交易所市场交易流通，也可以在银行间债券市场交易流通；中小企业集合票据则要求在银行间债券市场发行、交易，由此可见，在二级市场上两者的竞争环境并无重大差别，不均衡发展的原因主要存在于一级市场。首先，中小企业集合债券和中小企业集合票据的发行依据存在较大差异。中小企业集合票据游离于《证券法》之外，是利用《中华人民共和国中国人民银行法》（以下简称《中国人民

① 根据企业债发行公告统计，载中国债券信息网：http://www.chinabond.com.cn/Channel/4840666，2020年2月10日最后访问。

② 根据中小企业集合票据注册通知书统计，载中国银行间市场交易商协会网：http://www.nafmii.org.cn/dcmfx/tzs/smecn/，2020年2月10日最后访问。

银行法》)中关于央行管理和监督债务融资工具的原则性规定建立起来的融资模式,以银行间市场交易商协会自律规则为主要依据,不同于中小企业集合债券从发行之初就受到了法律的严格管制。《中国人民银行法》在法律层面的"留白",实际上完成了一级交换中政府与市场的对话,为市场争取到了最大限度的话语权。[①] 其次,中小企业集合债券和中小企业集合票据的监管制度大相径庭。国家发改委和央行分别按照不同的价值取向,或以防范风险为目标,或以发展市场为指引,扶持和规范中小企业集合债券。国家发改委偏重于通过行政审核,降低中小企业的信用风险;央行采取了"去行政化"的手段,充分放权于定位为自律组织的银行间市场交易商协会,开展自律监管。

4. 中小企业集合债券与中小企业私募债券的比较

私募与公募相对应,又称"非公开发行",是指发行人或承销商通过自行安排,将债券销售给熟悉的或者联系较多的合格投资者,以免于向证券监管机构核准或注册的一种发行方式。因此,中小企业私募债券是指中小企业将少数特定投资者作为募集对象而发行的,约定在一定期限内还本付息的债券,其发行程序简单、发行范围小、不需要向主管部门和社会公开资料信息,仅限于合格机构投资者之间的有限交易和转让。由于中小企业普遍存在信用等级低、发行规模小等问题,无法有效进入公募债券市场,私募债券则为中小企业创造了更多债券融资的机会。2012 年 5 月,上海证券交易所和深圳证券交易所分别出台《中小企业私募债业务试点办法》,中小企业私募债券业务在我国开始试运行。凭借宽松政策所赋予的准入门槛低、发行速度快、利率水平高等有利因素,中小企业私募债券充分适应了中小企业融资要求"短、平、快"的特点,在入市之初就受到了大量中小企业和投资者的追捧。2012 年 6 月,首只中小企业私募债券"12 苏镀膜"问世,发行总额 5000 万元,期限 2 年,利率 9.5%,仅半天时间便全部售出。截至 2014 年 8 月底,有 572 只中小企业私募债券在证券交易所完成备案并顺利发行,平均票面利率 9.30%,平均单笔发行面额 1.30 亿元,发行总额为 741.31 亿元,占债券总发行量的 0.34%,占企

---

① 洪艳蓉:《公司债券制度的实然与应然——兼谈〈证券法〉的修改》,载徐明主编:《证券法苑》(第 5 卷),法律出版社 2011 年版,第 787 页。

业债券和公司债券发行量加总的4.12%。[①] 但是,随着发行条件的放宽,信用风险亦不断暴露。2014年至今,已有20多只中小企业私募债券出现违约。2015年5月,中国证监会出台了《公司债发行与交易管理办法》,上海证券交易所和深圳证券交易所分别出台《非公开发行公司债券业务管理暂行办法》,前期的两个试点办法相应废止。此后,中小企业私募债券暂时不再发行。从推广速度、发行数量、融资金额等各方面来看,中小企业私募债券在前期发展上已经超越中小企业集合债券。因此,有必要将中小企业集合债券与中小企业私募债券进行两相对比,以探究中小企业集合债券制度优势何在。

第一,准入机制不同。法律法规对中小企业发行中小企业集合债券的净资产、盈利能力以及资产负债率等都做出了严格规定,而对发行中小企业私募债券却没有硬性要求,中小企业可以根据自身业务发展设定合理的融资规模和资金用途。中小企业私募债券的各种要素,包括发行金额、利率和期限等,由中小企业、承销商和投资者自行协商决定,且发行利率仅要求不超过同期银行贷款基准利率的3倍,远高于中小企业集合债券。在发行审批上,中小企业集合债券需经国家发改委核准,核准时间规定在3个月以内;中小企业私募债券不需通过行政许可的审批程序,只需在上海、深圳证券交易所备案,备案时间不超过10天。综上所述,中小企业集合债券具有公募债券的特征,重视投资者的广泛性和安全性;中小企业私募债券则在成本和效率方面更具优势。

第二,运行机制不同。中小企业集合债券是由多个中小企业组成中小企业联合体作为发行主体。牵头人制度作为政府对中小企业集合债券进行扶持和规范的具体形式,实现了政府对弱势群体的支持和对资源的优化配置;中小企业之间的合作机制,进一步加深了中小企业的信用合作,并为之后的技术、经验交流夯实了基础。而中小企业私募债券虽然也规定了可以由两个及以上的中小企业共同发行,但其本质目的是为中小企业拓宽市场融资渠道、提高融资效率,将中小企业私募债券交给市场进行管理和资源配置。

第三,信用风险防范机制不同。中小企业集合债券属于公募债券,重视对信用风险的防范和投资者的保护,强制性要求信用增级和信用评级,只有信用等级达到A级以上才能予以发行。中小企业私募债券以非公开方式向具备

---

① 欧阳辉、孟茹静等:《健全高收益债市场,助力中小企业发展》,载《上海证券报》:http://www.cnstock.com/v_news/sns_yw/201410/3225250.htm,2020年1月15日最后访问。

风险识别能力的合格投资者发行，每期投资者合计不得超过200人，风险管理主要交予市场，没有对信用增级和信用评级作出强制性规定。目前我国77%的中小企业私募债券在发行时都没有债券信用评级。我国的中小企业私募债券更注重发行主体属性而非评级，美国的垃圾债券却只注重评级，不注重主体属性。在信用增级方面，在我国已发行的572只中小企业私募债券中，有433只设立了不同形式的担保，占总量的75.70%。[①] 也正是对于中小企业私募债券"高风险、高收益"的定位以及风险由市场自我发现、自我管理的改革思路，使风险防范机制尚不健全的债券市场风险频发。美国、日本等发达国家，已经在相当长的时间内发行了大量信用等级在BBB级以下的中小企业债券，但这并没有影响这些国家债券市场的稳定和繁荣，原因在于其具备一整套完善而明晰的债券信用管理和保障机制。因此，对债券市场中政府与市场能力范围的争论，不应该是非此即彼的选择，而应随着两者能力的大小变动，不断进行调整和变革直至实现制度的均衡和最优。

二、中小企业集合债券的法律关系

萨维尼认为，法律关系将生活世界和法律世界结合起来，生活关系是法律关系的实质要素，法律关系的形式要素又体现为法律制度。申言之，法律关系是被法所规定的生活关系，法律制度则是调整法律关系的法律规定之整体。[②] 在这个意义上，法律关系一方面联系着法的生活层面，即对中小企业集合债券的生活现象进行法律提炼；另一方面连接着法律制度，并为法律制度的建立提供直观的理论依据。因此，要将中小企业集合债券在生活中产生的各种现象纳入法律的视野中，实现对其内在联系的理解和描述，唯有以法律关系为原点展开对中小企业集合债券的解读。进而，中小企业集合债券所呈现来的主体多元化、内部结构复合化以及法律实施的政府指导性和政策性等特点都充分表明：在传统法律关系理论之外，中小企业集合债券法律关系还具有许多符合自身特性的新内容，而这些新内容亟待从理论上加以概括和阐释。

---

① 欧阳辉、孟茹静等：《健全高收益债市场，助力中小企业发展》，载《上海证券报》：http://www.cnstock.com/v_news/sns_yw/201410/3225250.htm，2020年1月15日最后访问。

② 朱虎：《法律关系与私法体系：以萨维尼为中心的研究》，中国法制出版社2010年版，第40～70页。

（一）中小企业集合债券法律关系的构成要素

1. 中小企业集合债券法律关系的主体

中小企业集合债券法律关系的主体，是中小企业集合债券法律关系的参与人或当事人，是中小企业集合债券法律关系中权利的享有者和义务的承担者。依法参与中小企业集合债券活动的政府、法人和其他社会组织等，均可以成为中小企业集合债券法律关系的主体，具体包括：发行人、投资者、信用担保机构、债券承销机构、债券服务机构和政府经济管理部门等。

（1）发行人。发行人是由中小企业组成的中小企业联合体。无论是作为政府经济管理部门的扶持、引导和规范对象，还是作为商事法律关系的平权交易主体，中小企业都居于整个债券法律关系的中心。作为中小企业集合债券法律关系的核心主体，不仅单个中小企业的法律地位、权利能力以及行为能力受到法律的确认，而且中小企业联合体的组织形态、信用资格也受到法律的关注。

（2）投资者。学界普遍认为，投资者作为债券市场的资金提供者，是在具有浓厚专业色彩和高度技术含量的市场中最缺乏市场信息的参与者，且多为力量分散的社会公众投资者，处于明显的弱势地位。保护投资者合法权益历来都是各国债券法的核心宗旨，也是各国监管机构共同遵循的基本理念。然而单个中小企业具有规模小、实力弱、信用等级普遍不高等特点，使中小企业集合债券孕育着大量风险，风险的终端即为债券市场投资者。如果无法为投资者提供足够的风险防范和有效的法律保护，最终投资者只能选择退出债券市场，从而使中小企业集合债券难以健康发展甚至名存实亡。保护投资者权益，表面上是保护个别投资者的权益，实则是在维护中小企业集合债券得以健康发展的基础。

（3）信用担保机构。信用担保是对中小企业集合债券进行信用增级的基础模式。与一般债券信用增级不同的是，为了确保中小企业集合债券成功发行，地方政府职能部门大多选取国有企业或者政策性担保机构为中小企业联合体作信用担保。其实质是地方政府以自身信用对中小企业集合债券承担的一种隐性责任。大型国有企业和政策性担保机构的担保实现了将投资者风险向政府风险的转移，虽然在一定程度上消除了投资者的疑虑，但是软化了中小企业的债务约束，容易诱发中小企业的道德风险。因此，充分发挥互助性担保机构和商业性担保机构的补充作用，并采用多种形式的风险分散机制也具有重要意义。

(4)债券承销机构。债券承销机构在债券承销中起着桥梁纽带作用,将中小企业与投资者的目标很好地结合在一起。通过承销机构,中小企业实现了融资目的,投资者实现了获得投资机会的目的,承销机构本身则通过在承销过程中收取佣金和获取利差来实现其经营目标。中小企业集合债券承销机构必须具备企业债券法律规定的债券承销资格。由于发行数量较大,一般采取承销团承销的方式承销,承销团由主承销商、副主承销商以及分销商组成。实际操作中,应注意选聘熟悉中小企业发展情况的证券公司作为主承销商,副主承销商、分销商则可由主承销商根据需要自行选取。

(5)债券服务机构。债券服务机构,是指依法设立的从事债券服务业务的机构。我国《证券法》第 160 条规定的债券服务机构包括:会计师事务所、律师事务所以及从事证券投资咨询、资产评估、资信评级、财务顾问、信息技术系统服务的证券服务机构。我国的债券服务机构数量众多、良莠不齐,在市场中公信力不足,因此,只有进一步完善和健全债券服务制度,实现债券服务机构防范信用风险、维护市场秩序的功能,才能使中小企业集合债券能够真正突破政府“兜底”的樊篱,走上市场化道路。

(6)政府经济管理部门。政府经济管理部门是中央及各级地方政府中设立的行使经济管理职能的政府部门,这些部门在按照行政法进行具有经济性内容的行政管理的同时,也担负着适用经济法以调节社会经济的任务,属于经常性和专门性政府经济调节管理主体。① 政府经济管理部门既包括对中小企业进行引导、扶持和规范的地方政府相关职能部门,也包括依法对中小企业集合债券行使监管权的监管机构。在实践中,中小企业集合债券的牵头人一般是地方发改委或中小企业管理机构。监管机构则包括:国家发改委、证监会、央行以及银行间市场交易商协会、证券交易所等证券业自律组织。政府经济管理部门在中小企业集合债券法律关系中具有导向性作用,表现为:在发债募集过程中确定中小企业的规模和产业方向,在信用增级计划中对信用担保机构的工作行使指导和监督性的管理权,在监管过程中扮演防止中小企业和债券经营机构的自由侵害金融秩序的角色。

---

① 漆多俊:《经济法基础理论》,法律出版社 2008 年版,第 118 ~ 119 页。

2. 中小企业集合债券法律关系的客体

在哲学上，客体是与主体相对的，不为主体主观意志所完全支配但又为主体活动所指向的对象。[①] 相应地，法律关系的客体是法律关系主体的权利和义务所指向、影响和作用的对象，或者说是法律关系得以生成的中介。中小企业集合债券法律关系的客体就是在中小企业集合债券法律关系中，双方权利义务指向的对象，是引起中小企业集合债券法律关系产生、变更和终止的根据，主要包括权利和行为。

中小企业集合债券是权利和权利载体的结合物。中小企业集合债券作为权利载体，其本身并没有实际价值，只是记载和表明一定财产权利的信用凭证。在讨论法律关系的客体时，不应把中小企业集合债券视为一种独立的"物"。真正有意义的是将其作为特定载体形式所强调的权利本身，并以此成为中小企业集合债券法律关系的中介。中小企业集合债券代表财产权利，权利的行使与债券不可分离，持券人即可推定为权利人，义务人向持券人履行义务即可免责，权利人若不持有债券，即使通过其他方式证明其为真正的权利人，也不能行使债券所记载的权利，而只能严格按照法定方式和程序确认权利人的身份后才能行使。

行为是法律关系主体主观意志所设定的某些具体的作为或不作为。行为作为中小企业集合债券的法定客体，按照实施主体的不同，可以将其分为以下几类：一是为了筹集资金的中小企业和为了满足盈利需求的投资者之间进行的债券买卖行为；二是证券中介服务机构为债券的发行、交易提供的信用担保、债券承销、信用评级、会计审核、律师公证等中介服务行为；三是政府经济管理部门对中小企业集合债券活动进行指导、协调、管理和监督行为。

3. 中小企业集合债券法律关系的内容

中小企业集合债券法律关系的内容，是指中小企业集合债券法律关系主体在中小企业集合债券发行、交易过程中依照法律规定所具体享有的权利和承担的义务。在中小企业集合债券法律关系中，形成了主体间平等关系与国家干预关系的双重结构。平等主体间形成的以权利、义务为内容的法律关系，是平权型的法律关系；而政府与市场主体之间形成的以干预和被干预为内容的关系，则属于一种管制型法律关系。

---

① 周赟：《法理学》，清华大学出版社2013年版，第318页。

平权型法律关系主要体现在债券发行、交易的过程中。在发行过程中所产生的法律关系主要有：中小企业与投资者之间的买卖法律关系；中小企业与承销商之间的委托法律关系；主承销商与分销商之间的委托法律关系；中小企业与信用担保机构之间的委托法律关系；投资者与信用担保机构之间的保证法律关系；信用担保机构与风险分散机构之间的保证保险法律关系或者再担保法律关系；中小企业与信用评级机构之间的承揽法律关系；中小企业与证券登记结算机构、会计师事务所、律师事务所之间的委托法律关系等。在交易过程中产生的法律关系有：投资者与证券公司之间的代理法律关系；投资者之间产生的买卖法律关系；投资者与证券服务机构之间的委托法律关系等。在几种具体的法律关系中，法律关系主体依照不同合同内容而发生对等性权利义务关系，其法律适用主要是私法法律规范。

由于中小企业集合债券法律关系还包括管制性法律关系，因此，其内容除了权利与义务之外，还包括政府经济管理部门的经济职权和经济职责。具体来讲，中小企业与政府经济管理部门之间的法律关系缘起于政府对中小企业发行集合债券的行为进行干预而发生的社会经济关系，这种社会经济关系受到法律干预后，应归属于国家干预法律关系。这种关系与前述几种法律关系相比，具有以下特点：第一，主体具有不对等性。主体之间的实际政治地位和社会地位不同，政府经济管理部门属于干预（管理）主体，中小企业属于被干预（被管理）主体。第二，权利义务的功能不同。政府经济管理部门的干预权利、义务通常表现为职权、职责，职权和职责的内容是国家权力和法律所赋予的，不可自行转让、放弃或交换。中小企业作为被干预主体则享有法定干预范围之外的经营活动自由权和自主权，并承担依法接受干预、管理的义务。

需要特别说明的是，证券交易所等自律组织与中小企业之间的关系，并不完全等同于政府经济管理部门与中小企业之间的管制性法律关系。自律组织对中小企业施行监督、管理和约束的权力主要来自三个方面：一是国家立法授权。法律所规定的自律监管权，是对自律组织所享有的自主权的认可和保护。二是行政授权。政府经济管理部门在特定情形下授权自律组织行使监管权，使自律组织承担了一定的行政监管职责。三是中小企业的权利让渡。自律组织依据自律规则进行自律监管的法律基础是合同关系。例如，在中小企业集合债券上市的过程中，一旦中小企业与证券交易所签订了上市协议，即表明中小企业接受了上海、深圳证券交易所上市规则的约束，证券交易所可以据此对其进行监管,要求其履行信息披露等义务,并对违反规则的行为进行处罚。从这个意义上来讲,自律组织对中小企业自律监管的权力,实质上是中小企业协议让渡权利的结果,是一种以私法自治为基础的权力。① 但是上市协议等自律规则与普通的民事协议有所不同,不仅涉及中小企业与自律组织双方当事人之间的利害关系,而且影响投资者的切身利益。因此,证券交易所对中小企业的监管权限也是证券交易所对证券交易活动进行监管的必然延伸。尽管自律组织对中小企业的监管权源与政府经济管理部门稍有不同,但是仍然体现的是在政府授权之下对中小企业的引导和规范,故而下文不再将之独立于政府经济管理部门的干预权进行讨论。

(二)中小企业集合债券涉及的主要法律关系——以中小企业为基点的分析

在中小企业集合债券法律关系中,中小企业具有核心的主体地位,其发挥的作用贯穿于中小企业集合债券的合作、发行、中介服务、政府干预的整体过程之中。中小企业联合体之间的关系是债券募集的逻辑起点,没有中小企业的融资需求和融资合作,就不会有中小企业集合债券的诞生,更不会有中小企业集合债券法律关系。中小企业联合体和投资者之间的买卖关系是债券交易的本质,从始至终贯穿于债券交易的全过程。担保关系扩大了主债务人的责任财产范围,在一定程度上弥补了中小企业自身信用不足的缺陷,是中小企业集合债券得以顺利发行和交易的保障。委托关系和承揽关系等法律关系对中小企业具有服务支持作用,是债券成功运行的必要手段。政府对中小企业的干预关系所起到的扶持、引导和规范功能对实现中小企业集合债券价值目标起到了决定性作用。因此,尽管中小企业集合债券法律关系既有普通债券所共有的一般性法律关系,也有自身所具备的特殊法律关系,但是为了彰显中小企业集合债券的特殊性,突出中小企业集合债券法律规范作为特别法的地位,笔者着重阐述具有特殊性的法律关系。进而,由于中小企业在债券融资的整个过程中都处于中心地位,对各种法律关系的形成具有基础性作用,因此,笔者将以中小企业为基点,分析中小企业与其他当事人之间的特殊法律关系。

---

① 徐明、卢文道:《从市场竞争到法制基础:证券交易所自律监管研究》,载《华东政法学院学报》2005 年第 5 期。

1. 中小企业之间的法律关系

在目前的制度设计中,中小企业集合债券是中小企业联合体按照“统一产品设计、统一运作、统一发行上市、统一管理以及统一偿还、分别负债”的模式联合发行的。“分别负债”意味着中小企业之间是按份之债的法律关系。按照这样的逻辑,当其中一家中小企业出现偿付不能时,先由信用担保机构进行代偿或者理赔;如若代偿或者理赔不能,则按照能够偿还金额占全部到期金额的比例对债权人进行清偿。除此之外,各中小企业与信用担保机构、债券承销机构、债券服务机构之间分别签订协议,形成独立的法律关系,使中小企业之间尽量不存在法律上的牵连。中小企业按份负债的法律关系,是中小企业之间的“防火墙”,对于降低融资风险、明确法律责任起到了积极作用。然而这堵“防火墙”在隔断风险的同时,也阻碍了中小企业之间信用合作关系的延伸和发展。中小企业联合体的组织形式为中小企业信用合作关系创造了组织载体,而信用合作关系的建立满足了中小企业的内生需求和发展动力,可以提高信息的传递效率并起到相互监督作用。但是在目前的法律关系中,中小企业之间既不存在密切的产业联系,也不存在连带的责任关系,无法完全发挥信用合作的功能。

在此基础上,有学者提出了依托产业供应链或是中小企业集群来发行中小企业集合债券的设想。① 依托产业供应链或者依托中小企业集群来发行中小企业集合债券的优势在于,集群环境下的中小企业不仅处于相同的地域,而且具有相同的社会文化和产业政策环境,拥有相似的管理理念和经营方式,它们相较各自独立且由政府牵头联系的中小企业来说,更具开展信用合作的优势和自发组成联合体发行债券的动力。在此模式之下,中小企业集合债券在偿付本金、利息时可采用连带责任方式,使处于供应链上或者集群内部的中小企业成为利益攸关、风险共担的共同体,以促进产业融合,实现相互监督。例如,2010 年山东省威海市集合票据的联合发行人——威海船厂和威海港集团,两者均为威海市国资委下属全资企业且业务联系紧密,在发行过程中约定互为双方债务承担连带责任。此外,可由集群内中小企业组成集群财务公司替代政府经济管理部门作为发行债券牵头人,中小企业以出资为限对集群财

① 张玉华、杨爱君:《依托供应链发行中小企业集合票据的构想》,载《财会月刊》2012 年第 35 期。

务公司承担有限责任。① 尽管集群内中小企业发行集合债券的融资模式还在探索之中，但是只有通过促进中小企业自发联合，才能使"政府之手"让位于"市场之手"，真正实现"市场之手"对于市场经济资源配置和信息交流机制的本质功能。

2. 中小企业与投资者之间的法律关系

中小企业视筹集资金的需要决定发行债券而成为债务人，投资者则根据资金增值需求和投资偏好决定购买债券而成为债权人，中小企业集合债券便成为中小企业和投资者之间的契约产物，并就此形成了债权债务关系。债权债务关系是中小企业集合债券最基本的权利义务关系，这种关系能否理顺将决定其他权利义务关系能否有效实现。

从合同的角度考察，合同是中小企业与投资者之间权利义务配置最主要、最基础的依据。首先，合同的内容为资产所有权的转移。投资者以获取资金增量为目的，将原资产所有权价值化后通过资本市场投入中小企业而获得相应的对价；中小企业则取得投资者的资金，并享有占有、使用、收益、处分的权利，但负有向投资者支付固定或不固定资本收益的法定义务。其次，合同的实现手段是证券化。证券化是通过债券交易形式，将中小企业、投资者的权利义务与债券形式相结合的过程，即是以债券形态呈现民事权利义务的过程。这一过程借助于格式合同和无因合同两大法律技术手段而予以最终实现。格式性决定了债券合同的基本内容相一致，使债券融资的分散性获得法律上的保障和提升。无因性则使投资者的债权证券化后具有了较好的流动性。② 基于合同的以上特征，作为合同一方当事人的投资者往往不能参与合同条款的谈判和制定，只能被动地接受合同的全部条款，也即是投资者只有决定是否成为合同当事人的权利，而没有可能以自己意愿主动修正合同条款的权利。这样的法律定位，决定了投资者的先天弱势地位。当投资者利益在传统民事法律框架中不能得到充分保护的时候，政府适度干预的补充就显得十分必要了。因此，法律有必要给予投资者更多的保护，以维护合同当事人之间实质的利益平衡，保障中小企业债券的稳健运行。

---

① 黄志：《中小企业集群集合债券融资模式研究》，浙江师范大学2012年硕士学位论文，第23页。

② 刘迎霜：《论公司债券投资者的权益保护》，载《社会科学研究》2012年第4期。

从权利义务的角度考察,在排除一方当事人参与谈判机会情况下形成的民事关系中,当事人的权利义务关系本身就具有不对等性;此外,由于中小企业对自身经营信息的把握更加充分和准确,投资者受专业知识和分析能力的限制以及信息传递的制约,与中小企业的“信息地位”并不对称。因此,法律应当在承认投资者弱势地位的基础上,对其权利进行倾斜性保护。投资者享有的核心权利是受益权,即要求中小企业按照合同承诺的期限与方式偿还本金和利息。除了债权之外,其他基本的权利还包括:

一是知情权。鉴于投资者和中小企业在信息占有数量和质量上的不对称状态,应赋予处于劣势地位的投资者以广泛的、实质的知情权,内容可涉及中小企业的资信情况、经营情况、财务情况等一切与投资者利益相关的信息。同时,由于现实中投资者因缺乏专业知识,不可能充分、有效地利用和分析这些财务信息,为避免因此而导致其知情权流于形式、无法真正实现,还应当赋予投资者委托证券服务机构代为查账、审核的权利。相对处于优势地位的中小企业应履行严格的告知和公开义务,保证信息的数量、质量、频率能够为投资者及时、完整地获取。而如若中小企业存在隐瞒真实信息、提供虚假信息的行为,则应由中小企业及负有直接责任的企业内部人员承担连带责任。

二是重大事项决策权。由于中小企业集合债券的债务存续期长,经济形势和中小企业的资产状况在债务存续期间都可能发生变化,因而可能产生影响债务偿还的不确定因素。从保护投资者出发,赋予投资者重大事项决策权,建立债权人会议制度、债券信托制度等,赋予投资者大会召集请求权、出席权、表决权、提案权、质询权、决议撤销权以及托管人解任请求权等,可以弥补集体行动的困难,解决整体缺位问题,实现对中小企业的有效监管。

3. 中小企业与信用担保机构之间的法律关系

作为解决中小企业融资难的新型金融工具,中小企业集合债券自诞生之日起,就面临如何解决信息不对称所导致的逆向选择、道德风险以及危及交易安全等问题。信用担保机构凭借对信息进行筛选和识别的专业化优势地位,运用自身资产对中小企业集合债券进行担保,可以降低信息传递和信息甄别的成本,提升债券的信用等级,推动中小企业集合债券通过监管机构的审核并获得投资者的认可。

信用担保,又称保证,属于人的担保,是指以人的信用来保证债权的实现。

为中小企业集合债券提供信用担保，是在中小企业不履行或者不能履行债务时，由中小企业信用担保机构以自己的财产代为履行债务或者承担责任的担保方式。这种方式在很大程度上弥补了中小企业信用不足的缺点，以第三人的信用保障了投资者的利益。根据《中华人民共和国担保法》（以下简称《担保法》）规定，保证分为一般保证和连带责任保证，信用担保机构承担的责任性质应当依照合同约定。而在中小企业集合债券发行过程中，大多是由国有银行或政策性担保机构对中小企业提供连带责任保证。信用担保机构相对于投资者，是对整只债券的偿付负责；相对于中小企业，则按发行债券的份额分别签订担保合同，还要根据各个中小企业的不同资质，视情况要求提供反担保等风险分散措施。

中小企业与信用担保机构之间的法律关系是委托法律关系。中小企业是委托人，信用担保机构是受托人，维系双方的是委托担保协议。委托担保协议是确定委托人与受托人关系的法律载体，也是明确双方权利义务的依据。根据委托担保协议，信用担保机构为中小企业向债券投资人提供保证服务，中小企业向信用担保机构支付一定数额的保费，当中小企业不履行或不能履行债务时，由信用担保机构代替其承担责任，而后取得代位求偿权，中小企业向信用担保机构承担返还责任。在这一法律关系中，主体双方的权利义务具有不对等性。中小企业不仅组织形式单一，多以独资企业和合伙企业为主，财务制度大多不健全，而且经营易受外部环境影响，抗风险能力较弱。在“理性人”的思维中，高风险对应的理应是高回报，被保证人应当向担保机构支付与风险相对应的报酬。然而信用担保机构不仅承担高风险，而且利润微薄。郑玉波先生曾精辟地阐述道：“保证既为无偿契约，故人多惮于为之，语云‘一不做媒，二不作保。’……因之凡为人作保者，非情不得已，则其人必呆也（保字拆为人和呆）。”①由此可见，中小企业集合债券信用担保具有公益性，体现的是政府对处于弱势地位的中小企业的倾斜性扶持，一般由公益法人行使信用担保机构的职责，营利的资金也主要用于政府投入资本的保值和维持担保行为的正常业务开销。

中小企业与信用担保机构之间还存在反担保法律关系。反担保，又称求偿担保，是指信用担保机构为中小企业提供担保时，中小企业应其要求而提供

---

① 郑玉波：《民法债编各论》（下册），台北，三民书局1981年版，第821页。

物的担保或人的担保等帮助信用担保机构能全部或部分实现债务追偿权的担保机制。反担保是一种从属性的法律关系，并不独立于本担保而存在。在反担保法律关系中，信用担保机构享有债权，中小企业承担债务。反担保法律关系客体为代求偿权，即信用担保机构代为清偿本担保的债权后所产生的求偿权。中小企业集合债券反担保法律关系的特殊性在于，中小企业自身抵押物少，提供反担保的数额一般小于本担保的数额，很难达到专业担保机构的担保标准。然而中小企业以自身之力提供反担保仍然意义重大。在政府以法律手段对中小企业给予倾斜性扶持时，中小企业不可避免地会产生道德风险，因此有必要根据中小企业的具体情况合法、合理地设置反担保措施，遏制中小企业恶意拖欠债务的外部性行为，也可以在一定程度上降低信用担保机构的损失，实现分散信用风险的功能。

互助性担保机构在信用担保机构中具有一定特殊性，是由中小企业自我出资、自我服务、自担风险，不以营利为目的的会员式信用担保机构，既包括政府出资发起、以中小企业自愿认购基金单位方式建立的互助担保模式，也包括中小企业以会员身份共同出资，按照规定缴纳一定的会费就可以获得数倍于会费担保额度的互助担保模式。由此可见，互助担保机构的主体通常由地方政府（政府职能部门、政府主管的国有企业或金融机构）、中小企业共同组成。互助担保基金由地方政府财政投入为基础，各会员中小企业视经营和申请担保资金的需要按比例出资共同建立。会员之间应视为合伙关系，相互之间以出资为限承担有限责任，即以基金的份额对担保金额承担有限的风险。通过建立完善的公司治理结构，确保互助担保基金在政府和会员企业共同制定的章程范围内独立运作，建立合法合规的会计制度，保证专款专用。

4. 中小企业与债券经营机构之间的法律关系

一般而言，债券的承销方式有代销、包销（全额包销、余额包销）之分，不同方式下的法律关系各异。在债券代销的情况下，债券经营机构作为承销商代理发售债券，与中小企业构成委托代理关系。其中，中小企业是委托人，承销商为受托人，债券承销的民事法律后果直接由委托人承担。债券代销多适用于一些具有较高知名度、信誉度的企业，或者发行成功率较高、拥有良好客户群的债券经营机构，否则不宜采用债券代销的方式。在全额包销的情况下，债券经营机构按照承销协议全部购买中小企业集合债券，再以自己的名义向投资者出售其已经买入的债券。中小企业与承销商之间构成买卖关系，中小企业居于卖方的地位,承销商居于买方的地位。由于全额包销的承销商承担了全部发行风险,可以保证中小企业及时得到所需资金,因而要求中小企业支付较高的承销费用。实践中,中小企业集合债券一般采用余额包销的方式承销,即承销商先要代理中小企业发售债券,在承销期结束时再将未出售债券全部自行购入,一旦完成购入并交割,债券的所有权及其风险就转移至承销商,承销商也因此享有债券所代表的一切权利,直至其再将债券出售给投资者。由此可见,中小企业与承销商之间除了构成委托代理关系(承销商以中小企业的名义,为中小企业的利益销售债券),还构成附条件的买卖关系(承销期届满以后,如果存在未售完的债券,则承销商以自己的名义购买这部分债券)。

中小企业集合债券主要由承销团负责承销。根据《证券法》第30条规定,向不特定对象发行证券聘请承销团承销的,承销团应当由主承销和参与承销的证券公司组成。中小企业集合债券由中小企业联合体发行,发行数额普遍较高,为了分散风险、提高工作效率,多设主承销商和分销商。在实践中,一般以竞标或者协商的方式确定主承销商,再由主承销商选择其他券商组建承销团,签订分销协议,明确承销团各成员的权利和义务。主承销商与分销商构成新的委托代理关系,而中小企业与分销商之间并未直接签署承销协议,没有直接的法律关系。

在充当资金融通中介的过程中,债券经营机构充分显示出商人的地位。商人资格的取得首先来自工商行政管理部门的设立登记,因登记完成并被颁发营业执照而成为商人;①进而,由证监会颁发经营债券业务许可证而成为特殊的债券中介商人。② 债券经营机构的商人地位使它与中小企业之间的社会关系成为平等主体之间的商事关系,由证券法中的私法规范进行调整。然而,应当看到,债券经营机构不是一般的商人,而是具有公共性的商人,在实施公共政策中也扮演着特殊角色。在债券承销过程中,债券经营机构除应履行尽力销售等基本义务外,法律还对其进行特别规制,从而形成一些特殊义务,如

① 《证券法》第119条第2款规定:"证券公司设立申请获得批准的,申请人应当在规定的期限内向公司登记机关申请设立登记,领取营业执照。"

② 《证券法》第119条第3款规定:"证券公司应当自领取营业执照之日起十五日内,向国务院证券监督管理机构申请经营证券业务许可证。未取得经营证券业务许可证,证券公司不得经营证券业务。"

发行文件核查义务等。公开发行债券必须依法向监管机构报送债券募集文件,并依照信息披露规则向社会公众披露。这些文件都是在债券经营机构的主持下完成的,成为中小企业取得公开发行债券核准的基本依据。一则债券经营机构是发行过程中的主导者,以其声誉对所承销的债券做出保证,进而获取投资者的信任。投资者普遍认为一流的债券经营机构不会承销不良债券,发行债券必然符合其承销的标准。二则债券经营机构拥有专业的调查人员和丰富的鉴别经验,在对中小企业经营状况、发行资格的调查与确认的过程中处于比较有利的地位。因此,法律要求债券经营机构在审慎调查的基础上对募集文件的真实性、准确性和完整性进行核实,以防止和避免公开发行文件存在虚假记载、误导性陈述和重大遗漏。①

5. 中小企业与债券服务机构之间的法律关系

《证券法》第163条规定,证券服务机构应当勤勉尽责,对其制作和出具的审计报告及其他鉴证报告、资产评估报告、财务顾问报告、资信评级报告或者法律意见书等文件的真实性、准确性、完整性进行核查和验证。勤勉义务,在大陆法系又被称为"善良管理人的注意义务",与一般勤勉义务不同的是,其实质不是直接为发行人的利益服务,而是主要为债券投资者的利益服务。中小企业集合债券服务机构所包括的财务公司、征信机构、信用评级机构、会计师事务所及律师事务所等,在优化社会资源配置、规范交易行为、保护投资者等方面发挥着重要作用。显然,债券服务机构在实现盈利之外,还提供具有公共性质的服务,其形成的动因是债券市场上的投资者缺乏债券专业知识与投资经验,过度依赖和信任债券服务机构的专业化服务。债券服务具有的公共性已经超越了证券业者的私人利益,而服务于社会公共利益,并以此区别于其他有偿服务,从债券服务机构与作为发行人的中小企业之间的法律关系中便可一窥究竟。

中小企业信用服务是指专业的信用服务机构通过各种手段收集中小企业主体及其有价证券的信用信息,并依据一定的标准进行分类、筛选、判断和加工,以评估和验证调查对象信用状况的专业活动。目前,中小企业信用服务主

① 《证券法》第29条规定:"证券公司承销证券,应当对公开发行募集文件的真实性、准确性、完整性进行核查。发现有虚假记载、误导性陈述或者重大遗漏的,不得进行销售活动;已经销售的,必须立即停止销售活动,并采取纠正措施。"

要包括征信和信用评级两类。两者的区别在于,中小企业征信是由专门的征信机构对中小企业的信用信息进行采集、整理、保存、加工,并向信息使用者提供的活动;中小企业及中小企业集合债券信用评级是信用评级机构对中小企业主体及其发行中小企业集合债券的信用可靠程度的观点和意见,并以既有的、明确的标准等级加以表达的活动。广义的征信也包括信用评级,并将信用评级视为征信的高级阶段,是在征信采集和保存信用信息的基础之上,进行的专业化信用风险预测和评定。中小企业存在严重的信息不对称,信用等级普遍不高,缺乏寻求信用服务的主动性和积极性。中小企业集合债券则将信用服务视为中小企业进入债券市场的通行证,不仅以中小企业信用信息为组织阶段的筛选依据,而且要求对中小企业的主体信用和整只债券进行评级。这一举措既能有效防范中小企业集合债券的信用风险,也为中小企业规范经营管理、提高自身信用起到促进作用。根据信用服务机构提供信用服务的动因不同,可以分为被动提供信用服务和主动提供信用服务两种形式,不同形式的法律关系又各不相同。

被动提供信用服务,是信用服务机构与中小企业签订服务合同之后,以自己的名义、独特的方法对中小企业进行信息采集、评估、评级并发布评估结果和评级结果,其与中小企业之间的关系构成承揽法律关系。根据《中华人民共和国合同法》(以下简称《合同法》)第 251 条第 2 款规定,在诸如加工、定作、修理、复制、测试、检验等承揽工作类型中,中小企业集合债券信用评估和评级应属于"检验"类型。[①] 中小企业是定作人,信用服务机构是承揽人,两者之间基于协商,订立了承揽合同并产生了相互的权利义务关系。中小企业负有全面、准确、真实提供信用服务所需资料,协助、配合开展信用服务业务以及缴纳合同约定费用的义务,同时享有获取信用评估和信用评级结果的权利。因信用服务机构的故意或者重大过失给中小企业造成损害的,中小企业可要求赔偿损失。与之相对应,信用服务机构享有获取资料和报酬的权利,也负有按照约定及时完成工作、保护中小企业商业秘密和隐私等诚信义务。

信用服务机构主动提供信用服务的依据在于,投资人对中小企业授予信用、达成债券交易之前,有权了解中小企业的信用信息,而投资人与中小企业

---

① 黄润源、刘迎霜:《公司债券信用评级法律关系解析——以美国债券评级制度为模本》,载《学术论坛》2008 年第 1 期。

之间的信息不对称产生了投资者力图通过信用服务机构获取中小企业信用信息的现象。此外，政府为了维护市场交易的信用环境，也有极大的动力为市场主体提供作为公共产品的信用信息。在此种情况下，信用服务机构与中小企业不存在直接的联系，信用服务机构采集中小企业信用信息的过程为：中小企业信用信息通过社会活动汇集到社会各个部门，为信息提供者（政府部门或非政府部门）所记录；信息提供者将收集到的信息提供给信用服务机构；信用服务机构再进行筛选、加工、整理、评估，以得出信用评估和信用评级报告。在此过程中，信用服务机构应当保证中小企业的知情权和异议权。

信用服务机构与中小企业之间法律关系的客体是信用评估和信用评级结果，其具有独特性和公共性的特征。首先，信用评估和信用评级结果是经验产品，也称为服务产品，而非实物产品，这种经验产品为社会提供信息以供决策参考，而不是决策意见；其次，信用评估和信用评级结果作为一种信息服务，具有无形性，一旦生产出来，无论多少人消费都不会增加成本，增加任何一个人的消费也不会增加供应成本，因此具有公共产品的非竞争性特征；最后，信用评级结果在中小企业集合债券募集书上向投资者进行公布，作为改善中小企业与投资者之间信息不对称的桥梁，具备共用性和非排他性，是典型的公共产品。总而言之，信用服务机构的充分支持，有利于降低行政手段监管中小企业集合债券的成本，以政府规范中小企业集合债券的有益补充。

在中小企业与会计师事务所、律师事务所等其他服务机构的关系中，中小企业与其他服务机构构成委托法律关系。根据双方委托合同的约定，会计师事务所等服务机构以中小企业的名义处理事务，并按照中小企业的授权与第三人发生民事关系，法律后果由中小企业承担。在市场经济中，债券服务机构对于维持市场稳定、维护市场经济均衡发展起到了越来越重要的作用，从而成为具有公共性质的服务机构。正如美国迪克森（Dickson）大法官所言，会计师只对企业所有者和管理者提供服务并承担责任的时代已经过去了。会计师的功能和职责产生了明显的改变，同时也使公众对会计师工作的信赖产生了明显的改变。会计师作出的公司财务状况报告能够广泛影响社会公众的经济利益，也可能对企业股东或潜在股东的经济利益造成影响。会计师事务所的这种地位和作用，对于其他专业机构，诸如资产评估机构、财务公司以及律师事务所而言同样适用。“法律之所以强加这些人义务，是因为他们在社会所取得的地位,公众不得不对他们有极大的信赖。法律必须确保此种信赖不被滥用。"[①]总之,在中小企业与上述服务机构的关系中,首先,应该认识到,委托关系是一种民事法律行为,以自愿原则为基准。但是债券中介服务涉及众多不特定的利害关系人,仅以私法来规范,将难以保障公众利益不受侵害,因此,需要引入公法进行制衡。其次,由于公众极度信任和依赖债券中介服务机构,法律应当保证此种信赖不受滥用,进而需要对其禁止性行为作出强制规定。

6. 中小企业与政府经济管理部门之间的法律关系

中小企业与政府经济管理部门之间的法律关系属于国家干预关系。立足中小企业集合债券理解国家干预关系应从以下两点出发:

第一,国家干预是对市场经济的适度干预。我国债券市场存在大量市场失灵的现象,市场既无法达到自我均衡,又不能自我克服,从而对国家干预产生需求:从公共投资者有限理性的角度来看,投资者的专业水平有限,无法凭借一般性知识和能力对信息进行分析和鉴别,也容易受到投机行为的错误引导;从信息不对称的角度来看,中小企业与其他当事人之间存在严重的信息不对称,造成了信任危机;从垄断交易的角度来看,规模经济的特点使债券中介机构向集中垄断发展,而同业之间的非完全竞争也使整个债券市场低效运行。市场失灵导致干预需求,干预需求导致干预供给,但是国家干预供给只有与市场干预需求相一致,才可能实现国家干预的目的,满足市场的干预需求。[②] 因此,政府经济管理部门应当在尊重债券市场运行客观规律、以中小企业需求为导向以及认清自身能力边界的基础上,将国家干预限定在力所能及的范围之内。

从法律关系的角度来看,国家干预需要授权政府经济管理部门对经济进行干预,同时又要对政府经济管理部门本身的运行进行干预,以限制其权利的滥用。确权与限权的结合,乃寻求国家适度干预经济的题中应有之义。从确权来看,政府经济管理部门的权力即职权,是法律赋予的由政府经济管理部门代表国家依法行使的对经济运行进行预测、决策、组织、指挥和监督等权力的

---

① Nicholas Rafferty, *The Tortious Liability of Professionals to Their Contractual Clients*, *Issues in Tort Law*, Toronto, The Carswell Company Limited, 1983, p. 246.

② 种明钊主编:《国家干预法治化研究》,法律出版社 2009 年版,第 25 页。

总称。[①] 政府经济管理部门对中小企业的干预由几个不同的政府职能部门各司其职,不同的职权也产生了不同的干预效果。一是作为牵头人的地方政府及其职能部门[②],其具体干预手段有:在了解中小企业需求的基础上,组织中小企业申报中小企业集合债券;协调中介机构,力促为中小企业提供倾斜、优质、高效的中介服务;制定税收减免、债券贴息等鼓励政策。牵头人依法享有的职权为倡导权,即提倡、引导和鼓励中小企业为或不为一定经济行为的权力,如引导中小企业采用中小企业集合债券的形式进行融资,提倡中小企业向集约式产业发展,鼓励资金用于发明创造、科技开发等,实现了对中小企业的扶持、引导功能。二是作为监管机构的国家发改委、证监会、央行以及政府授权的自律组织,其具体干预手段有:国家发改委既享有核准权,即根据法律规定对中小企业资质的真实性、有效性进行审查并最终决定是否许可其发行债券的权力;又享有监管权,即对中小企业集合债券债券发行、交易予以检查监督的权力,以保证中小企业在法律规定的范围内行事。证监会、央行以及证券交易所和银行间市场交易商协会则视以下不同情况进行监管:在证券交易所发行上市的中小企业集合债券由证监会和证券交易所监管,在银行间债券市场发行上市的则由央行和银行间市场交易商协会监管。

从限权来看,政府经济管理部门负有依法、恰当行使其权力的职责。申言之,政府经济管理部门必须积极、正确地行使职责,不得懈怠,更不得随意放弃。对于中小企业,政府经济管理部门还负有依法干预、不滥用职权的职责。一方面,政府经济管理部门的职权行使应当遵照功能合理的原则。政府经济管理部门是否深入考察了中小企业的需求,是否充分调研了中小企业集合债券的运行效果,是否真实审度了自身的能力大小,都将影响其功能的合理性。如若功能合理受限,则有必要对政府经济管理部门的本身缺陷进行防范,避免职权越位、错位和缺位,以充分保障中小企业的合法权益。另一方面,还应当遵循程序正义的原则。通过制定和遵守合理的申报办法、透明的筛选机制、明确的协商流程以及法定的监管措施等正当程序,限制政府经济管理部门职权

---

① 李昌麒主编:《经济法学》,法律出版社2007年版,第92页。

② 在实际运行过程中,各地的牵头人由各地方政府或其职能部门担任。例如,深圳市贸易工业局、中关村科技园区管委会、大连市人民政府、河南省中小企业服务局、成都市人民政府、石家庄高新技术产业开发区管理委员会、昆明市工业和信息化委员会、邯郸市工业和信息化委员会以及常州市、芜湖市、扬州市、合肥市的发改委等。

的行使。

权利和义务是在数量上的呈等值关系,即社会中的权利和义务总量守恒。① 因此,相对于政府经济管理部门的职权和职责,中小企业也负有相应的权利和义务。中小企业所承担的义务包括:对于倡导性干预措施,应结合自身实际情况,对经营、融资的目标和行为进行主动、自觉地调整;对于宏观调控等干预措施,要服从和遵守有关政策法律;对于强制性和约束性的监管措施,必须严格执行。在承担义务的同时,中小企业享有对政府经济管理部门进行制约的权利,如对政府经济管理部门的非法、滥用权力行为,不予执行和进行抵制的权利;在组织、发行、交易过程中享有知情权、建议权、监督权、举报权、控诉权等各种权利。

第二,国家干预的核心要义是扶持、引导和规范中小企业发展。国家干预中小企业问题,并不是将中小企业作为一般市场主体而发生的私法问题,而是将中小企业作为竞争中的弱者和一般而言不善从"规矩"者,由政府经济管理部门对其进行扶持、引导和规范的问题。② 首先,政府经济管理部门以国家干预为手段对处于弱势地位的中小企业进行扶持,通过倾斜保护市场竞争弱者,使其获取与大型企业公平竞争的机会,以彰显对于实质不公平的矫正。其次,"中小企业"作为一个产业范畴的概念,决定了政府经济管理部门必将以促进经济增长为目的,通过引导中小企业的行为,而实现优化资源配置、均衡产业发展。最后,产业政策是既有鼓励又有限制的,政府经济管理部门有必要采取适当措施对中小企业进入某些特殊领域进行规范和监管,而债券市场正是这样的领域之一。在充斥着同样具有弱势地位的公众投资者的债券市场中,维护金融安全也是国家干预的核心内容。鉴于此,无论是对经济弱者的扶持,还是基于产业政策的引导,抑或是金融领域的规范,都是政府经济管理部门对中小企业实施国家干预的题中应有之义。

调整国家干预的法律规范也因其干预目标的不同,而以诱导性规范与强制性规范相互补充使用。调整政府经济管理部门扶持和引导中小企业发行中小企业集合债券的法律规范主要是诱导性法律规范,即"在每个法律制度中

---

① 程燎原、王人博:《赢得神圣——权利及其救济通论》,山东人民出版社1998年版,第83页。

② 史际春、王先林:《建立我国中小企业法论纲》,载《中国法学》2000年第1期。

都有一些促进性的而非强制性的规范。在这类规范中,有赋予个人以权利、授予组织以权力以及对政府的制定政策的裁量权领域加以分配等规范,对于不行使法律所赋予的权利、权力或裁量权,是无需附设制裁的"。[①] 在此类法律规范促进下,政府经济管理部门给予中小企业特别的扶持与保护,鼓励它们按照相应的产业政策开展经济活动。与此不同的是,调整政府经济管理部门监管中小企业发行中小企业集合债券的法律规范多为强制性法律规范,监管机构的意志占主导地位,以矫正和改善市场机制内在问题为目的,依照一定的规则对中小企业发行中小企业集合债券的活动进行监督和规范。监管机构的行为是一种强制性行为,其不仅是为市场制订游戏规则,起着管理者的作用,同时还发挥着惩戒功能,以监督者的身份出现。因此,强制性法律规范作为政府监管债券市场的直接表现,将公权力多方位地介入整个债券领域以及债券发行、交易的整个过程中去。当然,两种法律规范之间并不是简单的此消彼长的关系,而是互为补充。一方面,诱导性规范的运用,避免公法调整方法的教条,引入了中小企业自治的内核,以灵活的手段扶持、引导中小企业;另一方面,强制性规范的运用,为中小企业意思自治的行使划定相应范围并进行必要的约束,进而追求社会公共利益的实现。

三、中小企业集合债券的作用

为了解答中小企业集合债券是否具有生存空间、是否具备制度优势、是否具有政府扶持必要等问题,下文对中小企业集合债券的特有作用进行分析,认为中小企业集合债券在缓解中小企业融资难、实现中小企业外部规模经济以及优化金融资源配置等方面具有独特优势。

(一)中小企业集合债券有利于缓解中小企业融资难

尽管"麦克米伦缺口"[②]现象在世界各国范围内普遍存在,但是我国的中小企业融资难问题却尤为突出,其症结是:第一,获取信贷资金难,间接融资受阻。以自身利益最大化为目标的金融市场主体对信息供给存在极大的依赖

---

① [美]E. 博登海默:《法理学:法律哲学与法律方法》,邓正来译,中国政法大学出版社2004年版,第308页。

② "麦克米伦缺口"是指中小企业普遍存在金融资源短缺,尤其是长期融资由于金融资源供给不足而形成的资金配置缺口。

性，信息不对称导致的逆向选择和道德风险使中小企业与银行之间缺乏有效的信息传递机制，银行在追求安全性、营利性与流动性时通常谨慎对待中小企业的融资需求。① 此外，金融机构之间还存在不完全竞争。域外经验表明，小额贷款公司、地区性银行、中小企业信用担保机构、融资租赁公司等中小金融服务机构，才是提供中小企业融资的主渠道。中小金融机构一般是地方性金融机构，通过与中小企业的长期合作、交流，不断加深对中小企业经营状况的了解，改善了双方信息不对称的状况。② 我国国有金融机构占据了大部分市场份额，留给中小金融机构的空间比较少。有关数据表明，国有银行系统存在一定程度的信贷歧视，更倾向于向国有企业贷款。③ 第二，缺乏多层次资本市场，直接融资渠道狭窄。在金融抑制政策和银行主导型融资机制的双重作用下，我国资本市场的发展是被动的、滞后的和非市场化的。截至 2019 年 5 月，中小板 932 家公司总股本 8462 亿股，累计总成交金额 197.91 万亿元，股票总市值 8.6 万亿元，约占深沪两市总市值的 16.42%。④ 中小板上市公司多为具有成长性和科技含量的中小企业，股权融资无法满足大多数中小企业的融资需求。就债券市场而言，尽管随着债券市场改革步伐的加速，债券融资在社会融资规模中的比重由 2002 年的 1.8% 上升到 2016 年的 15%⑤左右，但是在传统的债券市场体制下，中小企业尚无一席之地。

然而，债券作为一种直接融资工具，对中小企业融资具有至关重要的作用。从融资顺序理论来看，中小企业的融资决策是按照成本大小依次作出选择：从内源融资到债务融资，最后才是股权融资。⑥ 从信贷融资来看，以大银

---

① J. E. Stiglitz and A. Weiss, "Credit Rationing in Markets with Imperfect Information", *American Economic Review* 71, 1981, pp. 393 - 410.

② A. Banerjee, et al., "Thy Neighbor's Keeper: The Design of a Credit Cooperative with Theory and a Test", *Quarterly Journal of Economics* 109, 1994, pp. 491 - 515.

③ Shang Jin Wei, "Siamese Twins - Is There State - Owned Bias", *China Economic Review* 8, 1997, p. 1.

④ 许孝如：《数据见证中小板 15 年》，载证券之星：http://stock.stockstar.com/IG2019052800000513.shtml，2020 年 1 月 10 日最后访问。

⑤ 《"社会融资规模"再扩容：央行称纳入政府债券"有利于财政、货币政策协调"》，载新浪网：http://tech.sina.cn/2020-01-16/detail-iihnzahk4537199.d.html，2020 年 2 月 13 日最后访问。

⑥ S. Myers, N. Majluf, "Corporate Financing and Investment Decisions When Firms Have Information That Investors Do Not Have", *Journal of Financing Economics* 13, 1984, pp. 187 - 221.

行为主的金融体制，使更多的信贷资源流向国有企业，中小企业难以通过外部性金融支持获得足够的资金。从股权融资来看，创业基金等投资机构热衷于投资相对成熟的中小企业，对大量正处在起步期和成长期，急需资金进一步发展的中小企业缺乏有效支持。从私募融资来看，现有资本市场的滞后发展与私募"高风险、高收益"的个性化需求难以适应，中小企业私募债券风险大、违约率高，在尚不成熟的市场机制中容易引发系统性风险。

尽管公开发行债券既要有稳定的经营业绩和现金流量，也要有较高的信用等级，还必须具备一定的融资规模，对大多数中小企业而言的确存在一定程度的困难，但是不能否定其存在的必要性和实践中的可行性。中小企业集合债券以中小企业联合体的形式发行债券，有效实现了信用增级、扩大了整体融资规模、降低了债券发行成本，并使债券发行条件基本满足了法律规范的要求，打通了中小企业公开发行债券的融资渠道，为缓解中小企业融资难问题带来了新的生机。

（二）中小企业集合债券有利于实现外部规模经济

第一位提出外部规模经济的学者是马歇尔，他认为外部规模经济是多个企业在相同的区域中，因分工与合作而形成的。申言之，相同区域、相互关联的企业之间通过分工与合作，实现资源共享、优势互补，无形中扩大了企业的边界与规模，使效率和收益得到进一步提高，实现了与企业内部扩大规模相似的规模经济效应。① 中小企业联合体是市场竞争弱势群体自愿组成的合作组织，旨在不扩大企业规模的基础上，实现外部规模经济带来的经济效应。一方面，面对与生俱来的融资弱势，中小企业在融资的过程中存在严重的信息不对称，使谈判、维护自身利益和达成交易的信息成本十分高昂，以至于合作变得尤为重要；另一方面，按照"经济人"假设，中小企业在经济活动中以利益最大化为目标，其对合作行为的选择取决于加入中小企业联合体能否为它们带来更大的利益，即如何用最小的投入获得最大的产出。在财富取得的过程中，每一个中小企业都在避免劳动和资源的浪费，以期获得更大收益。合作所产生的外部规模经济效应正是一个经济的、节约的过程，是在成本降低基础上大规模产出的活动。

中小企业集合债券可以从下面几个方面实现外部规模经济效应：第一，中

① 潘永明、王芊：《中小企业集合发债的经济学研究》，载《商业研究》2012 年第 2 期。

小企业集合债券以中小企业联合体的形式为信用合作关系创造了组织载体，通过集体协作完成资金统一筹集、交易费用集中支付、债务资本一并偿还等融资环节，贯穿于中小企业集合债券组织、发行、交易、偿债的整个过程，联系着联合体中每一个中小企业，进而促进了信用信息流动，在中小企业之间形成了相互合作、相互信任、相互学习的氛围，并有助于形成相互监督关系。第二，中小企业集合债券将原本属于单个中小企业的发行步骤合成一个整体，与信用担保机构、信用评级机构、债券承销机构、会计师事务所、律师事务所等中介服务机构统一签订协议，不仅增强了中小企业的议价能力，提高了谈判地位，而且有助于降低中间环节重复劳动的成本。第三，中小企业集合债券对中小企业的市场信息进行了集中披露、集中评定，既降低了监管机构的审核成本，也为政府的集中扶持和政策的统一实施提供了便利。

（三）中小企业集合债券有利于优化金融资源配置

在对稀缺资源的关注中，金融作为经济运行的中介、工具和杠杆的资源属性越来越受到人们的重视。在当今市场经济体制下，金融资源主要通过多元市场主体之间的交易和竞争来配置。① 但市场作为资源配置的有效机制，却存在自身无法克服的缺陷，因为市场机制在一定意义上是"护强欺弱"的机制，如果让中小企业和大型企业按照同样的标准接受金融市场的挑选，综合实力越强的企业越容易获得金融资源，实力弱的企业则往往被排斥在外。一个国家没有必要将竞争市场的结果作为既定的和不可更改的事实接受下来。②金融市场失灵需要政府进行矫正、金融资源配置需要政府进行调节。中小企业集合债券正是政府通过扶持、引导和规范的手段优化金融资源配置的一种工具。

首先，政府的扶持有利于实现金融资源配置公平。法律固有的形式公平以人"生而平等"的假设为前提，要求相同的人和相同的情形必须得到相同的或至少是相似的待遇，只要这些人和这些情形按照普通的正义标准在事实上是相同的或相似的。③ 然而我国债券市场倾向于为大型企业提供融资服务传

---

① 田春雷：《金融资源配置公平及其法律保障研究》，武汉大学 2012 年博士学位论文，第 24 页。

② 王全兴：《经济法基础理论专题研究》，中国检察出版社 2003 年版，第 79～83 页。

③ ［美］E. 博登海默：《法理学：法律哲学与法律方法》，邓正来译，中国政法大学出版社 2004 年版，第 308 页。

统理念的存在,造成了中小企业遭受机会不平等和实质不平等的双重抑制。因此,政府扶持的第一步,应是创造机会公平,通过创设中小企业集合债券,使中小企业与大企业一样具有平等进入债券市场的权利,按共同认可的规则进行竞争并获取相应回报。此外,中小企业自然禀赋的差异致使其在市场进入、信用评估以及担保求取等方面都与大型企业之间形成实质不平等的社会经济关系。而今,社会资源的分配已越来越倚重于对既有资源的占有和支配,如果政府任由社会成员按照约定自行分配利益,无异于放任大型企业凌驾于中小企业之上强夺权利,最终造成社会实质不公平。为此,应当充分运用罗尔斯的"差别原则"和补偿理论,即社会成员福利的改进不以牺牲社会中环境状况最差的人的福利为代价,须对社会中"受惠最少者"实行差别待遇,在经济利益和市场机会方面给予倾斜性配置。① 政府采取扶持的手段给予中小企业具有补偿性质的差别待遇,方能在社会资源非均衡占有的情况下实现实质公平。

其次,政府的引导有利于实现金融资源配置效率。中小企业集合债券作为一种金融创新,是克服市场不完善等缺陷的有效手段,是治理信息不对称和道德风险的良方,创造和增强了流动性,将流动性差的资产转化为流动性强的资产。进而,解决了中小企业不能独立发行债券或者发行债券成本较大的难题,将更多的金融资源高效、合理、有序地引入中小企业这个发展新产业、创造就业机会并促进市场繁荣的主体中来。在金融资源向高效率企业流动的过程中,资源优化配置便得以实现。此外,在中小企业集合债券组织申报之初,由地方政府根据产业政策对符合条件的中小企业进行筛选,引导资金流向集约型、具有可持续发展潜力的中小企业,也有利于实现金融资源配置的高效。

最后,政府的规范有利于实现金融资源配置安全。金融创新是一把"双刃剑",在创造效率的同时,也对金融安全带来了巨大挑战。只依靠市场力量而不加任何约束,经济活动就会担当巨大的道德风险。② 中小企业在债券市场融资的过程中,在利益的驱动下可能产生过度的利己行为,而伴随着债券融资的复杂性和频繁性,诸多不安全因素会渗透债券的发行、交易过程中去。此外,参与联合的中小企业还具有自身资信低、经营地域集中和产业关联度高等特点,存在信用风险、区域风险和产业风险多重风险的竞合,而政策性担保机

---

① [美]约翰·罗尔斯:《正义论》,何怀宏等译,中国社会科学出版社1998年版,第56页。
② 范健:《从全球经济危机反思现代商法的制度价值》,载《河北法学》2009年第8期。

构承担连带责任的担保机制进一步放大了金融风险的传染性。如果不对风险进行有效的控制,一旦爆发,势必危及整个市场。政府规范中小企业及其发行中小企业集合债券的行为是针对经济危机的一种思想和手段,其本身具有安全价值的目标。在安全价值的指引下,监管机构通过纠正中小企业过于追求风险利益的价值导向,将不透明的交易活动纳入监管法律机制中去,以维护债券交易的安全和稳定。

第二章　中小企业集合债券的实证分析

对于中小企业集合债券来讲,要解答现实的社会经济制度如何催生了中小企业集合债券法律制度的问题,必须将法律规则与主体需要、经济规律和文化习俗相结合分析,而不能把法律规则孤立起来,作为单一个体进行研究。现实运行中的法律制度是一个实体、结构和文化共同反应的复杂组合体,实体和结构是法律制度的真实内容,但它们至多为构想和蓝图,赋予法律制度生机与活力的是外在社会生活,而其中的社会势力不断在对法律产生影响。① 因此,规范分析应当建立在实证分析的基础上。首先,只有以中小企业集合债券在实践中产生的现象和发生的问题作为研究的基础,才能将社会生活的复杂性注入中小企业集合债券法律制度的内核,并赋予其持续的生命力和普遍的解释力。其次,尽管中小企业需要政府的扶持、指导和规范,中小企业集合债券也应当在国家干预的法律机制下运行,但是就理论指导理论,就问题研究问题,仍然无法解决何时干预、如何干预、干预多少的问题,只有以基本的社会事实为依据,才能

---

① Lawrence M. Friedman, *The Legal System*, New York, Russell Sage Foudation, 1975, p. 6.

不断调整政府的功能定位和范围边界。最后，法律条文也是一种现象，是一种经验事实，它至少是客观存在的，表明立法者已经制定了一套条文来规范这个社会。[①] 现行法律机制的目的、范围及其有效性以及是否滞后或阻碍了中小企业集合债券的发展等问题，应当通过考察原有立法这一经验事实来进行"可操作性的描述"。因而，笔者试图以实践中发生的问题和现象作为研究的出发点，为实践经验上升为一般理论夯实基础。

不仅如此，要回答中小企业集合债券是否缓解了中小企业融资困难，是否发挥了政府扶持、引导作用以及是否保持了运行合理、有序等问题，只有对中小企业集合债券展开实地调研，方能了解中小企业的真实愿望和意见，进而对理论进行检验。笔者选取了广东省部分地区作为调研区域，向东莞市、佛山市的中小企业共发放调查问卷 120 份，回收 103 份，有效问卷 95 份，有效问卷回收率为 79.17%。下文将调研样本数据与现实运行状况相结合，总结并评析中小企业集合债券的经验和教训，为构建合理的中小企业集合债券法律制度提供现实支撑。

一、中小企业集合债券的实践问题

中小企业集合债券是中小企业融资模式的一次创新和突破，被誉为解决中小企业融资难的"及时雨"，因而颇受各地政府的关注和推动。自国家发改委 2007 年批准深圳市政府作为牵头人组织发行第一只中小企业集合债券以来，中小企业集合债券机制已经扩大至北京市、河南省、云南省、武汉市、成都市、合肥市、石家庄市、大连市、常州市、芜湖市、扬州市、邯郸市和湖南省共 14 个省市及产业园区，发行了 16 只债券，募集资金共计59.72亿元。[②] 中小企业集合票据更是遍及 22 个省市及产业园区，发行了 126 只票据，募集资金共计 303.61 亿元。[③] 中小企业集合债券在国家政策的扶持下实现从无到有、迅速扩容，不仅打破了中小企业无法通过债券形式募集资金的困境，而且对于改善

---

① 陈瑞华：《社会科学方法对法学的影响》，载《北大法律评论》编辑委员会编：《北大法律评论》(第 8 卷第 1 辑)，北京大学出版社 2007 年版，第 220 页。

② 根据企业债发行公告统计，载中国债券信息网：http://www.chinabond.com.cn/Channel/4840666，2020 年 2 月 10 日最后访问。

③ 根据中小企业集合票据注册通知书统计，载中国银行间市场交易商协会网：http://www.nafmii.org.cn/dcmfx/tzs/smecn/，2020 年 2 月 10 日最后访问。

中小企业融资环境、实现经济资源的有效配置起到了重要作用。然而,囿于行政干预效率低下、担保机制不灵活以及多头监管利益冲突等问题,中小企业集合债券的发行成本较高、融资效率较低,政府扶持和规范的效果仍然不够理想。

(一)对中小企业集合债券牵头人机制①的现实考察

作为国内首只中小企业集合债券——“07 深中小”所确立的“政府牵头、企业自愿、集合发行、分别负债、统一担保、统一组织、市场运作”的新型机制成为打破中小企业债券发行坚冰的利刃,也为其可持续发展打下了坚实的基础。“07 深中小”于 2007 年 11 月 14 日正式发行,当天全部发售完毕;同年 11 月 29 日在银行间债券市场上市交易。“07 深中小”的牵头人为深圳市贸易工业局,发行主体为深圳市远望谷信息技术股份有限公司等 20 家不同行业的中小型私营企业。这些中小企业的平均成立时间为 10 年,平均净资产为 1.8 亿元,近 3 年平均销售收入、净利润分别为 3.2 亿元和 0.25 亿元,增长率分别达 39% 和 46%。“07 深中小”发行总额为 10 亿元,票面年利率为 5.70%,为 5 年固定利率,采用单利半年计息,从第 3 年开始以 40%、30%、30% 的比例分 3 年还本。而后陆续发行的中小企业集合债券牵头人由各省市及其职能部门担任,发行主体则由 3~13 个,行业涉及电子、化工、食品等各种领域,债券发行规模大至 5.15 亿元、小至 1.75 亿元。中小企业集合债券牵头人机制的作用是明显的,通过政府对中小企业以及中介机构的统一组织和协调,提高了政府行政效率,降低了政府扶持成本,进而为政府对中小企业的长效扶持和引导提供良性循环的动力。但是,由于法律规范较为滞后,中小企业集合债券牵头人机制在现实中仍然存在许多问题。

1. 对牵头人的设定缺乏统一

中小企业集合债券是政府通过运用资源的主导配置权,集中权力为中小企业解决融资难的金融创新工具,地方政府及其职能部门便理所当然地成为这一权力的配置者和具体工作的实施者,并被赋予了中小企业集合债券“牵头人”的名号。然而,由于缺乏统一的法律规定,在中小企业集合债券发行过

---

① 在许多省市发行的中小企业集合债券募集书中都明确指出,由地方政府或其职能部门担任“牵头人”,并以此承担组织、协调的职责。故笔者将地方政府统一组织发行中小企业集合债券的制度称为“牵头人机制”。

程中，各地都选取了不同的职能部门担任牵头人。（见表 2－1）

表 2－1　对地方政府及其职能部门担任牵头人的情况统计①

全部中小企业集合债券		部分中小企业集合票据	
债券名称	牵头人	债券名称	牵头人
07 深中小	深圳市贸易工业局	10 广中小	广州市中小企业局
07 中关村债 10 中关村债	北京市中关村科技园区管委会和中关村科技担保有限公司	10 江苏高新技术中小	江苏省政府金融工作办公室
09 大连中小债	中国中小企业协会和大连市政府	10 内蒙古中小	内蒙古自治区政府金融工作办公室
10 武汉中小债	武汉市发改委	10 重庆中小	重庆市中小企业局
11 豫中小债	河南省中小企业服务局	10 深圳中小	深圳市中小企业信用担保中心有限公司
11 常州中小债	常州市发改委	10 北京经济技术开发区中小	北京经济技术开发区管理委员会和北京经济技术投资开发总公司
11 蓉中小	中国中小企业协会和成都市政府	11 上海浦东新“张江科技型中小”	上海市张江高科技园区管理委员会
12 芜中小	芜湖市发改委	11 福建晋江中小	晋江市政府
12 扬州中小债 14 扬州中小债	扬州市发改委	11 哈尔滨中小	哈尔滨市工业与信息化委员会

① 数据来源：根据已发行的全部中小企业集合债券募集说明书和部分中小企业集合票据募集说明书整理、归纳。

续表

全部中小企业集合债券		部分中小企业集合票据	
债券名称	牵头人	债券名称	牵头人
12 合肥中小债	合肥市发改委	11 陕西省农业和科技中小	陕西省中小企业促进局
12 石开中小债	石家庄高新技术产业开发区管理委员会	12 苏高新“科技型”中小	苏州高新区科技局
13 云中小	昆明市工业和信息化委员会	12 北京农产品加工中小	北京市农村工作委员会
14 邯郸中小债	邯郸市工业和信息化委员会	12 江苏文化创意中小	江苏省文化厅和江苏省政府金融工作办公室
15 湖南中小	湖南省金融办		

根据各地方政府及其职能部门担任牵头人的情况显示，有的地方以扶持对象的分管机构——中小企业局作为牵头人；有的地方以中小企业所在产业集群的管理部门——园区管委会作为牵头人；有的地方根据中小企业集合债券的融资功能，将政府金融办作为牵头人；有的地方根据送审便利，将地方发改委作为牵头人；有的地方以中小企业的产业主管部门，如科技局、农村工作委员会以及文化厅等职能部门作为牵头人；还有的地方直接以地方政府作为牵头人，如大连市政府专门成立领导小组，由市长担任组长，市经委、金融办以及中小企业局等一把手作为组员统一组织协调。尽管各地方政府为了中小企业集合债券的顺利发行，都根据实际情况需要和工作便利设置了牵头人，但是不同职能部门的工作目标、人员设置以及职权职责均不相同，对中小企业的了解、沟通与服务理念也大相径庭，一旦牵头人设定不合理，将无法促成理想的组织效果。

2. 对牵头人的职责缺乏统一规定

对于牵头人的职责，既没有全国性的规定，也鲜有地方政府出台文件予以说明，且各地政府在组织发行中小企业集合债券时，常常赋予不同职能部门以不同的职权。例如，《深圳市中小企业集合债券组织发行实施细则》规定，由深圳市贸易工业局担任牵头人，统一协调中小企业集合债券组织申报和发行；深圳市发改局负责初步筛选和监督；深圳市中小企业服务中心负责相关协调工作。“07 中关村债”和“10 中关村债”的牵头人均为中关村科技园区管委会和中关村科技担保有限公司，经政府自行协商约定，由中关村科技园区管委会负责推动工作，中关村科技担保有限公司承担组织、管理和担保职责。“09 大连中小债”的牵头人为中国中小企业协会和大连市政府，“11 蓉中小”的牵头人为中国中小企业协会和成都市政府，但中国中小企业协会只是名誉上的牵头人，主要职责仍由两市的市政府履行，市政府又将职责分配给了不同的职能部门。成都市政府规定由各区中小企业主管部门履行组织申报和初审职责，成都市经济委员会委托中介机构对企业申报材料进行统一评审，并负责向国家发改委推荐上报工作。河南省政府专门就“11 豫中小债”制定了发行方案，规定河南省中小企业服务局为牵头人，负责统一组织、协调工作，包括遴选组建联合发行人、选择中介机构、与债券主管机关及地方政府部门沟通、协调中介各方工作进程及对中介工作进行质量控制等职责。除此之外，更多的省市政府则较少限定牵头人职责内容，多由政府职能部门内部组织协调。综上所述，牵头人的工作职责包括：宣传和组织申报工作，对中小企业进行初选工作，代表中小企业选定中介机构，组织中介机构组成项目工作组以完成最终筛选、承销、审计、信用评级、资产评估、合法性审核以及向省发改委和国家发改委上报申请材料等系列工作。牵头人制度赋予了政府极大的权力，甚至直接决定了中小企业的债券发行权和中介机构的盈利权，却几乎没有任何法律对这种权力做出明确限定。

3. 牵头人没有制订明确的中小企业集合债券发行计划

目前，各地均没有制订发行中小企业集合债券的具体计划，何时组织、组织间隔时间多长、如何自行申报等都没有具体标准。考察中小企业集合债券和中小企业集合票据的发行情况可知数量最多的江苏省（包括省市及各园区）共发行了 28 只中小企业集合债券和中小企业集合票据，紧随其后的山东省发行了 19 只，北京市 16 只，浙江省 12 只，河南省 10 只，上海市和广东省均为 7 只，四川省 6 只，湖南省、湖北省、福建省、安徽省均为 4 只，重庆市、陕西省、河北省均发行了 3 只，内蒙古自治区、黑龙江省、新疆维吾尔自治区、辽宁省都发行了 2 只，天津市、广西壮族自治区、江西省、云南省只发行过 1 只。（见表 2 - 2）不同省份在相同时间内发行数量的差距非常显著，有必要对其重视程度、组织方式和宣传效果等进行反思。此外,尽管《深圳市中小企业集合债券组织发行实施细则》规定,“中小企业集合债券原则上每年组织申报发行一期”,但事实上,深圳市仅组织发行了“07 深中小”“10 深圳中小”“12 深圳中小”,远没有实现其初衷。

表 2-2 各省(自治区、直辖市)发行中小企业集合债券和中小企业集合票据数量统计汇总①

(按发行数量由多至少排序)

序号	省(自治区、直辖市)	发行数量(只)	具体发行情况
1	江苏省	28	中小企业集合债券:11 常州中小债、12 扬州中小债、14 扬州中小债; 中小企业集合票据:10 江苏高新技术中小、10 江苏中小、11 江苏省宜兴市中小、11 江苏无锡南通中小、11 江苏中小、11 常州中小(第一期)、11 常州中小(第二期)、11 常州中小(第三期)、11 江苏南京化学工业园中小、12 张家港中小、12 苏州工业园区中小、12 苏高新“科技型”中小、12 常州中小(第一期)、12 常州中小(第二期)、12 江苏文化创意中小、12 江苏宿迁中小、12 江苏淮安中小、13 江苏淮安中小、13 苏州新兴产业中小、13 江苏苏州中小、13 连云港中小、13 江苏南通中小、13 江苏宿迁中小、14 江苏宿迁中小、14 江苏南京中小
2	山东省	19	中小企业集合票据:09 山东诸城中小、09 山东寿光“三农”中小、10 山东潍坊中小、10 山东威海中小、11 济南市国资系统中小、11 山东潍坊中小、11 山东潍坊中小、12 山东省德州中小、12 山东博兴中小、12 东营中小、12 山东潍坊中小(第一期)、12 山东潍坊中小(第二期)、12 山东潍坊中小(第三期)、12 山东临沂中小、12 山东潍坊中小(第四期)、12 山东青岛中小、13 山东潍坊中小、13 东营中小、13 山东济宁中小

① 数据来源:根据中国债券信息网、中国银行间市场交易商协会官方网站披露信息整理。

续表

序号	省（自治区、直辖市）	发行数量（只）	具体发行情况
3	北京市	16	中小企业集合债券:07 中关村债、10 中关村债; 中小企业集合票据:09 北京顺义中小债、10 中关村高科技中小、10 北京顺义中小、10 北京市石景山区文化创意中小、10 北京农业中小、10 北京经济技术开发区中小、11 中关村高科技中小、11 北京海淀中小、12 北京农产品加工中小、12 北京经济技术开发区科技型中小、12 北京海淀中小、14 中关村高科技中小、14 北京农业中小、15 北京农业中小
4	浙江省	12	中小企业集合票据:10 浙江诸暨中小、10 浙江义乌中小、11 浙江省海宁中小、12 浙江义乌中小、12 浙江慈溪中小、12 浙江诸暨中小、12 浙江台州中小、12 浙江乐清中小、12 浙江富阳中小、12 浙江杭州中小、13 浙江杭州中小、13 浙江义乌中小
5	河南省	10	中小企业集合债券:11 豫中小债; 中小企业集合票据:11 郑州中小、11 河南新乡特色装备中小、12 河南中小、12 河南新乡中小、13 河南安阳中小、13 郑州中小、13 河南中小、13 河南许昌中小、14 河南禹州神龙发制品有限公司区域集优中小
6	上海市	7	中小企业集合票据:10 上海闵行中小、10 上海扬浦中小、10 上海嘉定中小、11 上海浦东新“张江科技型中小”、11 上海浦东新区中小、12 上海青浦中小、12 上海宝山中小
7	广东省	7	中小企业集合债券:07 深中小; 中小企业集合票据:10 广中小、10 深圳中小、11 佛山中小、12 深圳中小、12 广“珠三角”中小、13 佛山中小

续表

序号	省（自治区、直辖市）	发行数量（只）	具体发行情况
8	四川省	6	中小企业集合债券:11 蓉中小; 中小企业集合票据:11 四川成都中小、12 四川中小、13 四川达州中小(第一期)、13 四川达州中小(第二期)、13 四川宜宾中小
9	湖南省	4	中小企业集合债券:15 湖南中小债; 中小企业集合票据:12 长沙中小、12 衡阳中小、12 湖南常德中小
10	湖北省	4	中小企业集合债券:10 武汉中小债; 中小企业集合票据:11 湖北武汉中小、12 武汉科技型中小、12 湖北襄阳高新区中小
11	福建省	4	中小企业集合票据:11 福建晋江中小、12 福建宁德中小、13 福建宁德中小(第一期)、13 福建宁德中小(第二期)
12	安徽省	4	中小企业集合债券:12 芜中小债、12 合肥中小债; 中小企业集合票据:12 芜湖中小、12 安徽合肥中小
13	重庆市	3	中小企业集合票据:10 重庆中小、12 重庆綦江中小、12 重庆两江新区中小
14	陕西省	3	中小企业集合票据:10 西安市文化和科技中小、11 陕西省农业和科技中小、12 陕西杨凌示范区现代农业中小
15	河北省	3	中小企业集合债券:12 石开中小债、14 邯郸中小债; 中小企业集合票据:13 河北承德中小
16	内蒙古自治区	2	中小企业集合票据:10 内蒙古中小、12 赤峰中小
17	黑龙江省	2	中小企业集合票据:10 黑龙江中小、11 哈尔滨中小

续表

序号	省（自治区、直辖市）	发行数量（只）	具体发行情况
18	新疆维吾尔自治区	2	中小企业集合票据：12乌鲁木齐成长中小、12新疆乌鲁木齐中小
19	辽宁省	2	中小企业集合债券：09大连中小债； 中小企业集合票据：12沈阳中小
20	天津市	1	中小企业集合票据：11天津滨海高新技术中小
21	广西壮族自治区	1	中小企业集合票据：13广西柳州中小
22	江西省	1	中小企业集合票据：12江西丰城中小
23	云南省	1	中小企业集合债券：13云中小

4. 牵头人的宣传工作不足

为了保障中小企业的知情权、了解中小企业的需求，作为牵头人的政府有必要通过各种途径宣传中小企业集合债券的作用和优势。然而，调查显示，有46.6%的中小企业对这一直接融资渠道还不了解，一般了解、比较了解的分别占36.2%、13.8%，非常了解的仅占3.4%；对于了解中小企业集合债券的途径，41.4%的中小企业表示，政府机构提供了这一信息，24.1%的中小企业通过社会化服务机构进行了解，20.7%和25.9%的中小企业则由同业介绍和收看新闻而得知。① 中小企业对中小企业集合债券的清楚认识，是中小企业自愿申报、组成联合体的基础，但由于牵头人缺乏以畅通、明晰的渠道对其进行宣传、讲解和鼓励，使许多中小企业尚不了解中小企业集合债券的积极作用，从而使中小企业集合债券陷入了中小企业参与度不高的困境。

① 数据来源：笔者对广东省部分地区中小企业的调查统计结果。

5. 牵头人没有制定明确的筛选规则和筛选程序

由于缺乏全国统一标准，大多数省市的筛选规则并不详尽，一般以《证券法》和国家发改委的规范性文件为依据，对中小企业净资产、净利润、现金流状况以及募集资金用途等作出合法性要求。《深圳市中小企业集合债券组织发行实施细则》仅在此基础上对注册地址做出了规定，要求注册地址在深圳市行政区域范围内。河南省政府的发行方案较为详细，还要求符合产业政策、拥有相应的担保资源等。如果将中小企业集合债券作为政府扶持、引导中小企业的金融工具，那么牵头人就应当确定一个清晰、合理的目标，而筛选规则正是这一目标的具体表现。如果不以筛选规则的形式确定并公布评判标准，中小企业将无法提前审度自身资质、准确领会牵头人的意图，因而致使融资成本增加，引导效果减少。此外，牵头人对筛选程序没有做出规定，而一旦缺乏正当的筛选程序作保障，中小企业可能对牵头人行政行为合法性产生怀疑。

6. 牵头人确定中介机构的权力缺乏正当性

牵头人机制以格式合同的形式赋予了牵头人代表中小企业行使选择中介机构的权利，既对中介机构之间的公平竞争产生了不确定性影响，也为牵头人与中介机构组成利益集团共同榨取中小企业经济利益提供了可能性。从目前的牵头人机制运作流程来看，正是在牵头人赋予的权力保障下，承销商、财务公司等中介机构行使了中小企业筛选职责。这一做法将发行人对中介机构的选择权自动让与了牵头人，在无形中剥夺了中小企业的正当权利。尽管尚没有案例表明，牵头人在此权利的行使过程中有滥用职权之嫌，但是债券承销业务所带来的丰硕利润常常在承销商之间引发了激励竞争，也是不争的事实。①因此，如何防范牵头人越权、保障中介机构正当竞争以及实现中小企业的权利保障，是牵头人机制必须解决的现实问题。

（二）对中小企业集合债券合作机制的现实考察

实践中，牵头人主要从三个方面对中小企业联合体提出要求：一是中小企业联合体的发债规模能否满足国家规定的标准；二是中小企业联合体是否拥有足够的优质资产来抵御债券市场的风险；三是中小企业联合体所筹资金用途是否符合国家产业政策和行业发展规划。由此观之，政府对于中小企业联合体的功能定位仅仅在于：突破既有法律规范的约束，满足债券发行上市的条

① 胡蓉萍：《佣金无下限，企业债承销争夺战正酣》，载《经济观察报》2009年第416期。

件。因此,中小企业之间的合作出现了定位模糊、组织松散的现象。例如,“07深中小”共20家中小企业组成中小企业联合体,其中有电子信息企业11家,新能源、新材料企业共5家,物流、健身器材、医疗器械、教育企业各1家。“09大连中小债”共8家中小企业,其中有6家企业分别从事玻璃制品、橡胶制品、通用轴承、阀门、耐酸泵、工程机械构件等制造,从事商业贸易、粮食加工贸易的则各1家。“11豫中小”共8家中小企业,其中从事机械生产的2家,从事贵金属、石料生产的3家,从事肉食品、药业、非标装备的各1家。“13云中小”共6家中小企业,有制药企业2家,花卉、化工、贵金属、环保科技企业各1家。大多数组成中小企业联合体的中小企业都如上所述,既不在产业领域上相互邻近,也没有上下游供应链的交集,中小企业之间的合作仅止步于发行规模的简单相加和信用资产的价值平衡,优化组合、良性互动、信用互助和相互监督等应有的功能和效用均无法实现。

究其原因,中小企业集合债券是政府采取自上而下的改革方式,以期在短时间内发挥政策的导向作用,进而集中权力资源为中小企业创设的新型合作机制。政府始终充当着主导制度强制性变迁的角色,政府职能最终成为决定中小企业集合债券市场规则、基础设施建设和演变动力的重要因素。强制性制度变迁尽管可以用低成本、高效率来弥补制度供给的不足并带来正规规则的变化和调整,以换取社会财富和经济利益;但也不可避免地以政府的有限理性判断市场的开放性问题,以刚性的干预手段决定个体的意思自治。政府对中小企业联合体的定位与中小企业之间真实合作需求脱节,成为中小企业之间开展信用合作的首要问题。然而,接踵而至的,中小企业应以哪种形式组建中小企业联合体,政府又应以哪些方式对其进行扶持和引导等诸多问题,都亟待在制度构建中予以解决。

(三)对中小企业集合债券信用担保制度的现实考察

为支持中小企业集合债券与投资者建立信任关系、维护市场金融安全,信用担保在信用增级和信用风险防范等方面发挥了重要作用。但是,由政策性银行、国有企业和政策性担保机构提供强制性全额不可撤销连带责任保证的现实做法,其实质是以政府隐性责任为中小企业和投资者风险“兜底”,不利于市场自身防范和化解风险功能的正常发挥,而中小企业集合债券信用担保风险分散机制缺位等问题,也进一步制约了其市场化发展。

1. 中小企业集合债券信用担保的政府职能越位

实践中，地方政府为确保中小企业集合债券成功发行，积极推动政策性银行、国有企业和政策性担保机构提供信用担保并承担本息全额不可撤销连带责任。具体为：

一是国家开发银行担保模式。这是首只中小企业集合债券“07 深中小”采用的担保模式：由国家开发银行对中小企业集合债券承担连带责任保证担保，由深圳市中科智担保公司、深圳市高新技术投资担保有限公司、深圳市中小企业信用担保中心分别为不同的中小企业提供反担保。“07 中关村债”延续了国家开发银行担保模式，由北京中关村科技担保有限公司提供担保，国家开发银行提供再担保。“07 深中小债”和“07 中关村债”都以国家开发银行的信用等级为最终债券等级，由此获得了最高等级 AAA 的评定，确保了债券的成功发行。但是由于收益与风险不匹配，银行缺乏动力长期经营债券担保业务。其一，基于扶持中小企业集合债券的价值定位，国家开发银行提供担保的费率非常优惠，低于正常的银行贷款利率，因此收益非常微薄。其二，国家开发银行并非专业的信用担保机构，缺乏对担保行为的内部风险控制和外部风险转移手段，可能使债券市场的特殊风险转移至银行系统，损害存款人和银行股东利益，进而造成更大的安全危机。出于上述考虑，2007 年 10 月原银监会针对国家开发银行提供担保的做法，提出了《关于有效防范企业债担保风险的意见》，要求包括国家开发银行在内的各类银行均不得再为中小企业集合债券等债券融资提供担保。由此，各地正蓬勃兴起的中小企业集合债券因为担保机构的缺失而陷入了“引而不发”的困境。①

二是政府主导下的大型国有企业担保模式。在银行停止为中小企业集合债券提供担保之后，如何确定有资质的第三方企业提供担保成为信用增级的难题。大连市政府动员第三方企业提供担保而采取的策略和优惠政策包括：举政府之力推动国有企业为“09 大连中小债”提供担保；3 年内对承担一级担

---

① 2007 年“07 深中小债”“07 中关村债券”的成功发行，引起了各地政府的广泛关注。四川省、河南省、浙江省、辽宁省以及重庆市都在积极开展组织和筹备工作，但均因国家开发银行停止提供担保，而一时无法找到合适的信用担保机构，不得不暂缓组织发行中小企业集合债券。

保的大连港集团有限公司①奖励1600万元资金；对承担二级担保的大连市企业信用担保有限公司、联合创业集团有限公司提供辽宁省担保风险补偿金。由此建立起国有企业和政策性担保机构共同担保模式：大连港集团有限公司提供信用担保，大连市企业信用担保有限公司、联合创业集团有限公司为中小企业提供反担保。其后，各地中小企业集合债券也相继效仿，沿用了类似的担保模式。例如，“10武汉中小债”由武汉信用风险管理有限公司承担信用担保责任，武汉国有资产经营公司②承担再担保责任；“11常州中小债”由常州投资集团有限公司③承担信用担保责任；“11蓉中小”由成都工业投资集团有限公司④承担信用担保责任；“12芜中小债”由芜湖市建设投资有限公司⑤承担信用担保责任；“13云中小债”由昆明产业开发投资有限责任公司⑥承担信用担保责任；“14邯郸中小债”由邯郸市城市建设投资有限公司⑦承担信用担保责任。地方政府选取实力雄厚的国有企业为中小企业集合债券提供信用担保，以其信用替代或补充中小企业联合体的信用之实质仍然是地方政府的隐形担保。这种担保模式虽然解决了中小企业集合债券信用增级难的问题，但所产生的负面效果也是显而易见的。其一，国有企业的担保将投资者风险转向政府，尽管可以消除投资者疑虑，但是降低了中小企业的责任意识，可能引

---

① 大连港集团成立于2003年4月，是政企分开后以原大连港务局为主体而组建的国有独资公司，注册资本40亿元，企业资产总额203亿元。大连港集团是辽宁省及大连市最大的港航企业，经营方向为港口物流业务。

② 武汉国有资产经营公司成立于1994年，是湖北省首家综合性国有独资企业，注册资本12.38亿元。公司资产主要分布在金融业、风险投资、商业零售、房产投资及工业园等行业领域。

③ 常州投资集团有限公司成立于2002年，是在整体接收常州市信托投资公司、常州市投资公司和常州常信集团基础上组建而成的国有独资公司，由市政府授权经营，注册资本10亿元。经营范围为国有资产投资、经营和资产管理。

④ 成都工业投资集团有限公司成立于2001年，是成都市国有资产监督管理委员会管理的国有独资公司，注册资本50亿元。经营范围包括：投资、融资担保、资产经营、管理和资本运营、工业地产、招商、咨询服务和物业管理。

⑤ 芜湖市建设投资有限公司成立于1998年，为直属芜湖市人民政府领导的国有独资公司，注册资本50亿元。公司主要承担城市建设投融资平台、国有资产授权经营平台和土地资源整合运作平台以及土地收购储备中心的职能。

⑥ 昆明产业开发投资有限责任公司成立于2005年，是昆明市人民政府批准设立的国有独资有限责任公司，注册资本为10.03亿元。公司是昆明市工业、金融产业引导主体和市场化产业投资主体，承担盘活及整合企业国有股权（含金融类企业股权），管理营运国有资产等职能。

⑦ 邯郸市城市建设投资有限公司成立于1996年，隶属于市建设局，资产总额183亿元，注册资本5亿元。市政府授权公司的主要工作职能是筹措、使用和管理城市建设资金。

发道德风险；政府为中小企业集合债券最后买单的态度，背离了市场化目标，无法深入推广和发展。其二，与专门的信用担保机构相比，国有企业作为担保人，不仅缺乏担保方面的专业技术和专业人才，还缺少专门的担保资金补偿机制和风险分散机制，国有企业的风险与利益严重不匹配，缺乏承担担保业务的积极性和可持续性。其三，担保在一定意义上剥夺了话语权相对弱小的少数股东的财产，亦稀释了担保人对其他债权人（包括企业雇员）的偿债担保，具有较强的负外部性，忽视了多元法益的保护。①

三是政策性担保机构担保模式。在大型国有企业担保模式之外，部分地方政府利用政策性担保机构的优势为中小企业集合债券提供信用增级。例如，“10 中关村债”由北京中关村科技担保有限公司承担信用担保责任，北京中小企业信用再担保有限公司承担再担保责任；“11 豫中小债”由河南省中小企业投资担保股份有限公司、郑州市中小企业担保有限公司、安阳市信用担保投资有限责任公司和新乡市发展投资担保有限公司 4 家担保公司联合担保，河南省中小企业信用担保服务中心承担再担保责任；“12 扬州中小债”和“14 扬州中小债”由江苏省信用再担保有限公司承担信用担保责任；“12 合肥中小债”由安徽省信用担保集团有限公司承担信用担保责任；“12 石开中小债”由中国投资担保有限公司承担信用担保责任。政策性担保机构提供担保的优势在于：政策性担保机构是政府建设中小企业服务体系的重要环节，普遍遵循“政策性导向、科学化管理、市场化运作”的合理原则；在运行过程中，建立了专业的风险防范机制；可以为中小企业提供更加科学的融资咨询、信用评级、项目监管等综合性服务，因而更好地解决了中小企业担保难的问题。但是，由于我国信用担保机构的担保放大倍数一般不超过 10 倍，而中小企业集合债券由多个中小企业组成联合体共同发行，募集资金数额较大，从 1.75 亿元到 10 亿元，对信用担保机构的担保资金提出了较高要求，只有少数大型机构具备承保实力。（见表 2－3）

① 罗培新：《公司担保法律规则的价值冲突与司法考量》，载《中外法学》2012 年第 6 期。

表 2－3　为中小企业集合债券承保的中小企业信用担保机构注册资本比较 ①

单位:亿元

序号	名称（简称）	发行额	担保机构	注册资本
1	07 深中小	10	国家开发银行	500
2	10 中关村债	3.83	北京中关村科技担保有限公司	6.03
			北京中小企业信用再担保有限公司(再担保)	10
3	11 豫中小债	4.9	河南省中小企业投资担保股份有限公司	2.5
			郑州市中小企业担保有限公司	3.01
			安阳市信用担保投资有限责任公司	1
			新乡市发展投资担保有限公司	1
			河南省中小企业信用担保服务中心(再担保)	0.5
4	12 扬州中小债	2.18	江苏省信用再担保有限公司	33.16
5	12 合肥中小债	1.75	安徽省信用担保集团有限公司	28.66
6	12 石开中小债	1.78	中国投资担保有限公司	35.21
7	14 扬州中小债	1.9	江苏省信用再担保有限公司	33.16

政策性担保机构的资本主要源于地方财政支出,而地方财政实力有别决定了各地政策性担保机构差异明显,不仅区域分布的数量不均,而且实力也参差不齐。经济欠发达地区的政策性担保机构较发达地区而言,数量少、规模小,很难为中小企业集合债券提供担保。同时,省与省之间缺乏资源的流通和共享,政策性担保机构往往画地为牢,极少跨省共享公共财政资源。② 许多经济较为落后的省市无法推广利用政策性担保机构为中小企业集合债券提供信

① 数据来源:根据中国债券信息网、中国银行间市场交易商协会官方网站披露信息整理。

② 贾康、刘微等:《中小企业信用担保的总体情境与财政政策匹配》,载《改革》2012 年第 3 期。

用担保。此外，单纯依靠大型政策性担保机构的做法，挤占了规模较小的互助性担保机构和商业性担保机构的生存空间，[①]使专业、灵活、自主的市场化担保机制没有发挥作用，无法实现对政策性担保的有益补充和平衡。

2. 中小企业集合债券风险分散机制缺位

随着中小企业集合债券和中小企业集合票据发行数量的增多，信用风险也不断增加。2012 年 11 月，“10 北京经济技术开发区中小”的联合发行人北京康特荣宝电子有限公司，由于项目无法投产、为担保对象代偿贷款等原因不能按期偿付本息 2052.59 万元，最终由北京首创投资担保有限责任公司代为履行偿债责任。2013 年 6 月，“10 黑龙江中小”的联合发行人哈尔滨惠佳贝食品有限公司因资金链断裂无法偿付当期本金 2000 万元及利息，由深圳市中小企业信用融资担保集团有限公司分期履行了代偿责任。中债信用增进投资股份有限公司于 2012 年 12 月和 2013 年 5 月分别公告称，其担保的“11 常州中小(第一期)”3 家联合发行人，包括常州高力彩钢板有限公司、顶呱呱彩棉服饰有限公司和江苏旺达纸业股份有限公司的经营状况发生变化，可能无法按时履约，届时将对其承担代偿责任。2014 年 7 月 16 日，“11 江苏中小”的联合发行人江苏恒顺达生物能源有限公司因经营管理面临较大困难，不能按期支付本息 13793 万元，最终也由江苏省信用再担保有限公司予以代偿。2016 年 4 月 15 日，“13 云中小债”联合发行人(云南天浩稀贵金属有限公司)经营状况发生变化，不能按期还本付息，由昆明产投履行担保人责任予以代偿。

尽管普遍认为，面向中小企业的信用担保是风险最大的担保业务，但是目前信用担保机构采用的风险分散手段却极其单一，大部分中小企业集合债券和中小企业集合票据的违约本息均由信用担保机构负责偿还。据统计的 41 只中小企业集合债券和中小企业集合票据的数据显示：有 5 只债券采用再担保机制防范风险，占总数的 13%；有 1 只债券通过“联合担保”进行风险分担，占总数的 2.6%；有 3 只债券要求中小企业提供反担保以承担部分风险，占总数的 7.8%；有 8 只债券提供了偿债准备金，占总数的 21.1%；有 2 只债券实现了内外部联合增信，占总数的 5.3%；还有 22 只债券没有采取任何形式的风

① 任洁：《中小企业集合债券法律问题研究——基于我国已发行的“07 深中小”、“07 中关村”、“09 连中小”的研究》，山西财经大学 2010 年硕士学位论文，第 15 页。

险分散手段,占总数的57.9%。(见表2-4)由于缺乏相应的风险分散机制,信用担保机构的资本可能受到侵蚀并危及正常的经营活动,一旦信用担保机构经营恶化且失去担保能力,不仅会损害整只中小企业集合债券的信用,也将影响债券市场的稳定。

表2-4　中小企业集合债券和部分中小企业集合票据的风险分散机制统计①

(一)中小企业集合债券风险分散机制					
序号	名称(简称)	债券等级	担保人	担保等级	风险分散机制
1	07深中小	AAA	国家开发银行 深圳市中科智担保公司 深圳市高新技术投资担保有限公司 深圳市中小企业信用担保中心	AAA	反担保
2	07中关村债	AAA	北京中关村科技担保有限公司 国家开发银行	AA AAA	再担保
3	09大连中小债	AA	大连港集团有限公司 大连市企业信用担保有限公司 联合创业集团有限公司	AAA	偿债准备金 反担保
4	10武汉中小债	A+	武汉信用风险管理有限公司 武汉国有资产经营公司	A AA-	再担保
5	10中关村债	AA+	北京中关村科技担保有限公司 北京中小企业信用再担保有限公司	AA AA+	再担保

① 数据来源:根据中国债券信息网、中国银行间市场交易商协会官方网站披露信息整理。

续表

序号	名称(简称)	债券等级	担保人	担保等级	风险分散机制
6	11 豫中小债	AA	河南省中小企业投资担保股份有限公司 郑州中小企业担保有限公司 安阳市信用担保投资有限责任公司 新乡市发展投资担保有限公司	AA	集合担保 再担保 偿债准备金
7	11 常州中小债	AA+	常州投资集团有限公司	AA+	无
8	11 蓉中小	AA	成都工业投资集团有限公司	AA	偿债准备金
9	12 芜中小	AA	芜湖市建设投资有限公司担保	AA	偿债准备金
10	12 扬州中小债	AA+	江苏省信用再担保有限公司	AA+	无
11	12 合肥中小债	AA+	安徽省信用担保集团有限公司	AA+	无
12	12 石开中小债	AA+	中国投资担保有限公司	AA+	无
13	13 云中小	AA+	昆明产业开发投资有限责任公司	AA+	偿债准备金
14	14 扬州中小债	AA+	江苏省信用再担保有限公司	AA+	无
15	14 邯郸中小债	AA+	邯郸市城市建设投资有限公司	AA+	偿债准备金

续表

(二)2009～2010年中小企业集合票据(样本)风险分散机制					
序号	名称(简称)	债券等级	担保人	担保等级	风险分散机制
1	09山东诸城中小(优先级)	AAA	中债信用增进投资股份有限公司	AAA	优先\次级结构偿债准备金
2	09山东诸城中小(高收益级)	AA⁻	无	无	优先\次级结构偿债准备金
3	09山东寿光“三农”中小	AA⁻	寿光市金财公有资产经营有限公司	AA⁻	无
4	09北京顺义中小债	A⁻¹	北京首创投资担保有限责任公司	AA	无
5	10上海闵行中小	AA⁺	上海闵行城市建设投资开发有限公司	AA⁺	无
6	10中关村高科技中小	A⁻¹	北京中关村科技担保有限公司	AA⁻	反担保
7	10广中小	AAA	中债信用增进投资股份有限公司	AAA	无
8	10浙江诸暨中小(优先级)	A⁻¹	中国东方资产管理公司	AAA	优先\次级结构远期收购承诺
9	10浙江诸暨中小(普通级)	B	无	无	优先\次级结构
10	10山东潍坊中小	AAA	中债信用增进投资股份有限公司	AAA	无
11	10江苏高新技术中小	AA⁺	江苏省信用再担保有限公司	AA⁺	无

续表

序号	名称（简称）	债券等级	担保人	担保等级	风险分散机制
12	10西安市文化和科技中小	AAA	中债信用增进投资股份有限公司	AAA	无
13	10山东威海中小	AA	山东省再担保集团有限公司	AA	无
14	10重庆中小	AAA	中债信用增进投资股份有限公司	AAA	无
15	10内蒙古中小	AA+	东北中小企业信用再担保股份有限公司	AA+	无
16	10深圳中小	A-1	中债信用增进投资股份有限公司	AAA	无
17	10北京经济技术开发区中小	AA	北京首创投资担保有限责任公司	AA	无
18	10江苏中小	AA+	江苏省信用再担保有限公司	AA+	无
19	10北京顺义中小	AA	北京首创投资担保有限责任公司	AA	无
20	10北京市石景山区文化创意中小	A-1	北京首创投资担保有限责任公司	AA	无
21	10上海嘉定中小	A-1	上海市再担保有限公司	AA	无
22	10黑龙江中小	AA+	深圳市中小企业信用担保中心 东北中小企业信用再担保股份有限公司	AAA AA+	再担保
23	10浙江义乌中小	A-1	中债信用增进投资股份有限公司	AAA	无

（四）对中小企业集合债券信用服务制度和监管制度的现实考察

中小企业信用服务包括征信与信用评级是科学筛选中小企业的基础；同时，就信用风险防范的角度而言，中小企业征信与信用评级是重要的风险揭示机制，信用评级也成为监管的重要补充。中小企业集合债券发生的几起违约案例则说明，中小企业集合债券信用服务和监管制度仍然存在一些缺陷，亟待通过制度供给的方式予以弥补。

2012 年 1 月 4 日，“10 中关村债”13 个联合发起人之一的北京地杰通信设备股份有限公司无力偿还其参与发行的 4000 万元债券本息，最终由承担连带保证担保责任的北京中关村科技担保有限公司和提供再担保的北京市中小企业信用再担保有限公司各承担一半的费用代为偿付。“10 中关村债”的信用评级服务由大公国际资信评估公司提供，经过发行前评定，13 家中小企业信用等级最高的为 A 级，其余大多为 BBB 级，北京地杰通信设备股份有限公司的评级则为 BBB^+ 级。由于信用担保机构承担连带保证责任，中小企业集合债券的最终信用等级一般依据信用担保机构的信用等级而评定，因此“10 中关村债”信用等级被评为 AA^+ 级，仅比最高等级 AAA 略低。在北京地杰通信设备股份有限公司宣布无力偿债之后，大公国际资信评估公司才匆忙下调“10 中关村债”3 家中小企业的评级，其中北京地杰通信设备股份有限公司由 BBB^+ 降至 CC，京北方科技股份有限公司由 BBB^+ 降至 BBB^-，北京百奥药业有限责任公司由 BBB 降至 BBB^-。由于信用担保机构具有较好的声誉和较强的偿债意愿，大公国际资信评估公司没有下调“10 中关村债”的整体级别。从上述案例可以得知，信用评级机构在中小企业集合债券发行之后，没有及时对中小企业的各种信息进行调查、审议和评估，以至于无法发挥风险预警的功能。

2014 年 1 月 17 日，“11 常州中小债”的联合发行人常州永泰丰化工有限公司正式宣告其因经营环境变化，无法清偿到期债务，由反担保方常州青红化工有限公司代偿该笔债务本息。在宣告企业已停止生产经营，不能清偿到期债务之前，常州永泰丰化工有限公司、承销商及信用评级机构均未对发行人因严重污染受到行政处罚和向法院申请破产重整的信息进行披露。此后，监管机构也未对中小企业、中介机构未履行信息披露义务的行为作出处罚。在本案中，至少可以发现以下两个方面的问题：第一，常州永泰丰化工有限公司的信用问题。根据常州永泰丰化工有限公司 2012 年年报，公司毛利率为 19%，净盈利 1460 万元，现金流 1604 万元，账面上的货币资金为 5412 万元，对短期有息负债的覆盖率为39%。年报公布后几个月时间,公司经营便出现了质的变化,以致破产重组,归其原因,财务报表失真使其成为市场信用监控下的盲区。在我国,中小企业征信体系还存在较多问题,影响了中小企业诚信建设。调查显示,62.1%的中小企业不清楚本地是否建立了企业征信体系,46.6%的中小企业认为我国的征信法律体系尚不健全,58.6%的中小企业从未进行过主体信用评级。① 中小企业信用信息缺失,成为中小企业集合债券筛选、信用担保以及信息披露等各方面的掣肘,亟待从制度尚加以完善。第二,承销商、信用评级机构未能及时向投资者及社会公众披露中小企业的重大事项,没有履行法律要求的信息披露责任。监管机构没有及时发现问题,事后也没有按照法律的规定对中小企业、承销商、信用评级机构不履行信息披露的做法进行处罚。

二、中小企业集合债券的政府干预问题

厘清政府对中小企业集合债券的干预边界,是将"政府应该做什么"这一争议颇多的问题放置于一个特定的时空和一个特殊的现象中加以认识的过程。仅从纯粹逻辑演绎的角度看,基于混合经济时期市场失灵和政府失灵的同时存在,"看不见的手"和"看得见的手"结合使用应该是经济运行和政府治理最有效的选择。但是"两只手"的结合方式是一个巨大的理论难题,更是实践难题,因为它需要思想,更需要技巧,还需要道德。② 政府的积极干预意味着公权力的运行有了更大的空间,但是过度的干预必将导致干预体系复杂化,这不仅要求干预主体为干预行为的实施支出更高成本,也增大了干预体系内部冲突的概率,影响干预效率的发挥,从而由干预前"没有法律的秩序"变成干预后"没有秩序的法律"。③ 申言之,政府干预对市场的规制必须有一个界限:凡是市场能有效运作之处,就没有政府干预的空间;凡是存在政府干预克服市场缺陷不经济之时,就没有政府干预存在之必要;凡是有政府干预不能克服市场缺陷之情形,就没有政府干预运作之余地。因此,市场的真实需求成为政府干预的正当性源泉,政府的干预效率要求政府运用恰当的方法,特定的经济情势则决定了政府的职责大小,这些因素共同构成了系统视角下政府干预

① 数据来源:笔者对广东省部分地区中小企业的调查统计结果。

② 陈彩虹:《亚当·斯密与凯恩斯之争又起》,载《读书》2009年第4期。

③ 徐箐:《公司法的边界》,对外经济贸易大学出版社2006年版,第3页。

边界的前提。但是在现实中,由于缺乏对社会需求的本位关怀,对干预成本与干预收益的判断不足,以及天然的权力膨胀,使政府对中小企业集合债券的干预定位不清、边界模糊。

(一)政府干预与市场需求分离

政府干预供给应该以市场的干预需求为必要和限度,如果政府干预不足,市场效率将无法达到理想之状态;一旦政府干预超越或者违背了市场需求,则市场上只会多一些法律而少一些秩序和效率。事实上,正是由于政府干预与市场需求相分离,才制约了政府扶持、引导中小企业效果的发挥。

第一,从中小企业需求来看,政府干预尚显不足。对中小企业融资的主要途径和比重的调查显示,86.2%的中小企业主要融资途径为银行贷款,这其中甚至还有62%的中小企业完全依赖于银行贷款,只有10.3%的中小企业发行过中小企业集合债券,由此说明,中小企业的融资渠道还非常狭窄。但是了解中小企业的真实愿望后发现,尽管希望获得银行贷款的中小企业数量占比91.4%;但是有34.5%的中小企业仍然渴望通过中小企业集合债券的形式来扩展融资空间,需求占比位列各种融资方式的第二位。(见图2-1)

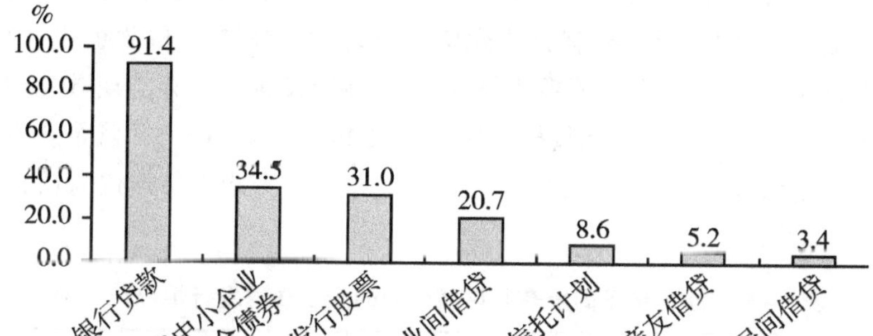

图2-1　中小企业融资方式需求占比的统计①

此外,银行贷款一般以短期资金居多,但中小企业对中期资金(1~3年)和长期资金(3年以上)也存在大量需求。调查显示,50%的中小企业渴望获取中期资金,10.3%的中小企业还需要获得长期资金的支持。② 中小企业集

① 数据来源:笔者对广东省部分地区中小企业的调查统计结果。

② 数据来源:笔者对广东省部分地区中小企业的调查统计结果。

合债券的偿还期限一般为3年至6年,为需要中长期资金融通的中小企业提供了较好的机会。这些数据表明,许多中小企业希望以中小企业集合债券的形式获取资金,已经发行的中小企业集合债券数量却远远无法满足中小企业的融资需求。

第二,从市场的整体需求来看,政府干预尚显不均。根据2009年公布的第二次全国经济普查结果显示,截至2008年年末,全国第二产业、第三产业企业法人单位资产总额为207.8万亿元,比2004年年末增加111.1万亿元,增长114.8%,其中国有企业资产总额47.7万亿元,比2004年年末增加17.6万亿元,增长58.5%;私营企业资产总额25.7万亿元,比2004年年末增加17.0万亿元,增长194.9%。[①] 相较国有企业而言,私营企业的盈利能力更高,更有利于促进经济增长。而根据2014年年底公布的第三次全国经济普查结果显示,截至2013年年末,国有企业数量为11.3万户,占全部企业法人单位1.4%;私营企业数量为560.4万户,占全部企业法人单位68.3%;从事第二产业和第三产业的小微企业法人单位785万个,占全部企业法人单位95.6%,其中从业人员14,730.4万人,占全部企业法人单位从业人员50.4%。[②] 以上数据表明,私营企业特别是小微企业对于拓宽就业渠道有着突出的意义。然而,从债券融资的额度来看,国有企业融资比例却大大领先于私营企业、中小企业。以2013年发行的企业债券为例,国有企业所发企业债券的期数和规模分别占企业债券总发行期数和规模总额的94.92%和97.01%,私营企业发行债券的期数比和规模比则为3.21%和1.65%,中小企业集合债券仅为0.27%和0.08%。(见表2-5)

表2-5 2013年不同所有制性质企业的企业债券发行情况统计 [③]

序号	债券分类	期数	发行规模(亿元)	期数比例(%)	规模比例(%)
1	中央国有企业债券	10	473	2.67	9.95
2	地方国有企业债券	345	4137.80	92.25	87.06

① 国家统计局:第二次全国经济普查主要数据公报(第一号),2009年12月25日发布。
② 国家统计局:第三次全国经济普查主要数据公报(第一号),2014年12月16日发布。
③ 数据来源:根据中国债券信息网、wind资讯公布的信息整理。

续表

序号	债券分类	期数	发行规模(亿元)	期数比例(%)	规模比例(%)
3	私营企业债券	12	78.50	3.21	1.65
4	集体企业债券	1	6	0.27	0.13
5	外商独资企业债券	3	40	0.80	0.84
6	中外合资企业债券	2	13	0.53	0.27
7	中小企业集合债券	1	4	0.27	0.08
合计		374	4752.30	100	100

综上所述，资金需求量大、盈利能力高的私营企业，尤其是中小企业，很难发行债券进行融资；相较之下，融资途径多、盈利能力相对较弱的国有企业却轻易得到便捷的债券发行机会。在传统计划经济思维的影响下，将企业债券作为政府投融资工具的功能定位，决定了企业债券市场仍然以国有大型企业发展为重心，在资源配置上，明显有所倾斜。事实上，政府对于信息的获取速度总是滞后于市场，而政府对企业重要性标准的评判亦无法摒弃国有大型企业的政治影响，因此如果政府对国有大型企业有偏袒则会引起人们对其公正性的合理怀疑。

（二）政府干预与效率原则不符

政府干预的效率，由干预收益和干预成本所决定，当干预收益小于干预成本时，干预是不经济的，有必要对干预手段进行调整或排除。原因在于，在市场缺陷存在的场合中，政府进行干预的唯一理由，仅在于假如它消除一种外部效应所需的管理成本，不仅小于私人之间所需的交易成本，而且小于干预之后所获得的社会收益。从此意义来讲，政府干预并不是绝对的有益，但也不是绝对的无益，一切均取决于具体条件下的损益分析。① 由于政府干预只具有修复市场失衡的可能性，而非必然性，效率原则就成为判断干预是否必要的重要因素，因此从干预结果上对干预效率进行考察就显得尤为重要。

与市场发展相比，国家发改委发行核准机制组织审批环节多、时间跨度

---

① 樊纲：《市场机制与经济效率》，三联书店 1995 年版，第 146 页。

大,与中小企业融资“短、平、快”的特点不相适应。调查显示,已经发行以及正在筹备发行中小企业集合债券的中小企业,对于发行过程中所遇到的困难,有56.3%认为是组织、审批时间过长而导致发行成本增加;不选择发行中小企业集合债券的中小企业,有43.9%是组织、审批时间过长的原因所致。① 以“07深中小”为例,尽管发行方案已于2006年4月设计完成,6月即获得深圳市政府支持和推行,短短一个月内多达130家中小企业自愿申请,在经过初步筛选之后已于当年10月上报国家发改委审批。但是,在几经补充、修改申报材料之后,“07深中小”直到2007年11月才获准发行,整个组织申报过程历经一年多时间。此后,各级政府部门对组织、审批程序进行了简化,“09大连中小债”成功发行距最初计划还是推迟了近半年时间。② 从已发行的经验看,各地中小企业集合债券的申报时间为6个月至1年半,在此期间,中小企业的项目投产、负债比率以及营运资金需求状况均会发生改变,组织申报周期过长与中小企业资金周转时间较短的特点极不相符,以至于出现了不少中小企业中途放弃的例子。在2008年5月“10武汉中小债”申报之初,武汉猫人服饰有限责任公司、武汉泛洲机械有限责任公司均表现出强烈的发债愿望,但是在5个月之后,由于资金需求发生变化,两家企业均放弃了参与中小企业集合债券的发行。③ 只有将政府干预的上述负面效应纳入综合考量,才能对中小企业集合债券是否真正有效率以及由此决定的制度正当性之有无作出准确的把握。唯此,才能对政府干预进行修复和补充。

(三)政府干预与经济情势脱轨

应飞虎等学者对政府“需要”干预的认识无疑是深刻的,“市场缺陷出现的逐步性、阶段性、相对性以及不同性质市场缺陷的存在,导致在不同时期市场对政府干预的需求在质和量上存在差异,并且干预成本、干预能力和法律功能局限等因素,使干预的范围也不可能一成不变”。④ 因此,特定时空的经济

① 数据来源:笔者对广东省部分地区中小企业的调查统计结果。

② 郝志军:《中小企业集合债尴尬前行》,载新财富:http://www.xcf.cn/newfortune/texie/200906/t20090615_241378.htm,2020年2月8日最后访问。

③ 刘莉、陈道林:《武汉中小企业集合债券“卡壳”》,载新浪财经网:http://finance.sina.com.cn/roll/20081010/04372455669.shtml,2020年2月11日最后访问。

④ 应飞虎:《需要干预经济关系论——一种经济法的认知模式》,载《中国法学》2001年第2期。

情势亦成为政府干预的正当性源泉。

尽管自20世纪90年代中期以来,历届政府都将债券市场改革作为推进资本市场发展的重要举措,但是国家权力主导下的企业债券负载着沉重的计划经济烙印,并没有完全契合市场化发展的需求。在制度变迁的过程中,企业债券仍然受制于过度管制、多重监管和市场分化的困境,并对中小企业集合债券这一新兴债权融资模式的确立产生了“路径依赖”①的影响。中小企业集合债券的设计既没有脱离企业债券的传统窠臼,也没有带来债券市场的根本变革,自其产生以来就被锁定在企业债券既有的发展轨迹上。与之相反,中小企业集合票据则遵循着债务融资工具的市场化路径不断发展壮大:在发行数量上,已逾中小企业集合债券8倍;在发行资金规模上,超出中小企业集合债券5倍。毋庸置疑,11年时间仅仅15只中小企业集合债券得以发行的成绩差强人意,而其背后有哪些政府干预行为与经济情势相脱轨造成了如此局面,更引发人们深思。

首先,政府对企业债券进行年度规模②限制、以行政手段分配额度。周小川认为,对企业债券的总体规模、数量等按计划进行分配,却不考虑市场主体的真实需求;下发企业债券额度时,不以市场经济规律为准则,却出于“济贫”的考虑,以发债额度对经营困难、效益低下的国有企业进行救济等做法制约了企业债券的发展。③ 由于中小企业集合债券属于企业债券的特殊形式,其发行不可避免地要接受年度规模的限制,而与强势的国有企业竞争发行额度,无形中增加了中小企业集合债券成功发行的风险。

其次,政府对中小企业集合债券募集资金用途进行了严格管理。国家发改委要求中小企业集合债券筹集资金投向应符合一定的比例,例如,补充营运资金不得超过发债总额的40%等。而银行间市场交易商协会则完全取消了募集资金用途的规定,为中小企业根据自身需要自主运用债券募集资金提供

---

① 路径依赖是指人们过去所作的选择决定了他们现在可能的选择,一旦进入某种路径,就会被长期锁定在这一路径上,即使还有其他更加有效的路径,但基于转换成本的存在,也只能锁定在被历史事件指向的路径上。

② 年度规模是指企业债券发行额度每年由国家发改委根据国家经济发展计划下达,取得央行同意的批文后方可发行。不经国务院同意,任何地方和部门不得擅自突破企业债券发行的年度规模,且不得擅自发行和变相发行企业债券。

③ 周小川:《中国发展企业债券要吸取教训以利再战》,载新浪财经网:http://finance.sina.com.cn/economist/jingjixueren/20051020/19412050660.shtml,2020年2月11日最后访问。

了便利。

最后,政府以核准制审批中小企业集合债券的市场准入。中小企业从提交申请到获得核准,通常需要3个月的时间。与银行间市场交易商协会由5名债券市场专家组成小组,每周召开一次专家会议,便捷、快速地决定是否通过中小企业集合票据注册申请的做法相比,中小企业集合债券的核准机制对中小企业的吸引力明显逊色不少。

不可否认,与中小企业集合债券僵化的管理方法相比,中小企业集合票据的确在市场化改革的道路上走得更远。中小企业集合债券是否还有生存的空间?中小企业集合票据是否代表了正确的市场化道路?中小企业集合债券应该进行怎样的改革?下一步怎么做,成为决定中小企业集合债券生死的重大抉择。政府只有在正确领悟市场化的基础上,运用与市场经济规律相适应的扶持、规范手段,才能促进中小企业集合债券的可持续发展。

三、中小企业集合债券的立法问题

政府对市场失灵的干预必然会涉及私权。由于权利与义务的总量守恒,权利的增加意味着义务的增加。一方面,政府扶持所赋予的中小企业权利扩大,必然会导致其他市场主体的义务增多;另一方面,政府为维持市场秩序而对中小企业进行的规范,必将对中小企业的权利有所限制。然而,政府干预对私权的调整既可能为善,也可能作恶;政府干预必须存在特有的价值,或保障私权,或维持秩序,或提供公平,否则,就不应该对私权进行任何限制。① 为了保护私权,维护干预效率,有必要对政府干预进行再干预,即保障政府干预的法定性。一是干预主体的法定,对特殊形式的市场失灵应由特定的政府经济管理部门加以干预,从而避免干预权的冲突和提升干预能力,这就为中小企业集合债券确立统一的牵头人和监管机构提出了要求。二是干预权的法定,干预权的授予必须由法律为之,政府对中小企业集合债券的扶持和规范亟待从立法上予以确认和保障。

事实上,在政府主创性地推动中小企业集合债券的发展以弥补原有体制的缺失和不公之后,相关立法在时间和空间上又滞后于中小企业集合债券的发展需要。对此,有必要用动态而非静止的方法对中小企业集合债券的相关

---

① 种明钊主编:《国家干预法治化研究》,法律出版社2009年版,第27页。

立法进行考察，以对变动的市场发展予以适时的法律回应。

（一）中小企业集合债券相关立法的历史沿革

我国企业债券肇始于1984年，源于部分企业自发地向社会和其他企业进行内部集资。1993年为了规范新兴的债券市场，国务院发布了《企业债券管理条例》，一改扶持企业债券发展的态度，走向了优先发展国债市场、压制企业债券市场的变迁道路。从此，企业债券被打上了计划经济的烙印，成为国家重点项目和基础设施建设募集资金的金融工具，受到政府严格管制。直至2005年，伴随《公司法》《证券法》的修改，企业债券方才启动市场化改革：取消了债券年度规模限制，允许企业根据生产经营需要自行提出发债申请，并以核准发行取代了审批发行。以此为契机，为加快债券市场多元化发展，弥补企业债券仅为国有大型企业服务的缺陷，政府自上而下地创设了中小企业集合债券。但是立法仍然滞后于实践，国家至今尚未制定有关中小企业集合债券的特别法律或特殊规定，中小企业集合债券与企业债券同样适用于《证券法》《公司法》《企业债券管理条例》等法律法规，以及国家发改委有关企业债券发行审核的规范性文件的管辖。2007年年初，全国金融工作会议将发展公司债券列入议事日程。根据会议精神，中国证监会在企业债券之外另辟蹊径，于2007年8月发布了《公司债券发行试点办法》，启动了以上市公司为发行主体，中国证监会进行监管的“公司债券”模式。2008年4月，央行在总结“备案制”短期融资券制度的成功经验上，制定了《银行间债券市场非金融企业债务融资工具管理办法》，授权银行间市场交易商协会对与企业债券、公司债券本质相同的债务融资工具开展自律监管。2009年11月，银行间市场交易商协会在债券融资工具管理办法的基础上，特别设置了《银行间债券市场中小非金融企业集合票据业务指引》，对方兴未艾的中小企业集合票据进行指导和监管。在这样的历史背景和制度演进下，中小企业集合债券出现了两种不同称谓，在发行阶段受制于几种不同的法律规范，接受不同监管机构多重监管。（见表2－6）

表 2-6　中小企业集合债券和中小企业集合票据法律规范的比较

债券分类	中小企业集合债券	中小企业集合票据
主管机构	国家发改委	央行
法律规范	《证券法》 《企业债券管理条例》 2013年国家发改委办公厅《关于进一步改进企业债券发行审核工作的通知》 2013年国家发改委办公厅《关于进一步改进企业债券发行工作的通知》 2015年国家发改委办公厅《关于简化企业债券审报程序加强风险防范和改革监管方式的意见》	2008年央行《银行间债券市场非金融企业债务融资工具管理办法》及银行间市场交易商协会的配套自律性规则 2009年银行间市场交易商协会《银行间债券市场中小非金融企业集合票据业务指引》
市场准入	国家发改委核准制	银行间市场交易商协会注册制
发行主体	无限制	2~10个中小企业
资金用途	符合国家产业政策和行业发展方向，所需手续齐全；不得超过规定的一定比例	符合国家相关法律法规及政策要求的企业生产经营活动
主要交易场所	证券交易市场、柜台市场、银行间债券市场	银行间债券市场
监管机构	国家发改委、证监会、央行	央行

(二)中小企业集合债券相关立法的离散

从法律位阶来看，《证券法》是法律，属于第一位阶；《企业债券管理条例》是国务院颁布的行政法规，属于第二位阶；央行《企业债务融资工具管理办法》是部门规章，国家发改委办公厅《关于进一步改进企业债券发行审核工作的通知》《关于简化企业债券审报程序加强风险防范和改革监管方式的意见》是部门规范性文件，属于第三位阶；《银行间债券市场中小非金融企业集合票据业务指引》则属于银行间市场交易商协会制定的自律规则。关于中小企业集合债券和中小企业集合票据的发行、交易、中介服务、监管等方面的规定都散见于上述法律规范或文件之中。然而上述规范或文件不仅在定义中没有明确列举出中小企业集合债券，而且在监管上也存在着权力冲突、在内容上相互交叉。

首先，《证券法》没有将中小企业集合债券、中小企业集合票据亟待规范的法律关系尽收囊中。从证券的外延来看，根据《证券法》第2条所述，只有股票、公司债券和国务院依法认定的其他证券的发行和交易，以及政府债券、证券投资基金份额的上市交易适用其规定。除《期货交易管理条例》规定的期货交易之外，国务院也未再公开认定过其他证券。但是，债券市场上发行的债券类型远远超过了《证券法》条文中所列举"公司债券"的范围，中小企业集合债券、中小企业集合票据等债券形式均未被囊括其中。从监管权分配来看，尽管《证券法》第7条规定："国务院证券监督管理机构依法对全国证券市场实行集中统一监督管理。"但在实践中，中小企业集合债券的核准和监管机构是国家发改委，中小企业集合票据实行央行指导下银行间债券市场自律监管。《证券法》所指的"全国证券市场"仅包含了证券交易所这一场内交易场所，而对容量巨大的场外市场——银行间债券市场缺乏约束力。中小企业集合票据也因此从发行到上市交易都游离于《证券法》的框架之外。《证券法》对监管分割的"默许"，使其权威性和统一性受到了很大挑战。人们不仅普遍对证券、债券、中小企业集合债券、中小企业集合票据等融资工具混淆不清，而且对国家发改委、中国证监会、央行等监管机构的职责范围和权限大小充满疑惑。[①] 在多部法律的交叉规范、多个政府部门的分头监管之下，中小企业集合债券的法律成本尤显高昂，中小企业和投资者等市场主体的权益也在规范和监管的真空中遭受风险。

其次，《企业债券管理条例》滞后于中小企业集合债券的发展。《企业债券管理条例》的计划性和行政管制色彩仍然较为浓厚。一是在发行条件上，对企业发债规模进行计划、对利率上限进行封顶、对募集资金的使用范围进行约束等规定，限制了中小企业的资金使用自由，增加了融资时间和成本；二是在交易制度上，重发行轻流通，以散户投资者为主的场内交易冷清，使中小企业集合债券的市场需求不足；三是在清偿制度上，利用银行等金融机构提供担保转移信用风险，承销的证券公司一度被纳入偿债追债责任范围之内，此举增加了中介机构的风险，在市场机制中，这种风险最终仍转入了中小企业的发行

① 冯果：《债券的证券本质与债券市场法制化——〈证券法〉修订背景下的债券法律体系重构与完善》，载黄红元、徐明主编：《证券法苑》（第17卷），法律出版社2016年版，第3~5页。

成本。国家发改委先后多次下发通知对债券管理工作进行改进。2004 年 6 月国家发改委《关于进一步改进和加强企业债券管理工作的通知》，起到了扩大发行规模、细化发行流程和改进债券管理的作用。2008 年 1 月国家发改委《关于推进企业债券市场发展、简化发行核准程序有关事项的通知》(已失效)，对债券发行核准程序进行了改革，重新界定了债券的发行条件。2013 年 4 月国家发改委办公厅《关于进一步改进企业债券发行审核工作的通知》按照"加快和简化审核类"、"从严审核类"以及"适当控制规模和节奏类"三种情况进行分类管理。2013 年国家发改委办公厅《关于进一步改进企业债券发行工作的通知》将地方企业申请发行企业债券预审工作委托给省级部门负责。2015 年国家发改委办公厅《关于简化企业债券审报程序加强风险防范和改革监管方式的意见》，进一步简化了申报程序，不再对企业净资产进行要求，以企业信用作为评估企业资质的标准，放宽了资金使用的限制条件，提高了使用效率。

从国家发改委企业债券规范性文件重要改革的前后对比来看，企业债券的发行条件和审核方式已经出现了重大变化，并逐渐与中国证监会和央行的规范性文件规定趋同。鉴于此，企业债券、公司债券以及中期票据之间的差异亦大幅缩小，三者之间的竞争目前主要体现在对发行主体的争夺上。但是与市场发展相比，相关规定仍然在准入门槛、募集资金使用范围、利率限制等设置方面存在滞后性，并与中小企业的特殊需求不相匹配，阻碍了中小企业集合债券的发展。

(三) 中小企业集合债券特殊立法的缺失

如果仅以《证券法》《企业债券管理条例》等法律法规对中小企业集合债券与企业债券进行一并规范，将意味着无视中小企业的诸多特性，以同样的标准对中小企业与大型企业进行评价，人为地制造了市场障碍，使实质不公得以形成。只有正视中小企业的特殊性，才能为中小企业创造与大型企业平等竞争的机会和条件，进而促进中小企业的发展。

第一，中小企业的净资产相对较少，不宜对净资产提出要求。从中小企业划型标准即可看到，许多中小企业正是由于资产总额少、营业收入低，才被冠以此特殊称谓。中小企业的优势和劣势都源于其规模的"中小"："船小好掉头"，但也容易遭受风浪袭击。[①] 净资产的规定为中小企业集合债券设置了较

① 史际春、王先林：《建立我国中小企业法论纲》，载《中国法学》2000 年第 1 期。

高门槛，忽视了中小企业的本质特性，而放大了中小企业抗风险能力弱的表征。调查显示，参加调研的95家中小企业（29家股份有限公司、61家有限责任公司、3家合伙企业、2家独资企业）组织形式为股份有限公司的中小企业，有31.6%最近一年的净资产在3000万元以下；组织形式为有限责任公司的中小企业，有68.6%最近一年的净资产在6000万元以下。[①] 目前，符合中小企业集合债券发行条件的多是资产信用好、融资途径多的中小企业，大部分资产总额少、营业收入低，难以获得信贷融资的中小企业却被排除在外，使政府对中小企业集合债券的扶持效果大打折扣。

第二，中小企业的信用风险相对较高，投资者理应享受更高的债券收益，而与高收益对应的高利率却受到了立法的限制。法律将中小企业集合债券的利率限定在银行相同期限居民储蓄定期存款利率的40%以内，即将利率控制在比较低的水平。利率上限的规定限制了不同信用级别的中小企业集合债券之间的利差，使中小企业相互之间以及与大型企业之间的竞争无法通过市场化的方式进行识别。调查显示，中小企业亦普遍可以接受略高的发行利率。可接受发行利率与银行贷款基准利率相比上浮0～10%的比例为25.9%；可接受发行利率与银行贷款基准利率持平的比例为24.1%，居次位；可接受发债利率与银行贷款基准利率相比上浮10%～20%的比例为19%，居第三。（见图2－2）

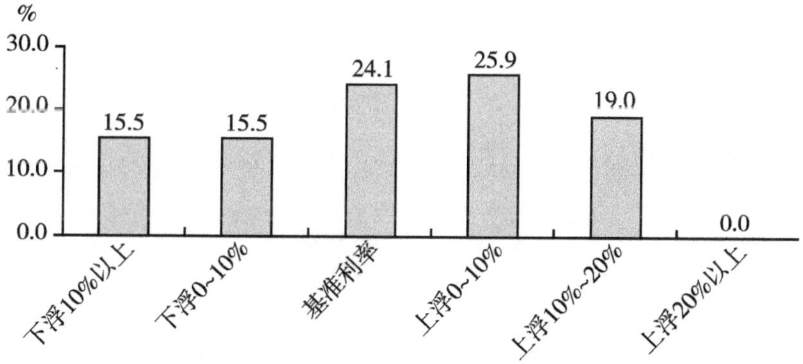

图2－2　中小企业可接受发债利率与银行贷款基准利率相比较的统计②

① 数据来源：笔者对广东省部分地区中小企业的调查统计结果。

② 数据来源：笔者对广东省部分地区中小企业的调查统计结果。

第三，中小企业具有资金使用灵活的特点，与立法限制募集资金用途的规定不符。现有立法还存在一定程度的计划性，将中小企业集合债券视为一种“稀缺资源”，对于其募集资金比例进行了限制。但是这种干涉中小企业自主管理债务资本的做法，并不符合市场经济的发展规律，在实践中不断受到冲击和挑战。已发行的中小企业集合债券，包括“12 合肥中小债”、“12 石开中小债”、“12 芜中小债”、“13 云中小债”以及“14 邯郸中小债”均已突破了资金使用范围的限制，将募集资金全部用于中小企业补充营运资金，不再按照法律规定的比例行事。①

综上所述，现有立法并不能完全适应中小企业所体现的独特属性，不仅造成大量中小企业无法公平参与竞争，而且影响了政府扶持、引导中小企业的效果。因此，有必要在增加现有立法包容性的基础上，对中小企业集合债券进行特别立法，以完善政府扶持、规范中小企业集合债券的法定性，实现中小企业权利的充分保护。

① 根据已发行的中小企业集合债券募集说明书归纳、分析。

第三章　中小企业集合债券牵头人机制的法律安排

牵头人机制是政府在筹备发行中小企业集合债券的过程中，依法实施的组织申报、初步筛选、确定中介机构以及对中介机构进行监管等系列活动的功能和运行机理。牵头人机制的构建是组织发行中小企业集合债券的首要环节，是政府宏观调控倡导权在中小企业融资活动中的重要体现。然而，尽管现行牵头人机制对中小企业集合债券成功发行起到了至关重要的作用，但其存在是否具有替代市场行为的必要性，是否符合政府干预的法定性以及如何保障运转可持续性等问题仍亟待进一步的论证。

一、中小企业集合债券牵头人机制的正当性

如果我们承认牵头人机制不是建立在"存在即合理"这一简单化的认识论基础之上，那么，在用法律的手段对其进行构建之前，进一步追问牵头人机制的正当性就显得尤为必要。日本法学家谷口安平曾经指出：对权利行使的结果，人们作为正当的东西而加以接受时，这种权利的行使及其结果就可以称为具有正当性；正当性在这里有两层含义：一是结果正确；二是

实现结果的过程本身所具有的正确性。① 在资源配置方面,市场和政府应各尽所能,以确保国家在经济治理中"辨证施治",既充分发挥市场机制的重要作用,又要弥补市场失灵,实施有效的治理和动态的调整。② 因此,让政府而不是市场本身承担组织、协调发行中小企业集合债券责任的正当性在于:市场存在一定程度的缺陷而无法自行承担责任,或者说市场的组织协调存在低效,而政府干预能够对市场进行制度替代并使市场效率得以提升。

(一)牵头人机制的正当性源于市场失灵的适度干预

由政府适度干预而不是市场自发组织发行中小企业集合债券的主要原因在于:市场失灵的存在,使政府对其失灵的范围进行了制度替代,并进而提升了市场效率。

首先,中小企业集合债券并非市场自发形成,而是强制性制度变迁的结果。由于我国债券市场结构仍然存在较大缺陷,市场机制难以有效发挥作用,形成了大型企业对债券资源的垄断,抑制了中小企业的竞争;而国家对利率上限的约束,使价格机制无法充分发挥其配置资源的功能,妨碍了市场机制对资源的有效配置,进一步剥夺了中小企业享受资源利益。在此种情况下,尽管制度变迁③的动力已经存在,但是如果由市场自发创设为中小企业利益服务的债券形式,便需要跨越法律限制和路径依赖的鸿沟,必然存在昂贵的制度成本。此外,中小企业集合债券的组织形式决定了需要有多个中小企业的集体行动才能引致获利机会,而外部性的存在使集体行动很难达成一致。政府的强制性制度变迁比市场的诱发性制度变迁更有效率,并解决了制度变迁巨大的时间成本、"搭便车"以及初级行为主体一致性同意的难题,使新的制度得以有效供给。

其次,中小企业有限理性的存在,使牵头人机制具有持续存在的必要。经济学对"经济人"的理性假定只是一种理想状态,对于正处在市场经济转型中的中小企业而言,受管理经验、知识储备和传统习俗等多方面的影响,其市场

---

① [日]谷口安平:《程序的正义与诉讼》,王亚新、刘荣军译,中国政法大学出版社 2002 年版,第 49 页。

② 参见张守文:《政府与市场关系的法律调整》,载《中国法学》2014 年第 5 期。

③ 制度经济学认为,稳定的制度可以使各个利益主体找到属于自己利益最大化的平衡点,而当利益主体意识到可以获得更大收益或者既得利益受到威胁时,就会作出行动反应,并可能引起新的制度安排。这个动态的过程就是制度变迁,即效率更高的制度对原来制度的替代过程。

理性的培养将是一个长期的过程。从现实经济活动来看,中小企业时常出现的盲目投资、贪大求全、跟风攀比等非理性市场行为也正是理性缺失的常见表现。而在政府支持中小企业集合债券发行的过程中,政府不仅会主动召开信息发布会和发行说明会,为中小企业解答中小企业集合债券的发行流程和融资优势,而且会针对中小企业的募集资金使用情况和增效情况进行跟踪调研,协助其理性投资,还会根据中小企业后续融资的需求情况为其提供配套融资服务,以及对有意向上市的中小企业进行上市辅导并提供优秀服务机构供其选择。政府的支持为改变中小企业在信息搜集方面的相对弱势地位以及解决因经验或信息不足而导致的融资困难起到了重要作用。除此之外,由于中小企业的信用缺失比较严重,许多信用担保机构不愿为其提供担保。在中小企业集合债券组织过程中,牵头人主动承担了与信誉较高的第三方信用担保机构进行沟通、协调的工作,破解了中小企业因信用等级低而无法发行债券的难题。

(二)牵头人机制的正当性源于中小企业的民主认同

对中小企业等市场主体来讲,政府宏观调控应致力于消除市场经济的结构性缺陷,为中小企业的理性抉择作出指导,进而促进市场内部以及市场与社会之间协调发展。其间,如果一味遵守市场"优胜劣汰"的竞争规则,忽视中小企业的弱势地位,宏观调控可能走向僵化的市场原教旨主义;如果一味强调行政行为的强制性手段,而缺乏对中小企业真实需求的关怀,宏观调控则可能失去应有的公共性和民主性。① 因此,中小企业民主认同是政府扶持、引导中小企业的正当性基础。现实中,中小企业对牵头人机制持有普遍认同的态度。调查显示:63.2%的中小企业赞同以政府发布文件并牵头组织的形式发行中小企业集合债券;66.7%的中小企业认为政府牵头发行中小企业集合债券的作用非常重要;33.3%的中小企业也认为政府在其中发挥了一定作用;没有中小企业否定政府的工作成效。②

究其原因,牵头人在组织中小企业集合债券的过程中,对中小企业意思的充分尊重、自由的有效保障和意见的广泛采纳,赢得了中小企业的广泛认同。其一,牵头人机制强调政府与中小企业的双方合意性,"让国家之权威与私人

① 岳彩申:《经济发展方式转变中的宏观调控制度转型》,载《法商研究》2012年第2期。
② 数据来源:笔者对广东省部分地区中小企业的调查统计结果。

之策动力量相互结合”,①使政府与中小企业对调控方式、内容和程序的意思表示尽可能一致,既保障公权力的正当、合法和高效率行使,又充分合理地考虑和照顾中小企业的利益。其二,牵头人机制不以强行规制为目的,中小企业享有资源参与中小企业集合债券申报、发行的决定权,即政府与中小企业在此过程中相互认可对方的平等性,是一种“平等对待不平等的人”的平等。其三,牵头人机制所选取的牵头人一般由与中小企业联系最紧密、最了解中小企业需求的政府部门担任,使整个运行过程以充分尊重中小企业能动性为基础,以肯定中小企业的需要和诉求为核心,将宏观调控建立在充分对话的基础上。

(三)牵头人机制的正当性源于政府的宏观调控

宏观调控是政府适度干预市场,以克服其盲目性和滞后性的有效方式。中小企业集合债券中政府扶持、引导中小企业并由此形成的牵头人机制的权源便来自政府宏观调控。

首先,牵头人机制与宏观调控的指导性模式相契合。宏观调控通常综合运用指导和约束两种手段,但重在指导。尽管宏观调控并不能完全排除某些强制性措施,如对利率的干预、对某些经营活动的许可或限制、对某些投资项目的审批等,但是宏观调控对于中小企业等社会经济活动主体来说主要是指导性的。由于政府的各项经济政策主要通过财政、税收、金融等方面的经济杠杆予以实施,中小企业则根据政府的计划要求,结合自身实际情况,自主地确定自己的生产经营方式。中小企业集合债券正是政府以金融为杠杆、以牵头人机制为手段向中小企业提供资金保障而促进中小企业发展的指导性干预方式,在此过程中,中小企业可以自主选择是否参与,并且自由决定如何实施。

其次,牵头人机制属于宏观调控的直接调控模式。宏观调控作为政府干预经济的基本方式之一,本质上是一种间接调控。政府主要运用直接影响有关经济总量的各种经济杠杆,将力量传递到杠杆的彼端,进而影响和带动社会众多经济主体参与经济活动。对于中小企业而言,大部分的政府调控措施都具有间接性。然而,宏观调控虽然是宏观和间接的,但它也不无例外地包含了一些微观和直接的调控措施。间接和直接既是相对的,又是相互关联的。宏观调控需要进行大量直接而具体工作才能落实和完成,而只要这些直接的工

① [英]凯恩斯:《就业利息和货币通论》,高鸿业译,商务印书馆1999年版,第326页。

作是围绕和服从宏观目标的，它们便也属于宏观调控体系的范畴。牵头人机制便属于宏观调控中的直接调控方式。为了使中小企业集合债券作为中小企业融资促进措施的作用切实得以发挥，政府对中小企业做了许多直接的调控工作，包括对发行的具体指导和建议以及必要的帮助和服务。

最后，牵头人机制符合宏观调控法律规范的特点。宏观调控既需要法律的授权，也需要法律对政府权力予以规制，还需要法律的保障。与宏观调控的法律规范特点相同，牵头人机制一方面大量采用倡导式的法律规范，引导和鼓励中小企业的融资行为，在法律后果方面也多使用奖励式的规定，如政府协调担保、政府贴息、使用政府风险缓释基金等。另一方面，由于宏观调控法无法对各种调控措施都规定得非常具体，也就为政府的权力行使提供了自由裁量的空间。在牵头人机制的运行过程中，政府权力行使的范围、方式、程序及其法律责任都缺乏明确规定，存在较大的随意性。因此，牵头人机制必须法制化，由法律对调控权的行使主体、权限范围、程序和方法等作出规定，并加强对调控权力行使的制约和监督，建立健全责任追究机制。

二、中小企业集合债券牵头人机制的完善

完善中小企业集合债券牵头人机制，首先，应当转变政府干预理念，将政府干预视为市场需要和中小企业民主认同的结果，而不单纯是政府驱动使然；其次，由于中小企业融资是世界各国普遍的难题，许多国家都在政府扶持、引导中小企业以及与中小企业对话等方面积累了许多鲜活的先进经验，应当予以借鉴；最后，制度设计应当立足于实践，从过往的经验事实出发，有回应、有针对地展开。

（一）设立中小企业集合债券独立统一牵头人

目前，牵头人的组织机构安排通常有两种：一种是统一的专门管理机构；另一种是分散的“兼职”管理机构。相比较而言，分散的“兼职”管理机构，既缺乏管理的专业化，又加深了机构之间的协调难度，容易出现政出多门、利益冲突和责任推诿，导致组织效率低、管理成本高。设立独立统一的牵头人，不仅有利于政府职能部门为组织发行中小企业集合债券树立长远的工作目标、配备专门的工作人员，而且有利于促进其与中小企业之间的长期沟通、协作，以较低的管理服务成本、较高的信息传导速度和较强的责任感来提高管理服务效率。毫无疑问，只有专门的中小企业管理部门方能担此重任。中小企业

管理部门以中小企业为扶持、引导对象，超越了管理服务对象的所有制形式、产业形式以及属地范围的限制，解决了其他任何一个管理部门都无法覆盖所有类型中小企业的难题。不仅如此，中小企业管理部门还可以运用综合手段，如统一负责推进和执行促进中小企业发展的各项法律法规、统一使用中小企业发展基金等政策性资金、统一帮助中小企业改善融资环境、统一协调各种支持中小企业的社会力量以及统一建立覆盖全国中小企业的信息网络等，进而达到有效的扶持、引导效果。

然而，我国相关立法对中小企业管理部门及其职责范围的规定，内容宽泛、形式模糊。《中华人民共和国中小企业促进法》（以下简称《中小企业促进法》）仅规定由国务院负责政策制定和统筹规划；国务院负责企业工作的部门开展组织、实施工作；国务院其他有关部门在职责范围内负责扶持和指导工作；县级以上地方政府及相关部门负责区域内中小企业的指导和服务工作。由此可见，《中小企业促进法》并未明确设立独立统一的中小企业管理部门，而是将职责笼统地归于国务院、国务院负责企业工作的部门、国务院有关部门和县级以上地方政府，这一规定仅仅勾勒出管理和服务中小企业相关部门的大致轮廓，并且只是在其已有的职责基础上进行了内容添加。此外，《中小企业促进法》对于相关部门职责权限的规定也非常概括，如要求“国务院负责企业工作的部门根据国家产业政策，结合中小企业特点和发展状况，以制定中小企业发展产业指导目录等方式，确定扶持重点，引导鼓励中小企业发展。”同时，又根据其他政府职能部门的不同职责作出分别规定，如财政部设立中小企业财政预算，支持中小企业发展专项资金；地方政府根据本地区实际为中小企业提供财政支持；央行执行信贷政策指导，等等。

实践中，针对中小企业的管理，我国从中央到地方都尚未形成系统有效的中小企业管理体系。在中央层面上，由国家工信部中小企业司负责管理工作，相对其管理服务的对象——量大面广的中小企业来说，无论是职能设置，还是机构规格、人员编制等都有待进一步完善。一方面，工信部既是工业、制造业和信息产业行业主管部门，又是跨所有制、跨行业、跨部门的中小企业的主管部门，“双肩挑”的身份使其难以将全部精力投入中小企业事务管理中。另一方面，除工信部外，科技部、农业部、商务部、财政部以及央行等国务院其他部门也各有侧重地参与了中小企业的促进发展工作。[①] 各部门各行业特点多样,既难以有针对性、专业化地开展中小企业工作,也难以统筹、兼顾和协调。在地方层面,各级中小企业主管部门机构同样存在机构不统一、协调不顺畅的情况。在机构设置上,省市一级负责中小企业工作的部门包括经济和信息化委员会、工业和信息化产业厅(局)、中小企业厅(局)等;在机构性质上,有政府组成部门,有政府直属机构,还有事业单位性质的部门;在机构规格上,有正厅(局)建制,也有副厅(局)级别。县一级的名称更多,除以上称谓外,还有经贸局、经发局、工业局等。[②]

行文至此,不难看出各地中小企业集合债券设定的牵头人各不相同,正是基于我国缺乏统一的中小企业管理机构。由于我国目前仍然实施由国务院统筹、工信部中小企业司为主、科技部等9个部委各有侧重、地方政府省地县三级分别有相应机构的中小企业管理体制,由其中任何部门担任中小企业集合债券牵头人,均符合法律规定,并在政府职能部门的权限之中。但是,各级政府中小企业管理机构上下不健全、不对应,在一定程度上制约了牵头人工作的高效有序开展;行政资源以及管理、服务手段的不足,同样制约了牵头人的管理能力和服务水平,从而影响了中小企业集合债券的组织效果。

要从根本上改变各地牵头人工作水平参差不齐以及多部门共同工作所存在的职能重叠、专业性弱、协调难度大等诸多问题,除了政府要重新考量中小企业的重要作用、在法律上明确其重要地位、减少对规模和所有制歧视外,效果最明显、最直接的办法,就是设立专门的中小企业管理机构,并以其作为中小企业集合债券的牵头人。尽管政府机构有限,但仍旧针对中小企业设立专

---

① 科技部负责民营科技企业发展、国家工商总局负责个体工商户和私营企业等级注册与监督管理,全国工商联负责民营经济发展,农业部负责乡镇企业和农产品加工业发展,商务部负责商贸流通类企业和涉外企业发展,财政部负责中小企业专项资金管理,税务总局负责中小企业税收减免和征收,人民银行负责中小企业信贷管理,银监会负责涉及中小企业的银行业金融机构管理。

② 国务院发展研究中心课题组:《中小企业发展新环境、新问题、新对策》,中国发展出版社2011年版,第55页。

门的主管部门,这种做法在市场经济发达国家较为普遍。① 在我国转变经济发展方式的新时期,各级政府应当转变干预理念,向关注民生、提倡民主、协商合作的方向改革,进一步理顺中小企业政府管理体制,扩张和细化中小企业管理部门的职责权限。首先,应完善《中小企业促进法》,为中小企业构建统一的管理服务法律政策体系,将中小企业管理服务的权力赋予中央一级的专设机关,使中小企业管理部门具有权威性和专业性。其次,应进一步细化中小企业管理部门的职责范围,应当包括但不限于:授权中小企业管理部门政策起草、预算制定等基本职能;赋予其跨部门、跨行业、跨所有制的协调和管理权力;支持其建立政府中小企业发展基金、授权指定金融机构发放担保贷款、风险投资项目,促进中小企业融资。最后,应明确中小企业管理部门作为中小企业集合债券的牵头人职责,使牵头人具备一定的权威性和独立性,工作职责不受其他政府部门的干预,同时,牵头人还应当转变思想观念和政府职能,从过去的控制和管理转变为服务、支持与合作。

(二)明确中小企业集合债券牵头人职责

政府因其掌握的权力带有普遍性和强制性,在解决宏观经济方面的问题时,有着天然的优势。然而,这些“优势”也同样可以使政府行为变得低效甚至无效。因此,在适度干预原则的指导下,牵头人的行为边界必须以市场机制的部分领域为界限,权力的行使要有正当的法律权源以及合法的程序规范。

1. 牵头人职责应以实现中小企业的权利为出发点

权利是政府调整社会关系和安排人们行为的基本手段,正如科斯所言:“合法权利的初始界定会对经济制度运行的效率产生影响。权利的一种调整会比其他安排产生更多的价值。”②中小企业集合债券正是牵头人通过对权利

---

① 1953 年,美国《小企业法》正式出台,不仅明确了小企业的法律地位,而且授权专门的管理机构“小企业管理局”支持其发展;1958 年,美国国会将“小企业管理局”升至“永久性联邦机构”;1998 年,“小企业管理局”由副部级单位转为正部级,局长人选乃总统亲自任免。1984 年日本颁布《中小企业厅设置法》,形成了以经济产业省中小企业厅为主导,以地方政府为基础,以民间团体为补充的扶持体系。韩国政府则于 1966 年颁布《中小企业基本法》,根据其规定,韩国设置了三个层级的中小企业政策推进机构:一是中小企业厅,作为韩国中小企业最高行政管理机关,专门负责制定和实施中小企业发展计划和政策;二是大韩贸易投资振兴公社,在 70 多个国家建立了 100 多个贸易馆,从出口商品到拓展客源等方面为中小企业提供支持;三是以韩国中小企业振兴公社为主的非营利性政府组织,为中小企业提供技术咨询、业务培训、国际交流等服务。

② [美]科斯:《企业、市场与法律》,盛洪、陈郁译,三联书店 1990 年版,第 95 页。

的重新安排，在中小企业本身的自然权利之上，赋予其十分必要且有限度的权利，使其作为市场弱势群体的地位得以改观，并获得与强者竞争的能力。

首先，牵头人应当尊重中小企业申报中小企业集合债券的意愿和发行中小企业集合债券的权利。一旦中小企业出现融资困难，产生发行债券的意愿和需求，就可以向牵头人申请发行中小企业集合债券。但在实践中，也并非所有的牵头人都履行了积极组织的职能。近年来，有的地方已经组织了数十次中小企业集合债券和中小企业集合票据，有的地方却寥寥无几，不少地方还是一片空白。因此，有必要对中小企业集合债券的发行计划作出严格规定。一是规定本地扶持的中小企业所属产业范围、行业类型、规模大小和信用资质等标准，允许范围内的中小企业自行申报。二是规定"集合"的标准，对组成联合体的中小企业数量和类型进行说明。例如，《银行间债券市场中小非金融企业集合票据业务指引》要求，中小企业联合体应由 2 个以上 10 个以下具有法人资格的中小企业组成。此外，还可以依据产业范围、风险大小等标准进行组合，以组成高科技、基础设施、食品卫生等各种类型的中小企业联合体。三是规定申报的时间，以第一家中小企业的申报时间为起点，要求其他符合"集合"标准的中小企业在规定时间内申报，一旦条件具备，即可正式进入组织程序。

其次，牵头人应当充分授权中小企业自行组织申报中小企业集合债券。从目前的实际操作看，中小企业集合债券都是由牵头人设定申报时间、决定何时发行，受申报、发行时间不明确影响，中小企业发行集合债券的积极性大打折扣。尽管牵头人相较中小企业个体而言，在克服时间成本、"搭便车"效应以及集体行动难以一致等问题上具有特殊优势，但是牵头人对组织和联合中小企业并不具备信息和能力上的优势。因此，牵头人应当尊重中小企业自由选择合作方式、合作时间以及合作程度的权利，而不是一味将政府决策强加于中小企业。同样，在制定筛选标准、"集合"标准以及申报时间的基础上，应探索建立中小企业集合债券登记制，允许中小企业自行组织申报中小企业集合债券。登记制的主要内容包括：允许中小企业根据自身的融资需求和发展需要自主联合进行申报；牵头人只对中小企业组合优化提出建议、对产业结构进行筛查，不承担信息资料的实质审查义务；中小企业公开和申报相关信息材料后，牵头人未提出补充意见或未以停止命令阻止登记生效者，则视为依法登记，中小企业即完成自主申报；牵头人必须在规定期限内开展后续相关工作。

登记制不仅有利于简化牵头人机制的组织程序，减轻主管机构负担，而且节省了中小企业登记申报时间，方便中小企业按时、按需联合申报，实现了以“市场之手”推动中小企业集合债券发展的程序优化。

2. 牵头人职责应以正当程序予以保障

正当的程序既能限制权利，又能保障权利；非正当的程序不但无法保障实体权利的实现，还很可能使实体权利受到剥夺或限制。正如大法官道格拉斯所说，“权利法案的大多数规定都是程序性条款，这一事实绝不是无意义的，正是程序决定了法制与恣意的人治之间的基本区别。”[①]目前，牵头人对中小企业的筛选、对中介机构的确定以及对中介机构的监督等程序都没有明确的法律规定，导致权力在真空中运行。缺乏正当的程序规制，牵头人不仅可能受制于自身信息传递机制和判断能力的局限，导致其决策失误；而且可能缺乏降低成本机制，导致官僚主义、形式主义和办事效率低下；甚至可能为某些个人或利益集团提供了权力寻租的空间。以程序正当保证结果的正当，一方面应规定具体的牵头人职责实施流程，将牵头人对中小企业的发行计划、组织模式、中介机构选取机制等以程序性的条款进行规定，防止牵头人在程序不明时发生越权、弃权、争权和滥权等违背干预权行使初衷的问题；另一方面应保证程序的公开性，赋予中小企业及其他社会成员对牵头人进行监督的权利，并促进上级监管部门的有效监管和处罚。

（三）建立中小企业集合债券调查宣传和考核机制

只有当牵头人与中小企业经过共同协商，对扶助方式和行为形成共同的意识形态，方能降低机体行动的成本。[②] 由于中小企业数量多、分布广，政府扶持、引导中小企业的方式无法采用传统“一对一”模式，而必须在社会性和公共性的基础上开展团体协作，这就增加了政府判断和遵循中小企业需求的难度。因此，建立一个完善的调查研究、宣传咨询、跟踪考核的政府服务系统显得尤为重要。

---

① See United States Supreme Court Reports, 95 Law. Ed. Oct. 1950 Term, The Lawyers Cooperative Publishing Company, 1951, p. 858.

② ［冰岛］思拉恩·埃格特森：《经济行为与制度》，吴经邦等译，商务印书馆2004年版，第287页。

1. 建立中小企业集合债券监测、调研机制

国务院《关于进一步促进中小企业发展的若干意见》提出，“统计部门要建立和完善对中小企业的分类统计、监测、分析和发布制度”“逐步建立中小企业市场监测、风险防范和预警机制”。但与中小企业数量不断增多、态势日益复杂的情况相脱节的是，我国政府还缺乏建立中小企业监测工具的自觉，全国范围内仍然没有统一的中小企业统计体系。对中小企业的活动缺乏实时监测和系统统计，对中小企业的真实需求了解调研不足，就难以真正把握中小企业的发展规律，在中小企业集合债券的发展中，无论政府的主导力、推动力有多强，最后其出台的政策都难切合实际，导致中小企业集合债券始终无法走出企业本身的参与度不高、总体市场化水平偏低的困境。德国政府建立了中小企业调查研究系统，其不仅包括对宏观经济发展形势的监控分析，也包括对市场及企业变化状况等微观方面的调查研究。德国的联邦、州与地方三级政府经常委托各级统计部门通过信息资料对中小企业的现状进行监测分析，或采取各种方式做深入的实地调查，如对中小企业融资需求和融资方式需求进行的问卷咨询便是其中一个重要内容。① 欧盟在制定政策时，十分重视对中小企业的调查研究，听取其意见建议，允许中小企业以及相关服务机构参与决策过程，以提高政策的科学性和可操作性。日本则建立了中小企业政策审议会制度，还对政策进行事前评估。我国有必要将中小企业监测、中小企业调研、中小企业咨询设定为前置性程序，及时了解掌握中小企业的发展动态，为完善中小企业集合债券提供真实可靠的素材和依据。一方面，通过对中小企业资金需求的实地调查分析，及时掌握其变化动向和实际意愿，并根据具体情况调整对中小企业的支持扶助政策，使政府与中小企业目标一致，达成共识；另一方面，根据调查结果，探索更高效率的中小企业联合体组织形式和中介机构的确定模式。

2. 建立中小企业集合债券宣传机制

对中小企业集合债券缺乏了解而失去融资机会的中小企业为数众多。究其原因，固然存在中小企业信息不畅、能力不足等内在因素，但更多的还是牵头人对中小企业集合债券等优惠政策宣传力度不够所致。其一，要加大宣传力度，积极梳理汇总有关信息，编制《中小企业服务资源手册》，明确告知中小

---

① 李子彬主编：《中国中小企业 2012 蓝皮书》，中国发展出版社 2012 年版，第 101 页。

企业可以享受哪些政府服务和优惠政策、可以通过何种方式申报中小企业集合债券。《中小企业服务资源手册》应免费向辖区内广大中小企业发放,并通过适当方式向中小企业作辅导和解读。其二,牵头人应当建立顺畅的沟通渠道,如咨询、公共媒体、商讨、辩论等,促进中小企业广泛认同中小企业集合债券的融资优势。其三,每次组织发行中小企业集合债券,牵头人都应制作正式的组织申报通知,通过政府网站、邮件以及文件等形式及时、广泛地传达至辖区内中小企业。

3. 建立中小企业集合债券的政策考核评估机制

一般而言,为确保政策真正得以落实且取得实效,就必须形成一个事前参与、事中监督、事后评估的制度考核评估机制。对中小企业集合债券而言,要推动其发展,同样必须在监督其政策的实施上下足功夫。美国主要依靠国会与政府之间的制衡关系,监督评估政府施行中小企业政策的效果,同时,美国小企业管理局还在相关政策上设定目标,并推行严格的绩效考核。德国主要通过审计的方式,评估实施中小企业优惠政策的效果。日本在制定中小企业政策时,注重事前论证和事后评估,着力提高政策制定和实施过程的透明度,以此确保政策实施取得实际效果。欧盟1999年就建立了政策实施的外部评价机制,通过第三方机构对政策作出客观评价。我国中央一级的中小企业管理部门应可以为各地方牵头人设置科学合理的年度绩效考核目标,对各地中小企业集合债券的宣传情况、发行数量,以及中小企业的融资成本、中小企业和中介服务机构的满意度等具体指标进行跟踪、统计、评比,对不足及需要改进的地方及时作出批评并督促整改,力促各地牵头人的工作效率得以提高。此外,还应同时制定政策执行的审查、监督计划,加强对牵头人机制事前、事中、事后的审查监督,避免政策执行过程中的职权缺位、越位、错位现象,杜绝牵头人违法行为的产生。

(四)完善中小企业集合债券筛选机制

中小企业集合债券筛选机制是根据国家的法律规定和宏观政策,结合当地政府的产业扶持策略和发展战略,由牵头人与财务公司、承销商、信用担保机构等中介机构共同组成评定小组,根据中小企业集合债券的筛选标准,对申报中小企业进行筛选的一系列过程。中小企业集合债券筛选过程中,先由牵头人确定扶持的产业方向、行业类别,并推荐相应的中小企业名录,此过程又被称为“初步筛选”;然后由财务公司和承销商对中小企业进行实质性审核,选取一定数量且有发展潜力的中小企业作为目标企业；再由信用担保机构和资产评估机构对中小企业的信用信息、担保财产作出评估和登记，最终确定入选的中小企业。整个过程既需要通过规范、制约、监督等手段保证牵头人权力的合法行使，又要通过沟通、协调、平衡等手段保障中小企业的民主参与。

1. 制定中小企业集合债券的筛选标准

在组织中小企业申报中小企业集合债券的过程中，牵头人对中小企业进行扶持、引导的构想，最终要通过具有稳定性和普适性的筛选标准固定下来，并以规范性文件的形式予以公布，以期将这些标准转化为中小企业的发展目标。故而，筛选标准的设定应遵循以下三个方面要求：

一是扶持性要求。筛选标准应当结合中小企业发展的现状，符合其实际需求，切实通过中小企业集合债券解决中小企业的融资困难。申言之，此项要求主要针对由于各种原因无法通过其他途径完全满足自身融资需求，但具有较好发展潜力的中小企业。

二是引导性要求。筛选标准应当体现牵头人对中小企业进行引导的意图，使中小企业的发展进一步符合国家宏观调控的方向。一方面，牵头人要严格按照国家发改委发布的产业政策①，鼓励和引导节能环保、技术创新、农业产业化等方向的中小企业参与融资，对于高污染、高耗能以及有违规生产问题的中小企业进行筛查。另一方面，牵头人要认真评估中小企业的信用信息，以信用信息作为评判中小企业按时偿债和支付相关费用的能力，并以此引导中小企业在日常经营中诚实守信、加强自身信用信息管理。

三是合法性要求。筛选标准必须满足现行法律规定的最低标准。尽管中小企业集合债券作为融资创新工具，克服了中小企业发行债券规模小的障碍，从整体上满足国家法律的准入条件。但是，对单个中小企业来讲，仍应符合现行法律法规要求的发行标准。

① 在国家发改委发布的产业结构调整指导目录(2011 年本)(2013 年修正)中，主要有三个标准的指导意见，分别为鼓励类、限制类和淘汰类。鼓励类分为农林业、水利、煤炭、新能源、核能、石油、天然气、钢铁、城市基础设施、铁路、航空运输、船舶、医药、轻工、纺织、建筑、公共安全与应急产品等 40 多个类别；限制类包括农林业、煤炭、电力、石化化工、信息产业、钢铁、有色金属、黄金、建材、医药、机械、轻工、纺织、烟草、消防、民爆产品及其他；淘汰类则是淘汰落后生产装备及落后产品。

2. 建立公开的中小企业集合债券筛选程序

由于中小企业联合体的组成成员都是在牵头人管辖和服务范围内的中小企业,可能与牵头人存在千丝万缕的联系,因此有必要建立公开、透明的中小企业集合债券筛选程序,以摒弃牵头人与中小企业之间的利益关联、保持牵头人的公正立场。筛选程序要求牵头人公开行使权力的依据、过程和结果,使中小企业在牵头人履行权力过程中,充分行使其应有的知情权、参与权和监督权,消除因信息不透明所产生的各种问题,为中小企业评价牵头人的绩效提供充分条件,进而增强市场对政府的约束。具体包括以下两个方面:

一是在初选阶段,牵头人应当公开初选的原则、标准和结果。首先,将初选的原则和标准向中小企业公开,并建立畅通的渠道,接受中小企业对初选标准的意见和建议。其次,初选的结果应当及时公示,既包括对通过初选的中小企业进行公示,还需要将不通过初选的决定和理由及时反馈给中小企业,以便中小企业开展自我检查和相互监督。最后,应确定和公布重新申报时间,允许中小企业对申报材料进行补充、修改,给予中小企业自我完善和改进的机会。

二是在中介机构对中小企业进行最终筛选阶段,牵头人应当公开中介机构的工作流程和最终结果。首先,牵头人要指派专员了解中介机构的工作进程,适时进行监督。其次,应定期向中小企业公布中介机构的工作进程,使中小企业充分了解中小企业集合债券的准备情况;应不定期公布中介机构在准备工作中遇到的重大问题,如财务报表审查不合格、担保财产不合格以及信用评级不合格等情况,以督促不合格的中小企业尽快整改,并争取其他中小企业对整个申报时间延长的理解。最后,对最终结果进行公示,并接受中小企业对牵头人和中介机构的工作意见和建议。

(五)建立中小企业集合债券民主参与机制

民主参与要求让可能会受到牵头人权力行使结果影响的中小企业,有权参与权力行使过程,表达对权力行使的意见并对权力行使的结果发挥一定程度的影响。选择承销商等中介机构一般是债券发行人的权利。对此,我国《证券法》第 27 条规定:“公开发行证券的发行人有权依法自主选择承销的证券公司。”但是,在实践中,在真正的发行人——中小企业联合体组成之前,承销商就已经通过了牵头人的选择而先行介入其中,在牵头人的组织协调下对中小企业开展尽职调查并且作出最终筛选。法律对于此种顺序恰好相反的情况并没有预先留白,为牵头人留下了随意确定承销商等中介机构的权力真空。

由于承销商的声誉、已有的经验、所能提供的服务、销售网点的数量和分布范围以及承销费用等与中小企业集合债券能否成功发行、发行影响力大小都有密切关联,有必要在充分考虑中小企业要求的基础上进行抉择。此外,面对激烈的竞争环境,受巨额中介收益的驱使,承销商常常会采取一些不正当竞争手段承揽承销业务。尤其是在我国债券市场中,因种种原因承销商在获取巨额收益的同时,几乎无须承担任何风险,不正当竞争现象时有发生。为了防止和杜绝政府的寻租行为,必须引入中小企业民主参与机制,即允许已经通过牵头人初步筛选的中小企业集体参与到对承销商等中介机构的协商与招投标过程中去,通过民主监督保障中小企业权利的行使,排除政府滥用权力的空间。

牵头人机制中的民主参与,强调政府意志与中小企业诉求相结合,要求政府与中小企业互动以掌握正确的市场规律,通过政府视阈上的开放和融合,与中小企业之间达成理解与共识,最终使干预结果与干预目标相符。其一,牵头人要根据通过初步筛选中小企业的产业方向、行业类别等特点,制定承销商资格要求、评标方法和竞标程序,尽量使熟悉中小企业相关情况的承销商能够参与其中,同时监督符合标准的承销商公平参与竞争。其二,牵头人要主动通知初选合格的中小企业共同参加与承销商的竞争性谈判,充分保障中小企业的知情权、异议权。知情权是中小企业有了解和知悉承销商的资质、经验、承销费用以及发行价格初步核算等事项的权利;异议权是允许中小企业在法定期间对以上事项提出异议,并要求牵头人进行更换承销商或者重新组织竞标的权利。其三,牵头人应组织中小企业与承销商共同设计中小企业集合债券的发行方案,使中小企业集合债券的基本要素,如债券额度、利率、募集资金用途等充分满足中小企业的实际需求。总之,在牵头人机制中嵌入民主参与的内核,不仅有利于牵头人认真对待中小企业诉求,真正按照市场需求而不是牵头人的认识和偏好办事,而且为政府适度干预提供了有力监督,使牵头人所具有的扩张性、侵占性等公权力秉性在与中小企业以及利益相关者的良性博弈中得到约束。

第四章　中小企业集合债券合作机制的法律安排

合作，是个体或群体相互之间为达到某一确定目标，彼此通过协作作用而形成的联合行动。参与者须具有共同的目标、相近的认识、协调的互动、一定的信用，才能使合作达到预期的效果。[①] 中小企业集合债券"集合"之关键在于中小企业与中小企业之间的合作。这种合作是新型的信用合作模式，中小企业集群是信用合作关系的组织载体，信用资产数量增加和结构优化是信用合作的内容，融资过程中的集体协作是信用合作的方式，知识传递和信息流动是信用合作的外部效应，其所形成的融资合作环境减轻了中小企业在资源获得上的劣势，提高了集体行动的效率。

从牵头人机制与合作机制之间的关系来看，市场的可持续发展应来自市场内生力量推动的诱致性制度变迁，只有这种变迁才能使中小企业集合债券更加符合市场发展的本质需要。诱致性制度变迁所产生的中小企业集群使中小企业间的信用合作成为可能，满足了中小企业的内生需求和发展动力。然而，由于制度是一种公共产品，无法克服外部性、成本高昂和

---

① 辞海编辑委员会编：《辞海》，上海辞书出版社 1989 年版，第 839 页。

时间漫长等问题,如果制度仅仅由诱致性制度变迁方式供给,制度供给必然不足。而政府凭借其垄断性和强制性地位,通过牵头人机制进行外部制度安排,克服了诱致性制度变迁的外部性与低效性。因此,应当交替使用诱致性制度变迁与强制性制度变迁,以诱致性变迁进行中小企业集合债券合作机制的前期探索,以强制性变迁完成其后期任务,使中小企业的信用合作成为中小企业集合债券的内生动力,让政府扶持、引导成为信用合作的外部保障。

一、中小企业集合债券合作机制的理论依据

(一)中小企业集群是信用合作机制的组织载体

在当前的中小企业集合债券模式中,多数组成联合体的中小企业在产业领域、供应环节以及知识结构等方面都没有相似性。由于这部分中小企业既无生存和发展上的关联,也无知识和信息共享的必要,无法从这些毫无关联的中小企业联合体内部演化出信用合作的内生动力。因此,研究信用合作的动力机制必须着眼于具有某些相关特征的中小企业。在发行实例中,已经有部分中小企业呈现以下两个方面的相关性:一是区域化合作,部分中小企业集合债券是由同一个地域范围内的中小企业联合发行,地理位置和文化认同的近似为中小企业的信用合作提供了空间优势。二是产业化合作,部分中小企业集合债券是由同一个产业链或是供应链上的中小企业联合发行,产业化分工使中小企业容易产生对其他中小企业的依赖,导致合作博弈的可能性增强,为信用合作提供了微观基础。中小企业区域化和产业化现象的出现,使中小企业联合体单一融资联合的性质发生了超越,为优化中小企业联合体组合形式提供了必要条件,也为市场自发形成联合体以替代政府促成的强制性组合提供了可行路径。

中小企业区域化和产业化的外在表现形式一般称为产业集群,产业集群内尽管存在少数核心大企业和科研机构,但毕竟中小企业才是产业集群的核心主体,所以不少学者又将其称为中小企业集群,本书也沿用这一称谓。与中小企业集合债券中"集合"概念不同的是,中小企业集群指的是一种有效的产业组织形态,表现为在某一特定领域内互相联系、在地理位置上集中,以彼此的共同性和互补性相联结的中小企业群体。中小企业集群的成员包括提供零

部件的上游供应商、下游销售商以及提供互补产品的制造商等。① 而“集合”的中小企业具有广泛性，既包括中小企业集群，也包括同一地域范围内毫不相干的中小企业，是政府作为牵头人发起申报而组成的联合体。

本书将中小企业集群作为中小企业集合债券的一个特殊发行主体做出专门研究的意义在于：在理论上，中小企业集合债券要解决内生动力不足、外部保障与市场需求脱节等根本问题，必须从中小企业“集合”内部寻找答案。尽管融资问题是每一个中小企业为满足自身需求的独立行为，但是中小企业作为一个理性的主体，从自身利益最大化考虑，也在寻求各种机会有意识地开展企业间合作，进而诱发了信用合作机制的产生。这样的信用合作首先必将来自已经形成社会资本的中小企业集群。在学术界，已有部分经济学界的学者提出了依托中小企业集群或是产业供应链自主发行中小企业集合债券的设想。② 在实践上，近 1/3 的中小企业集合债券和中小企业集合票据中的中小企业联合体已经呈现中小企业集群的特点，其中包括中小企业集合债券中的“07 中关村债”、“10 中关村债”以及“12 石开中小债”等，中小企业集合票据中的“10 北京经济技术开发区中小”、“10 北京市石景山区文化创意中小”、“11 北京农业中小”、“11 上海浦东新张江科技型中小”、“11 河南新乡特色装备中小”、“11 济南市国资系统中小”、“12 天津滨海高新技术中小”、“12 江苏南京化学工业园中小”、“12 苏高新‘科技型’中小”、“12 北京农产品加工中小”、“12 江苏文化创意中小”、“12 北京经济技术开发区科技型中小”、“12 陕西杨凌示范区现代农业中小”以及“12 苏州工业园区中小”等。另外，有的中小企业集合票据，如“10 山东威海中小”，在中小企业联合体具有集群关系的情况下，采用连带责任方式偿付本金和利息，使处于集群内部的中小企业成为利益攸关、风险共担的联合体，以促进产业融合，实现相互监督。国家发改委 2007 年颁布的《关于促进产业集群发展的若干意见》也指出，应“加大对产业集群财政和金融支持力度。……开展以产业集群中小企业发行集合式企业债

---

① ［美］迈克·E. 波特：《簇群与新竞争经济学》，郑海燕、罗燕明编译，载《经济社会体制比较》2000 年第 2 期。

② 陈晓红、杨怀东：《中小企业集群融资》，经济科学出版社 2008 年版；张玉华、杨爱君：《依托供应链发行中小企业集合票据的构想》，载《财会月刊》2012 年第 35 期；黄志：《中小企业集群集合债券融资模式研究》，浙江师范大学 2012 年硕士学位论文；徐鲲：《基于协同理论的高科技中小企业集合债融资问题研究》，载《科技与管理》2012 年第 1 期。

券等方式进入资本市场的探索”。

（二）中小企业集群具有开展信用合作的特殊优势

关于中小企业集群的研究最早可以追溯到英国著名经济学家马歇尔（A. Marshall），他在1890年出版的著作《经济学原理》中提出外部规模经济理论，认为劳动力市场集中、专业化程度加深、信息溢出效应所造成的外部规模经济促进了中小企业集聚。迈克尔·波特（Michael E. Porter）在1990年出版的《国家竞争优势》中首先使用“集群”一词来描述这种现象并得到广泛认同，他所建立的竞争优势理论认为，促使某个国家或者地区形成产业竞争优势的四大要素有：生产要素，需求条件，相关产业与支持性产业，企业战略、企业结构和同业竞争，而地理位置的集中可以使上述要素得以强化，从而形成集群竞争优势。威廉姆森（Williamson）在其1975年出版的《市场和等级组织》中认为中小企业集群是介于纯市场组织和科层组织之间的特殊中间组织，是一种克服市场和科层组织双重失灵、降低交易成本的有效组织形式，并从组织结构的角度解释了中小企业集群融资相对于单个企业在克服信息不对称方面的比较优势。佛朗索瓦·佩鲁（F. Perrour）在1981年提出“增长极”理论，认为中小企业集群所在的区域或者城市中心会像“磁极”一样对贸易、金融等服务机构形成吸纳作用，增强资金的供应能力。国外对中小企业集群的理论研究持久而深入，并日益成为越来越多的国家发展区域经济、制定产业政策所倚重的工具。

中小企业集群作为促进发展中国家和区域经济体内中小企业发展的有效途径也早已为实践所证明。国外较典型的中小企业集群如：在美国，有硅谷的IT产业集群、底特律的汽车业集群、芝加哥的皮革业集群、西密歇根的办公家具业集群等；在德国，有多特蒙德的钢铁业集群、巴登—符腾堡的机械业集群、纽伦堡的制笔业集群等；在法国，有巴里森迪尔区的网络业集群、布雷勒河谷的香水玻璃业集群；在发展中国家，有巴西赛诺谷的制鞋业集群、印度提若普的针织业集群、巴基斯坦锡亚尔科特的外科仪器集群；秘鲁、墨西哥、委内瑞拉、牙买加等几十个国家、几百个区域也都有产业集群；特别是素有“中小企业王国”之称的意大利，共199个专业集群中，有纺织品集群69个、制鞋集群27个、家具集群39个、机械集群32个、食品集群17个、金属制品集群1个、化学制品集群4个、造纸与印刷集群6个、首饰集群4个。[①] 我国的中小企业集群有广东中山小榄镇锁具、佛山石湾陶瓷群；浙江温州柳市镇低压电器、永康五金；江苏苏州电子通信、扬州头桥医疗器械、无锡精密机械等，这些中小企业集群占据了全国甚至全球市场的相当份额并在一定程度上主导着区域经济的发展。

中小企业集群融资缘起于中小企业集群，具言之，中小企业集群融资是随着中小企业集群这一新兴产业组织结构形式的发展而逐渐形成的特殊融资体系。[②] 中小企业集群作为以社会资本为基础的网络型经济组织，既为中小企业提供资源，又使中小企业因分工协作而紧密联系和相互依赖，由此产生的信息机制、信任机制、声誉机制和社会惩罚机制等都对改善中小企业融资内在条件和外在环境颇有助益。为了发挥和利用这种优势，国内理论界和实务界对各种中小企业集群融资模式进行了论证并付诸实践，开展了中小企业集群互助担保、中小企业集群团体贷款、中小企业集群产业投资基金以及中小企业集合信托等新型融资模式。中小企业集合债券作为中小企业集群融资在债券领域的实践，为政府扶持、引导中小企业提供了新路径。作为一种新型中小企业集群融资模式，中小企业集合债券凸显了对传统融资机制的发展和创新，打破了单个中小企业与投资者交易的固有模式，通过集群之间的内在联系（如资金链、产品链、信息链、文化链等）重新整合信用资源，使中小企业在集合发债过程中享有信息优势和规模优势。其间，中小企业集群信用合作优势主要表现在以下几个方面：

一是减少了单个中小企业的机会主义行为。由于集群内中小企业对供应商、客户源以及专业化市场的需求度高，对当地特有的产业文化和制度环境依附性强，形成了中小企业之间相互依存的“信誉链”，既通过信息共享、互助共生、多次交易（重复博弈）实现共赢，也通过信誉受损、惩罚机制等实现互相监督，致使失信的成本和代价高昂，降低了道德风险的发生概率。

二是产生了隐形规范的约束作用。基于对中小企业集群信用合作的集体

---

① 何雄浪、李国平：《产业集群演进机理与区域发展研究》，中国经济出版社2009年版，第1页。

② 吴小瑾：《基于社会资本视角的中小企业集群融资机制研究》，中南大学2008年博士学位论文，第17页。

认同,产业区内形成了一种引导和制约中小企业行为的规范。这类行为规范属于产业区单一文化特征所赋予的人文传统和价值观指向的隐性规范,即不成文的规则、习惯和习俗。与政府颁布的法律法规所建立的明确行为框架相比较,隐性规范起到了更直接、更高效地约束集群内中小企业融资行为的作用。

三是缓解了信息不对称。中小企业集群中的信息共享和相互监督降低了中小企业集合债券监管机构和中介机构的调查成本。由于中小企业集群的产业方向明确、内部分工清晰、地理位置相邻,行业协会创造了更多的机会让中小企业进行交流、联系,从而在集群内部产生了信息的聚集效应,使监管机构和中介机构容易掌握更多的信息,降低了事前调查和事中事后审查的成本。

四是降低了中小企业集合债券的风险。首先,如前所述,集群声誉机制抑制了机会主义行为,集群内中小企业的违约行为有所减少,降低了中小企业集合债券的信用风险。其次,中小企业集群主要是围绕同一产品链生存,而产业风险比单个企业风险更具有可预测性,有助于降低中小企业集合债券的市场风险。最后,地域临近的产权和设备转让市场为信用风险提供了事后弥补机制,当中小企业无力偿还债务时,信用担保机构更易将具有一定通用性的担保抵押物转让和出售,由此降低了信用担保机构的担保风险。

二、中小企业与中小企业之间合作机制的法律设计

(一)健全信用合作的外部法律环境

社会学家认为,信任的产生主要有三种途径:特殊关系、持续互动和制度支持。中小企业集群便是基于前两种途径而产生的信任与合作。但是通过特殊关系和持续互动建立起来的信任总是有限的,并且无法确保形成健康的关系和良性的互动。如果中小企业集群在生产、营销、采购、管理和技术等方面缺乏有效的配合与协作,缺乏积极价值观与文化传统的影响,基于生产者与消费者、监管者信息不对称等市场机制失灵的原因,中小企业合作可能向负效应方向发展,出现假冒伪劣、欺诈、恶意竞争、“搭便车”、恶性寻租等问题。由于中小企业集群具有溢出效应和学习效应,负效应的外部性和高利润使其容易成为中小企业集群发展的主流。这样的负效应将导致中小企业非但没有因为产业关联获得竞争优势,反而由此形成竞争劣势,包括:集群输出的低质化、对外部企业的吸引力下降、集群品牌低劣化、产业升级乏力、与市场机制冲突、与

政府目标冲突等。因此,中小企业集群成功运行的关键在于合作,而合作的根源在于诚信。面对市场动态变化带来的不确定性,产业集群中的中小企业要在竞争和合作中寻求共赢,必须以健全的外部法律环境对信用合作实施保护。

由于中小企业集群日益成为区域经济发展、国际产业竞争的重要来源,我国政府亦越发重视中小企业集群的发展,扶持、引导其发展的设想已经进入国家战略层面。2005 年国务院《关于鼓励支持和引导个体私营等非公有制经济发展的若干意见》指出,应通过提高专业化协作水平,培育骨干企业和知名品牌,发展专业化市场,创新市场组织形式,推进公共资源共享,促进以中小企业集聚为特征的产业集群健康发展。国家"十二五"规划纲要明确指出,要促进中小企业加快转变发展方式,强化质量诚信建设,提高产品质量和竞争力;引导中小企业集群发展,提高创新能力和管理水平。2007 年国家发改委《关于印发促进产业集群发展的若干意见的通知》,指出我国产业集群发展现状与存在的问题,提出促进中小企业集群发展的总体思路和措施。地方政府对本地中小企业集群的战略思路和目标也逐渐明晰,不仅凸显地方特色,对本地中小企业集群发展提出明确要求,而且制定了相应的鼓励和引导措施。例如,2005 年广东省《关于创建区域品牌的指导意见》提出了建立以企业为主体、市场为方向、产学研相结合、政府推动扶持的区域技术创新体系,引导基础薄弱的中小企业建立基础标准体系,建立与健全中小企业信用与担保体系等各项举措。

但是,我国中小企业集群的法律和政策法规在法律位阶、形式内容以及具体实施等方面仍然存在一些问题。首先,我国具有中小企业基本法地位的《中小企业促进法》还缺乏对中小企业集群的规定,对中小企业集群的扶持和引导意见仅散见于一些政策性通知之中,法律的效力不强且表述不够清晰。其次,地方层面对上级中小企业集群政策的理解不够深入,没有从中小企业需求、外部环境等方面对中小企业集群的作用展开深入探索,以此制定的地区政策存在指向性不明、具体措施不足等问题。最后,政府政策的影响力不够,许多中小企业对政府制定的扶持、引导政策缺乏了解。调查显示,43.1% 的中小企业认为本地政府没有专门针对中小企业集群加强扶持力度,82.8% 的中小企业认为政府应当从制定的专门法律和政策法规上加强对中小企业集群的扶持。[①] 建议完善我国信用合作外部法律环境相关举措从以下三个方面展开：

首先，遵循整体性原则制定法律和政策法规体系。整体性原则要求由若干法律和政策法规组成目标明确、层级清晰的有机整体，使其具备独立要素没有的性质和功能。对此，日本的经验是，以立法形式对中小企业集群的概念、中小企业集群的支持目标和原则进行规定，将中小企业集群定位为扶持、引导中小企业发展的重要手段。[②] 在地方层面，日本政府采取了一系列具体的扶持措施，主要包括：对中小企业集群科技研发、新产品开发和销路拓宽等项目进行补助，对中小企业集群所在的公路、港湾和机场等进行重点整备，对中小企业集群的科技试验、科学研究等项目实行课税例外，保障中小企业集群低息融资，建立产业基础整备基金为中小企业集群提供债务担保等。[③] 我国在政策法规层面，应建立协调一致、分工合理、责任明确的中央和地方两级政策法规体系。由中央对全国的中小企业集群战略进行统筹规划，对中小企业集群的发展和布局进行总体部署。由于中小企业集群的发展还受区域资源储备、区域传统行业以及区域文化习俗等因素的影响，对中小企业集群进行扶持和引导，还必须尊重地方自治权利。地方政府应根据本地实际，制定出更具体、针对性更强的政策措施。总之，我国应建立以《中小企业促进法》为原则和指导，以中央和地方两级配套为辅的法律和政策法规体系。

其次，遵循开放性原则制定相关政策法规。开放性原则要求政策法规应具备与外界环境不断进行信息交换的功能，必须适应中小企业集群的变化才能存在和发展，因此是动态的、开放的。具言之，由于中小企业集群具有显著的区域化特色和动态演化特征，地方政策的制定必须因时因地制宜，根据中小企业集群的发展作出灵活调整，否则就有僵化的危险，导致政府干预不足或干预过度，最终使政策法规失效。意大利经济学家贝里尼在论述中小企业集群的巨大作用时曾强调，产业区经济的实现不仅要依靠中小企业自身的发展，还

---

① 数据来源：笔者对广东省部分地区中小企业的调查统计结果。

② 在立法层面，日本《中小企业基本法》明确指出，为了充分发挥中小企业集群的优越性，国家应采取必要措施进行扶持。在中央层面，2001 年经济产业省的“产业集群计划”和 2002 年文部科学省的“知识集群计划”以构建政府、中小企业、大学之间的联系网络为核心，通过官、产、学之间的紧密联系与合作，激活了中小企业集群的创新能力、提升了产业园区的文化氛围。

③ 张浩川：《论日本产业集群政策及其对我国的启示》，载《复旦学报》(社会科学版)2010 年第 4 期。

有赖于“有进取心的政府和东道社会的社会融合等因素的完美结合”。1998年,意大利为了强化地方政府在区域经济发展中的作用,颁布了《巴萨尼尼法》,将产业政策的决策权和执行政策所需的经济资源由中央政府让渡给了地方政府,允许地方政府根据本地区的实际情况制定或调整产业政策。该法颁布之后,意大利20多个地方政府都制定了符合本地区实际情况的法律法规,并以此为契机对产业政策进行调整,从而推动了中小企业集群的发展。① 中小企业集群的优势在于比较优势、竞争优势和价格优势,不同中小企业集群的特色各不相同,如有的中小企业集群优势在于研发,有的在于制造,有的偏重于原材料加工,有的专注于成品制作。因此,地方政策不能一味强调一体化发展,还必须体现区域特色,应赋予县(区、市)甚至乡(镇)一级更多的组织协调、具体指导的权力。此外,中小企业集群具有动态演化的特征,例如,我国台湾地区原本专注于制作收音机的中小企业集群,经过发展,变成了芯片中小企业集群、半导体中小企业集群和计算机中小企业集群。② 地方政策必须根据中小企业集群的转变和发展而不断修改和补充,以使内容越加丰富、结构越发完善。

最后,遵循需求原则制定相关政策法规。需求原则要求政府尊重中小企业集群根植于本地网络自发生长的内驱机制和演化规律,避免政府强行干预中小企业集群的发展。尽管有一些政府行为对于增进市场经济的作用而言极为助益,而且市场经济还能容忍更多的政府行动,只要它们是那类符合有效市场的行动,但是,对于那些与自由制度赖以为基础的原则相冲突的政府行动,必须加以完全排除,否则,自由制度将无从运行。③ 因此,为了使政府行为更符合中小企业集群的需求,应当要求政府政策法规制订机构对中小企业集群进行实地调研和考察,通过中小企业、学者、行业协会等相互合作、交流和讨论,掌握中小企业集群的实际问题和发展规律。例如,英国政府为促进中小企业集群的发展,促使地区发展署、地方政府、企业顾问机构以及中小企业服务中心等形成合力,加强中小企业集群社会网络的建设,通过直接参与中小企业

---

① 欧阳峣:《中国支持中小企业发展的政策和服务体系研究》,中国社会科学出版社2009年版,第104~108页。

② 冯奎:《中国地方产业集群政策评论》,载《生产力研究》2006年第10期。

③ [英]弗里德里希·冯·哈耶克:《自由秩序原理》,邓正来译,三联书店1997年版,第281页。

集群内部的活动，如培训课程、出口项目和研究协作等策划和实施，对中小企业集群的发展发挥直接扶持作用。[①] 中小企业集群政策法规应定位于解决实际问题、尊重和优化发展规律，才能确保政策法规具有本土化特征和个性化内容。需求原则还要求政府减少管理的刚性成分，摒弃全程主导和控制的做法，而充当服务者的角色，以公共协商为基础组织中小企业集群政策法规的制定和实施。

（二）建立信用合作的组织机制

外部环境是中小企业集群成长的重要保障，政府的扶持和引导措施无疑会对改善中小企业集群融资环境起到重要作用。一般而言，政府主要从以下几个方面帮助中小企业集群改善融资环境：第一，给予财政补贴与奖励。政府以专项投资、科研项目经费、委托项目经费形式对中小企业集群研究开发项目实施补贴和额外奖励，如国家“863”计划、自然科学基金、火炬计划等。第二，建立企业信用促进会收集和评估中小企业信用信息，广泛开展中小企业信用等级评定工作。促进多方扶持主体充分了解中小企业的信用资质，与中小企业之间形成稳定的信任关系。第三，鼓励国有商业银行、中小金融机构入驻中小企业集群所在的产业园区等聚集区。许多地区银行与中小企业集群建立起长期的银企合作关系，加深了双方之间的了解。第四，建立中小企业集群担保扶持体系。一方面建立中小企业偿债担保基金，防范信用风险；另一方面大力促进区域内互助担保和商业性担保的发展。在政府的大力推动下，政府与信用促进会、银行、信用担保机构等多方主体共同构建了中小企业集群融资的扶持、引导体系。这一体系为中小企业集群融资营造了天然的优良环境：依托多方主体合力，以地方政府担任牵头人、信用促进会开展信用评估、地区银行竞聘承销商、信用担保机构进行信用增级的组织模式，为中小企业集合债券的高效运行提供了原动力。

依托中小企业集群的多方扶持主体组织发行中小企业集合债券具有明显优势。一是地方政府对区域内信用促进会、地区银行和信用担保机构的情况非常了解，降低了选择中介机构的难度，使组织协调的效率得以提升。地方政府提供的中小企业偿债担保基金，大大提升了中小企业获得信用担保的机会。

---

① 刘长全、李靖等：《国外产业集群发展状况和集群政策》，载《经济研究参考》2009 年第 53 期。

二是借助于信用促进会对中小企业集群的信息掌握,有利于提高政府初步筛选中小企业的能力。三是由熟悉中小企业集群、掌握中小企业信用实力和经营管理模式的地区银行担任财务公司或主承销商,既能提高实质性审查的效率,也使整体发行方案的设计更贴近中小企业的需求和实际。四是由区域内信用担保机构承保,既减轻了政府寻找担保人的难度,也为信用担保机构评估中小企业信用资产和转让违约企业担保资产提供了便利。由是观之,尽管单一机构对解决中小企业融资困难的作用非常有限,但是将这些机构通过中小企业集群有机的组合在一起时,就能较好地发挥支持发展中小企业集合债券的作用。

根据系统的相关性原理,多方主体构成的整体与单个机构之间,机构与机构之间,存在相互作用和相互联系的机制,使中小企业集群扶持系统有机地联系在一起,发挥着特定的功能。然而,如果其中任何一个机构没有发挥其应有的作用,就会引起系统整体功能的变化。在实践中,并非所有的机构都发挥了较好扶持作用。例如,中央政府为中小企业集群提供的专项基金非常有限,而地方政府则必须根据本地财政收入的多少来进行比例分配和支持,许多经济困难地区根本无法进行财政补贴。缺少了专项基金的风险缓释,许多信用担保机构就不再为无抵押品的中小企业承担保证责任。再如,尽管我国许多省市和产业园区都建立了企业信用促进会,但是企业信用促进会却存在法律定位不清、公信力不足等问题,并未发挥其应有的效果。鉴于此,下文将着力探讨以上问题的解决方案。

第一,建立政府偿债担保基金。2009 年国务院《关于进一步促进中小企业发展的若干意见》要求,设立包括中央、地方财政出资和企业联合组建的多层次中小企业融资担保基金。2010 年国家工信部《关于加强中小企业信用担保体系建设工作的意见》指出,中小企业主管部门要会同财政部门研究制定担保专项资金管理办法,对资金的管理、使用及申报程序、评价与监管等作出明确规定,切实发挥公共财政的扶持与导向功能,支持各类担保机构为中小企业提供更多担保服务。在实践中,经过专家学者研究、论证,以及地方政府、金融机构、中介组织、中小企业等各参与主体相互协商,银行间市场交易商协会于 2011 年 10 月发布了《银行间债券市场中小非金融企业区域集优票据业务规程(试行)》,[①]并相继启动了山东潍坊市等20个市(区)试点工作,共发行了28只中小企业区域集优票据。[②] 该项政策发布以来,中小企业区域集优票据迅速取代了传统中小企业集合票据的地位,成为2013年至2014年银行间债券市场的中小企业集合票据主要发行模式。而这一模式的优势在于,由当地政府出资设立中小企业发展基金,对某一区域范围内具有核心技术和良好发展前景的中小企业发行中小企业集合票据缓释风险,促进了中小企业集合票据可持续性发展。

然而由于国家政策法规多是原则性规定,缺乏具体的执行标准和程序,无法对地方政府的行为起到良好约束作用,致使各地做法不一、水平参差不齐。而且目前的偿债基金模式仅由地方政府财政资金提供和补充,许多地方政府的积极性不高,设立目标仅仅在于完成上级任务,缺乏操作的可持续性。例如,有地方政府职能部门提出,建立中小企业发展基金是一种非完全市场化的行为,目前仅是试水,不具有普遍意义。[③] 为了进一步提高地方政府的积极性,有必要对目前的做法进行完善。将地方政府独立出资,改为中央财政、地方财政和中小企业集群共同出资成立中小企业发展基金的模式。一是在中央财政方面,财政资金对于中小企业集群信用担保的支持符合中央关于"保增长、促民生、调结构"的经济发展目标。从长远来看,财政资金支持承担着政府扶持中小企业的责任和弱势群体的倾斜调节功能,未来应该在财政预算管理中充分体现该项资金的安排:既要配合全国中小企业集群政策法规的统一规划,适当考虑财政投入的区域协调,促进中小企业集群信用担保发展的地区平衡;又要对财政资金的安排和使用制定严格的管理办法,增强对地方政府的指

---

① 中小非金融企业区域集优票据(简称中小企业区域集优票据),是在中小企业集合票据基础上的创新和延伸,是指在一定区域内具有核心技术、产品具有良好市场前景的中小微非金融企业,通过政府专项风险缓释措施的支持,在银行间债券市场发行的债务融资工具,力图实现以政府专业部门的力量遴选企业,以政府和社会的力量缓释风险、以市场的力量配置资源,实现长期可持续发展的积极效果。

② 发行中小企业区域集优票据的试点包括:山东省潍坊市、江苏省常州市、河南省新乡市、广东省佛山市、重庆市綦江区、重庆市两江新区、江苏省淮安市、福建省宁德市、江苏省苏州市、江苏省连云港市、河南省郑州市、四川省达州市、浙江省杭州市、江苏省南通市、广西壮族自治区柳州市、山东省济宁市、四川省宜宾市、江苏省宿迁市、河南省许昌市以及江苏省南京市。

③ 秦丽萍、邹新:《中小企业区域集优票据裹足不前》,载东方财富网:http://finance.eastmoney.com/news/1350,20130117268705884.html,2020年2月10日最后访问。

导和督促效力。二是在地方财政方面,既要根据本地经济发展目标,设定具有前瞻性、计划性和合理性的制度安排,确定中小企业集群的重点扶持区域和扶持对象;还要对偿债基金的治理结构进行监管,保障基金的长效、安全运作。三是在中小企业集群方面,中小企业根据自身实际情况缴纳资金,并按缴纳比例获取担保资金,这样,既有利于增强中小企业的责任感,避免中小企业的道德风险,又使中小企业集群内部约束力得以增加,信用合作的纽带更为紧密。

第二,建立维护信用合作的服务机构。在中小企业集群内部,中小企业缺乏足够的能力自我服务,且许多服务具有公共产品性质,非排他性和非竞争性的存在使服务供给产生不足,因而需要政府扶持建立公共服务机构。在我国,各地产业区相继成立了信用促进会,如中关村信用促进会、天津新技术产业园区信用促进会等。信用促进会属于社团组织,一般是由集群内金融机构、担保机构、保险机构与中小企业共同组成的非营利性社团法人,具有相对于政府的独立性,享有自治事务管理权、组织人事权和经费筹集使用权。信用促进会利用产业区资源,充分了解中小企业的信用资质,与中小企业之间形成稳定的信任关系,进而将不同的中小企业进行对接,逐步形成与中小企业之间的信任关系。其主要职责有:通过举办免费培训、讲座,发放信用宣传资料,建立信用信息数据库,搭建信用信息公共服务平台,及时向中小企业传递政策法规和金融服务信息;培育中小企业的信用意识,推广信用产品的应用,引导中小企业购买和使用信用评级报告;编制信用档案,发布产业区内中小企业信用发展报告,加强对信用中介服务机构的监督管理,形成有效的信用环境监管体系。

由于我国信用促进会的法律规范缺失,致使其在发展过程中表现出明显的角色冲突,阻碍了应有功能的发挥。一是信用促进会的自治性与管理体制相冲突。信用促进会是在我国计划经济向市场经济转变的大背景中产生的,其形成并非缘自中小企业的需求,而是出于主管部门的行政安排,将政府的信用信息服务职能交由其承担。由此,信用促进会与政府之间产生了强烈的依附关系,人员由政府安排、活动由政府要求,大量自治活动无法开展。二是信用促进会的非营利性与其服务职能冲突。信用促进会作为中小企业集群自愿参加的非营利性社会团体,为中小企业提供的信用信息服务不以营利为目的。但是,信用促进会为了营造诚信氛围,经常会举办信用信息监测、评估、排名等活动,其中产生的费用可能会引起中小企业的反感,甚至对认证结果和排名产生疑惑。如不通过立法对信用促进会的非营利行为进行规定和限制,必然会降低其提供信用信息的公信力。

法律首先应当明确信用促进会的性质。尽管从各国的实践看,具备此类职能的机构名称不一,性质也各不相同,有的发挥着准政府的功能,有的仅作为民间组织发挥作用,但是只要有法律的明确规定,官方机构就能够依法办事,民间组织亦能充分发挥自治优势。① 根据我国的传统做法,信用促进会更多是按照自治性民间组织的目标而加以建立。要在以往的基础上加以完善,就应当制定法律对这种自治性管理予以保护:信用促进会由成员自由组合;组成成员可以自由、自愿加入或退出;成员之间享有平等的决议权和选举权;会员必须遵守协会规定等。其次,信用促进会存在诸多收费项目,有必要对此进行严格管理。由于信用促进会存在信用评级、信用评比以及维护信用数据库等职责,其经费仅靠会费、捐赠、政府资助等远远不够,因此应允许其在法律规定的业务范围内开展活动并取得收入。对此,2002 年民政部《关于社会团体兴办经济实体有关问题的复函》中作出了解释,"作为非营利性组织,社会团体与公司、企业等营利性组织的主要区别不在于是否营利,而在于营利所得如何分配"。为了维护信用促进会的非营利性,应当根据 2004 年财政部发布的《民间非营利组织会计制度》制定适用于信用促进会的会计制度,保证信用促进会的收费正当性。

(三)优化信用合作的内部组合

相对于中小企业个体融资和传统中小企业集群融资模式,中小企业集合债券更加强调中小企业联合体的信用组合要求,并在此基础上经过信用资产集聚和整合而形成了新型融资合作关系。申言之,中小企业联合体的信用优势来源于中小企业集群的内部信用合作和外部诚信环境,然而基于集群内中小企业之间存在不同的功能和定位,中小企业联合体的信用组合仍然面临着选择哪些中小企业联合能使中小企业集合债券效率更高,选择哪些中小企业联合又能使中小企业集合债券风险更低的问题。只有确定更高效率、更低风

---

① 例如,意大利的中小企业集群服务机构被称为"真实服务中心",是由国家政策法规明确授权的服务机构,具有清晰的法律定位,既是政府扶持政策的具体实施机构,也是中小企业集群的服务机构。"真实服务中心"具有半官方性质,其有的下设在政府职能部门中,有的由地方政府部门与私营企业合办,不仅为中小企业集群提供了优质服务,而且实现了政府对中小企业集群扶持政策和扶持效果的控制。意大利 56 个产业区共形成了 130 多个"真实服务中心",提供了包括信贷担保、客户评定、咨询、培训、污染控制、质量保证、产品推广以及产品检验等服务。

险的联合方案，牵头人才能制定出更为完备的筛选标准，并为中小企业之间自主联合提供指导。

在中小企业集群分类上，波特曾提出“水平中小企业集群”和“垂直中小企业集群”的区别。水平中小企业集群是由共享终端产品市场、使用共同技术以及拥有相似自然资源的中小企业所组成的中小企业集群；垂直中小企业集群则指通过买卖关系来联结的众多中小企业所形成的中小企业集群。不同类别的中小企业集群影响中小企业集合债券的信用风险大小也不尽相同。一方面，如果选择水平中小企业集群进行联合，则该产业风险将直接影响中小企业集合债券的信用风险，所受产业风险影响程度较大；如果选择不具有水平联系的中小企业，几种产业的风险将均匀作用，影响力也较小。另一方面，中小企业集群之间的垂直关系也对中小企业集合债券信用风险和融资效率产生作用。如果中小企业之间存在生产、供应、销售、服务等供应链关系，将更好地促进信息传递和技术合作，提高中小企业集合债券的效率。

根据中小企业之间的差异，也可作以下分类：第一，中小企业之间存在信用等级、盈利能力、成长速度、偿债能力等能力大小的不同。如果将能力大小不同的中小企业联合在一起，使优质中小企业与正处于成长期的中小企业充分合作，通过管理、技术、生产信息等有效传递，有利于促进能力较弱的中小企业加快发展速度。第二，中小企业之间存在担保、借款等财务联系。如果选择财务上有借贷关系的中小企业联合融资，那么当某一中小企业出现财务问题，其他企业也会受到牵连，无疑将加重整个中小企业集合债券的信用风险。①

因此，中小企业之间是否存在关系以及存在何种关系，都是建立合作机制所应考虑的问题。产业的风险将直接影响中小企业联合体的信用风险，水平中小企业集群的关联度越紧密，越不利于中小企业集合债券的风险防范；中小企业之间的互动包括生产、技术、财务的密切联系将有助于提高中小企业联合体的信用合作，垂直中小企业集群的关联度越紧密，越有利于中小企业融资效率的提高。中小企业之间的能力差异较大时，与优质中小企业开展合作，将对能力较弱的中小企业起到促进作用；当中小企业之间存在借贷关系，则使中小企业联合体面临更大的风险。目前在我国实践中，牵头人初步筛选发行主体

① 周颖：《中小企业集合债券研究》，中南大学2009年博士学位论文，第165页。

时,较少根据不同中小企业分工合作关系考虑它们之间的内部组合优化问题。因此,建议政府采取科学的方法,充分考虑中小企业之间的差异,以信用风险更低、融资效率更高的组合模式指导中小企业间的信用合作。

第五章　中小企业集合债券信用担保法律制度

信用是指作为回报而得到或提供货物或服务时并不立即进行偿付,而是允诺在将来付给报酬的做法;当事人是否通过信用与另一方进行交易,取决于其对债务人的人格、偿还能力和提供的担保的评估。[①] 债券作为商品经济和现代信用经济高度发展的产物,已成为市场中信用的重要载体。债券所承载的信用就是发行人遵守发债时向投资者作出的保证其权益和未来收益的承诺。由此可见,债券信用的实现,既有赖于投资人对承诺的信任,也取决于发行人对承诺的遵守。然而这两者之间存在一定的时间间隔,诺言和约定不一定都能完全实现,引发了投资人的疑虑和担忧。为此,世界各国普遍采用信用增级[②]的方式帮助投资者建立对发行人的信任。对于中小企业集合债券来讲,信用担保是最有效、最普遍的信用增级方式。信用担保是一种将资产责任保证和信誉证明相

---

① [英]戴维·M.沃克:《牛津法律大辞典》,李双元等译,法律出版社2003年版,第282页。

② 根据2012年央行《信用增进机构业务规范》《信用增进机构风险管理规范》的规定,信用增进(又称信用增级)是指以保证、信用衍生工具、结构化金融产品或者法律、法规、政策以及行业自律规范文件明确的其他有效形式提高债券信用等级、增强债务履约保障水平,从而分散、转移信用风险的专业性金融服务。

结合的中介服务活动，它介于债权人与债务人之间，以担保人对债权人的承诺为债务人提供担保，从而降低债券的信用风险，提高债务人的信用等级。① 一方面，信用担保是防范中小企业集合债券信用风险的制度设计，当中小企业无法偿还债券本息的时候，投资者可以通过担保人直接受偿；另一方面，信用担保也是中小企业集合债券信用增级的主要方式，为提升投资者信心、满足法律规定的发行上市要求，“担保权逐渐由以使用价值为目的过渡到以交换价值为目的”，②不再仅仅提供债权保障，更成为融资的媒介。正如一枚硬币的两面，信用担保也存在一定的局限性，使其无法独立支撑中小企业集合债券稳健运行，亦需要其他制度相互补充和配合。加之我国中小企业信用担保立法尚不健全，信用担保对中小企业集合债券信用增级的实践经验仍不成熟，风险防范的意识和手段还有所欠缺，亟须对中小企业集合债券信用担保法律制度加以完善。

一、中小企业集合债券信用担保的作用和局限性之克服

（一）中小企业集合债券信用担保的作用

尽管债券信用增级的方式不一而足，包括：信用担保、抵质押担保、债券保险、债券信托、信用准备金、组织增信以及资产支持证券等。③ 但是，相较于信用担保而言，将其他方式独立运用于中小企业集合债券存在不同程度的缺陷。第一，中小企业的资源较为短缺，普遍缺少抵质押物品，可供抵质押的财产无法为融资提供充分保障，提供反担保的能力也极为有限。④ 第二，债券保险是特殊的债券保险机构提供的保证担保，债券保险目前仅被小范围地运用于我国资产支持证券的实践中。第三，债券信托是一种财产权信托，是债权人将债券抵押物资产上的担保权信托给信托投资公司，当发行人无法到期偿债时，由信托公司行使处置权的行为。由于信托财产是抵押物，中小企业的抵押物不

---

① 方晓霞：《中小企业信用担保：制度缺陷与发展对策》，载《当代财经》2004 年第 9 期。

② ［日］我妻荣：《债权在近代法中的优越地位》，王书江、张雷译，中国大百科全书出版社 1999 年版，第 88 页。

③ 周沅帆：《增信体系与债券市场发展——从经济转轨角度的研究》，东北大学 2010 年博士学位论文，第 120 页。

④ 俞子耀、王俊如：《中小企业私募债券增信面临的困惑及相关建议》，载《债券》2013 年第 3 期。

足使得此项增级措施失去了存在的基础。第四,信用准备金又称为偿债准备金,是指发行人为及时偿还到期债务,避免一次性偿付造成资金不足,因而在债券募集书中约定,在债券存续期内定期储存一部分资金作为未来偿付本金和利息的储备。尽管偿债准备金具有部分防范信用风险的功能,但是对于投资者来说,信任关系的建立存在于偿债准备金的设立之前,一旦中小企业无法按时缴纳偿债准备金,投资者的利益就将失去保障。因此,偿债准备金的约定一般只能用于分散风险,而无法承担信用增级的全部责任。第五,组织增信是以特定的组织信用来提高发行人的信用水平。这种方式一般应用在国债、地方政府债券或政府投资项目的操作中。对于中小企业而言,政府干预应符合市场经济的发展规律,适用承担间接扶持责任,即通过健全中小企业信用担保立法体系、完善中小企业信用担保机构运行机制等举措促进中小企业发展。第六,资产证券化是指引入资产证券化原理对中小企业集合债券设置优先级和次级的内部分层,让投资者根据自身风险喜好决定投资的层级,最终以分层结构的优先、劣后分配收益。① 为了确保优先级的信用等级达到一定的水平,仍需借助信用担保的力量为优质资产提供信用增级。总之,除信用担保之外,其他信用增级方式无法独立承担中小企业集合债券信用增级和风险防范的责任,一般仅为信用担保的风险分散提供制度支持。具体而言,信用担保对于中小企业集合债券起到如下作用:

第一,促使中小企业集合债券满足法律规定的上市要求。根据《上海证券交易所公司债券上市规则(2018 年修订)》《深圳证券交易所公司债券上市规则(2018 年修订)》规定的要求,申请上市的债券必须经过信用评级机构评级,债券的信用级别应达到良好水平。但是,中小企业的信用级别普遍不高,很难满足国家规定的上市条件,例如,“07 深中小”共 20 家中小企业,有 2 家 AA 级别、3 家 A 级别、9 家 A^- 级别、3 家 BBB^+ 级别、1 家 BBB 级别、2 家 BBB^- 级别;“11 豫中小”共 8 家中小企业,有 1 家 A^- 级别、1 家 BBB^+ 级别、1 家 BBB 级别、5 家 BBB^- 级别;“14 邯郸中小债”共 7 家中小企业,有 1 家 BBB^+ 级别、2 家 BB^+ 级别、2 家 BB 级别、2 家 BBB^- 级别。尽管信用等级在投资级别以下的中小企业为数众多,但是我国中小企业集合债券均由信用担

① 李战杰:《运用分层结构化内部增信原理解决中小企业发债难题》,载《开放导报》2009 年第 2 期。

保机构承担连带责任担保,信用评级全部在AA级以上。可见,中小企业集合债券最终得以顺利上市,完全有赖于信用担保机构对中小企业集合债券的信用增级。

第二,增强了中小企业集合债券的市场流动性。对于投资者而言,有信用担保的中小企业集合债券相当于上了双重保险,即便中小企业最终违约,投资者也可以通过向信用担保机构追偿来获取本金和利息。为了保证资金安全,部分机构投资者被限定于购买良好信用级别以上的债券。保险机构作为债券市场的主要投资者,投资份额占市场的40%～50%,其购买的债券就被保监会2005年8月出台的《保险机构投资者债券投资管理暂行办法》要求“保险机构投资的企业(公司)债券,应具有国内信用评级机构评定的AA级或者相当于AA级以上的长期信用级别”。中小企业集合债券经过信用担保的有效信用增级,通常一经发行,便受到大量投资者的热捧。①

第三,节约了中小企业集合债券的融资成本。由于信用担保是分散市场风险的有效措施,风险与收益成正比,中小企业集合债券信用风险因为信用担保而降低。相应地,中小企业集合债券就能以较低的利息成本吸引投资者,从而获得更好的债券收益。通过比较中小企业私募债券即可发现,中小企业集合债券的发行成本大大低于中小企业私募债券。在首批发行的9只深交所中小企业私募债券中,票面利率最高的“12巨龙债”为13.5%,最低的“12森德债”为8.1%,平均发行利率为9.6%,且大部分发行利率维持在8.5%～10%。② 统计已发行的15只中小企业集合债券可知,票面利率最高的“14邯郸中小债”为9.5%,最低的“10武汉中小债”为4.66%,平均发行利率为6.8%,其中大多数发行利率集中于6.7%～7.8%。由于中小企业私募债券无须提供强制性担保,使信用等级明显低于中小企业集合债券,因而承担了与高风险相匹配的高成本。

第四,降低了中小企业集合债券的信用风险。与发达国家相比,我国债券市场的发展仍然相对滞后。因信息披露机制不健全、发行利率受到严格管制

① 高璐:《今年首只中小企业集合债发行受追捧》,载和讯网:http://bond.hexun.com/2009-04-29/117186972.html,2020年1月16日最后访问。

② 周少杰:《深交所首批9只中小企业私募债18日挂牌　最高利率达13.5%》,载中证网:http://www.cs.com.cn/sylm/jsbd/201206/t20120615_3373198.html,2020年1月18日最后访问。

导致市场无法如实反映债券的风险状况，投资者与作为发行人的中小企业之间存在严重的信息不对称，中小企业违约的概率大大增加，并成为影响债券市场不稳定因素之一。由于中小企业普遍存在信用缺失，引入信用担保以弥补缺陷，有利于保障投资者利益，进而维护交易秩序的稳定。实践中，由于中小企业私募债券的信用增级不足，使债券市场的违约事件频繁发生。2014 年中小企业私募债券出现了包括“13 中森债”“12 华特斯”“12 津天联”等 7 只债券在内的兑付风险，2015 年年初，又发生了“12 东飞 01”、“12 致富债”及“12 蓝博 01”3 只中小企业私募债券到期不能按时偿付的事件，引发了债券市场的广泛担忧。① 相较而言，中小企业集合债券采取的信用担保机制作用明显。2011 年 12 月，地杰通信有限责任公司因生产经营困难无法偿付“10 中关村债”相关债务。2012 年 10 月，康特荣宝有限责任公司及同年 12 月惠佳贝有限责任公司因流动资金紧张，无法偿付“10 北京经济技术开发区中小”和“10 黑龙江中小”相应本息。但是以上 3 只中小企业集合债券和中小企业集合票据均设置了信用担保，最终由中关村科技担保有限公司、北京首创融资担保有限公司和深圳市中小企业信用融资担保集团有限公司及时履行了代偿责任，对中小企业的信用风险进行了分散和转移，保障了投资者的合法权益，维护了市场平稳运行。②

（二）中小企业集合债券信用担保的局限性之克服

信用担保对信用增级和信用风险防范的功能并非万能，也存在其局限性。在债券市场发展初期，市场无法如实反映债券风险，个人投资者的风险识别能力和风险承担能力不强，政府出于维护市场稳定和保护个人投资者的考虑，强制要求企业发行债券提供担保。但是这种担保在形式上多由国有银行、国有企业和国有重点项目建设资金提供，实质上仍依赖于政府的隐性担保。③ 有了政府责任“背书”，不仅容易引发企业道德风险，也使投资者丧失了防范风险的进取心；进而，为了降低自身的责任和风险，政府又必须对企业发行债券的条件，如对发行额度、资金用途、发行利率等进行严格管制，由此形成“管

① 杨溢仁：《私募债集中到期催生“黑天鹅”》，载中国青年网：http://news.youth.cn/sh/201502/t20150215_6477353.htm，2020 年 1 月 12 日最后访问。

② 郭炎等：《信用增进机制在银行间债券市场的重要作用与面临的挑战》，载《金融市场研究》2013 年第 7 期。

③ 李丽：《公司债券市场的强制担保要求和投资者定位》，载《金融研究》2006 年第 3 期。

制——加强管制"的怪圈。诸如1996年证监会《关于规范企业债券在证券交易所上市交易等有关问题的通知》、1998年央行《企业债券发行与转让管理办法》、2004年国家发改委《关于进一步改进和加强企业债券管理工作的通知》等法规和文件,都对强制性担保和债券发行条件作出了严格要求。随着风险防范理念日臻成熟,我国债券市场开始经历从强制性信用担保到按需决定信用担保的制度变迁。2006年中国证监会《上市公司证券发行管理办法》、2008年央行《银行间债券市场非金融企业债务融资工具管理办法》,均不再强制要求公司债券提供信用担保。政府改变了以往的包办理念,提出以下几个改革目标并已部分付诸实施:一是将企业对信用担保的需求、信用担保机构提供担保的意愿,交由市场而不是政府进行判断和决定;二是投资主体从传统的个人投资者向机构投资者转变;三是健全信息披露机制,使市场本身揭示和消化风险并达至均衡。①

首先,从市场化发展的本质来看,中小企业集合债券并不必然要求强制信用担保,可以通过利率自由化选择和充分的信息披露,让投资者根据自己对风险的偏好和对中小企业信息的了解程度来进行债券交易。对于中小企业来说,信用担保机构对债券的担保固然可以提升债券的信用等级,降低债券的成本,但是中小企业也要为此支付与风险相匹配的担保费用,中小企业一般可以通过比较有担保和无担保两种情况下的成本来决定是否需要担保。因此,在放宽发行条件、增强市场流通、提高机构投资者风险识别能力等市场化条件逐步具备的过程中,应当赋予中小企业在无担保条件下发行债券的选择权。其次,从公共利益的维护和增进来看,基于扶持处于竞争弱势的中小企业的目标定位,地方政府为确保中小企业集合债券成功发行,督促国有企业、政策性银行承担全额不可撤销连带保证责任,其所提供担保的费用非常优惠,低于正常贷款利率,收益非常微薄;并且,国有企业、政策性银行的资源也是公民向政府让渡的公共财产,使政府扶持中小企业的行为存在滥用公共资源之嫌。最后,从风险防范的实然来看,国有企业和政策性银行既不具备信用担保的专业性,也缺乏对担保行为的内部风险控制和外部风险转移手段,可能使债券市场的特殊风险转移至国有企业或银行系统,造成更大的安全危机。

政府对信用担保机构施以相应义务、对其进行强制性规制的行为并非可

① 周小川:《推进中国债务资本市场持续健康发展》,载《中国金融》2010年第23期。

以随心所欲，而必须基于弱势群体的权利和社会公共利益的共同需要，并通过立法将担保权利义务纳入法律可控的范围，以减少社会公共利益受损的可能性。由于专门的中小企业信用担保机构不以营利为目的，具备扶持中小企业的公益性质，且担保费率普遍较低，可以大幅降低中小企业集合债券的融资成本，是为中小企业集合债券提供担保的理想选择。① 其一，根据原国家经贸委《关于建立中小企业信用担保体系试点的指导意见》，中小企业信用担保的对象为“符合国家产业政策，有产品、有市场、有发展前景，有利于技术进步与创新的技术密集型和扩大城乡就业的劳动密集型的各类中小企业”。相对应的，中小企业集合债券的发行人也是经由地方政府牵头机构和中介机构筛选，符合政府产业扶持策略和发展战略，需要政府扶持、引导的中小企业，其与中小企业信用担保扶持对象基本吻合。其二，中小企业信用担保机构通过参与中小企业集合债券的组织申报环节，有目的、有针对性地对中小企业进行评估和筛选，可以进一步确保被担保中小企业的信用资质符合法律规定的条件。其三，由于中小企业信用担保机构不以营利为目的，具备扶持中小企业的公益性质，其担保费率普遍较低，可以大幅降低中小企业集合债券的融资成本，保障中小企业集合债券的可持续发展。

二、中小企业集合债券信用担保的法律困境

尽管中小企业集合债券信用担保具有公益性，担保资金以政府投入为主，体现了政府对处于弱势地位的中小企业的倾斜性扶持，但是政府对信用担保机构施以相应义务、对其进行强制性规制的行为并非可以随心所欲，而必须基于弱势群体的权利和社会公共利益的共同需要，并通过立法将担保权利、义务纳入法律可控的范围。

(一) 中小企业集合债券信用担保的立法现状及其检视

在法律层面，《担保法》仅对保证、保证人、保证合同、保证方式和保证责任做出了基本规定。《中小企业促进法》提出的是原则性指导意见：“支持建

---

① 目前，我国基本形成了“一体两翼四层”的中小企业信用担保体系。“一体”是指以政府财政拨款为主要资金和经费来源，不以营利为目的而设立的政策性担保机构，一般由城市信用担保、省级再担保和国家级再担保组成。“两翼”是指向中小企业开展担保业务的互助性担保机构和商业性担保机构。“四层”是覆盖中央、省、市、县所设立的信用担保机构。

立中小企业信用担保体系,县级以上人民政府和有关部门应当推进和组织建立中小企业信用担保体系,推动对中小企业的信用担保,为中小企业融资创造条件。中小企业信用担保管理办法由国务院另行规定。”为了保证法律的贯彻实施,我国先后制定了多部规范性法律文件:1999 年原国家经贸委《关于建立中小企业信用担保体系试点的指导意见》,要求各省市在国家经贸委的统一部署下,组织开展中小企业信用担保工作试点。2000 年国务院办公厅转发《国家经贸委关于鼓励和促进中小企业发展若干政策意见的通知》,要求加大资金投入,安排信用担保和再担保试点省市,推动互助性担保和商业性担保业务的发展。2001 年国家税务总局《关于中小企业信用担保、再担保机构免征营业税的通知》对中小企业信用担保机构和再担保机构,免征 3 年营业税。2003 年国家财政部《关于加强地方财政部门对中小企业信用担保机构财务管理和政策支持若干问题的通知》提出,制定和完善各项财务管理措施,加强监管,并不断加大对中小企业信用担保机构的资金支持力度。2006 年国家发改委等五部委《关于加强中小企业信用担保体系建设意见的通知》,针对信用担保机构总体规模小、实力弱、抵御风险能力不强、行业管理不完善等问题,提出为中小企业信用担保机构建立风险补偿机制、完善税收优惠、推进与金融机构的互利合作、为业务开展创造有利条件、加强指导和服务等建议。2008 年国家工信部《关于支持引导中小企业信用担保机构加大服务力度缓解中小企业生产经营困难的通知》,支持担保机构简化贷款担保手续,降低贷款担保收费标准,改进贷款担保服务方式,并促进中小企业转变发展方式。2015 年国家工信部办公厅、财政部办公厅《关于做好中小企业信用担保代偿补偿有关工作的通知》,要求确保中小企业信用担保代偿补偿资金规范、高效运作。2015 年国家工信部、国家税务总局《关于中小企业信用担保机构免征营业税审批事项取消后有关问题的通知》,规定对中小企业信用担保机构依法免税,并将程序由审批制简化为备案制。

首先,中小企业信用担保之于中小企业融资意义重大,还与金融市场安全休戚相关,其规范内容应囊括机构设置、资金筹措、风险控制、责任承担、监督管理等诸多方面,但是《担保法》《中小企业促进法》并未作出具体规定,相关规范性法律文件多以“办法”“意见”“通知”等形式出现,存在法律位阶低、缺乏顶层设计、内容分散等问题。其次,囿于过去较长时期内中小企业无法公开发行债券,现有的规范性法律文件多以中小企业信贷关系为信用担保的核心,以防范和化解中小企业信贷融资风险为目标，如2006年国家发改委等五部委《关于加强中小企业信用担保体系建设意见的通知》提出支持金融机构和担保机构加强互利合作，鼓励双方合理确定担保放大倍数，防范和化解中小企业信贷融资风险，促进双方创新合作方式、拓展合作领域等。由于相关法律文件对中小企业信用担保机构开展债券担保业务缺乏明确规定，对机构设置、资金筹措、风险控制、责任承担、监督管理等诸多方面至今仍处于起步和摸索阶段，滞后于中小企业集合债券的发展需求。

(二)中小企业集合债券信用担保的法制缺陷

各级政府多从政绩的角度出发，注重短期扶持效果，对长期发展的目标定位规划不足，使中小企业信用担保体系仍然存在一些问题。特别是在对中小企业集合债券的扶持上，主要有以下缺陷：

第一，从担保效果来看，中小企业信用担保无法完全满足中小企业的需求。一方面，中小企业信用担保的覆盖面和服务质量仍有待提高。调查显示，44.8%的中小企业不清楚本地中小企业信用担保的情况，24.1%的中小企业认为本地没有建立中小企业信用担保体系；27.6%的中小企业认为获得中小企业信用担保比较困难，60.3%的中小企业认为获取担保的难易程度一般；19%的中小企业对中小企业信用担保机构提供的担保服务不太满意，63.8%的中小企业认为中小企业信用担保机构提供的服务质量一般。[①] 可见，尽管政府不遗余力地推动中小企业信用担保机构的发展，但是真正了解和受惠于中小企业信用担保的中小企业数量仍然有限，中小企业信用担保的建设尚有待完善。

第二，从担保形式来看，中小企业信用担保的形式不够完善。目前，在国有企业担保、政策性担保机构担保、互助担保以及商业性担保4种主要的担保形式之间，中小企业集合债券过多依赖于前两种形式的担保，不但加重了政府的财政负担，而且还增加了政府的财政风险，同时，还弱化了市场对风险进行管理调控的应有功能，制约了后两种担保形式的发展。具体而言，存在的问题在于：一方面，国有企业既不具备信用担保的专业性，也缺乏资金补偿和风险风散机制，且国有企业承保多是由政府给予的强制性任务分摊，这种做法对国有企业的政企分离改革和市场化进程都产生了不利影响。另一方面，由于政

---

① 数据来源：笔者对广东省部分地区中小企业的调查统计结果。

策性担保机构的挤出效应,加上中小企业联合体的担保额度较大等原因,后两种担保形式很难在中小企业集合债券信用担保中分到"一杯羹",其在中小企业债券信用担保中的专业性和灵活性优势没有得到充分发挥。

第三,从风险防控来看,中小企业信用担保的风险分散机制不足。中小企业集合债券绝大部分采用担保人全额无条件不可撤销连带责任保证担保,只有少数采用再担保、反担保、偿债准备金、受益权分层等方式来分散风险,使担保风险过分集中,进一步增加了信用担保机构的生存压力。从本源意义上来讲,有市场的地方就有风险,风险是市场衍生的正常现象,然而,在中小企业集合债券的风险防范上,政府功用的过多发挥有悖市场规律。政府隐形担保取代了市场自身防范和化解风险的功能,在这种惯性作用下,市场的秩序和基础设施建设没有得到相应的重视,再担保等风险分散机制至今仍处于起步和摸索阶段,其发展的滞后又反过来加重了市场主体对政府的依赖。

三、中小企业集合债券信用担保法律制度的完善路径

中小企业信用担保被长期定位于银行信贷服务,以"政策性担保机构为主体,互助性担保机构和商业性担保机构为两翼"的中小企业信用担保体系为中小企业集合债券服务的功能没有充分发挥,信用担保风险分散机制不具有针对性,立法亦缺乏前瞻性。因此,有必要从完善相关立法、丰富担保形式和健全风险分散机制等方面展开探索。

(一)完善中小企业集合债券信用担保相关立法

域外经验表明,由于信用担保直接关乎金融安全和中小企业发展,且体系庞大、内容繁多,国外大都采用统一立法模式。[①] 美国于 1953 年颁布《小企业法》,对信用担保的对象、作用、具体标准作出特别规定,在其授权之下,美国联邦政府负责计划和制定小企业信用担保的方针政策,小企业管理局承担具体实施的职责。[②] 日本于 1950 年颁布了《小企业信用保险法》,奠定了中小企业信用担保计划的法律基础;1953 年《信用保证协会法》确立中小企业信用保证协会专门为中小企业提供政策性担保;1958 年《中小企业信用保险公库法》授

① 甘功仁:《加强信用担保立法　促进信用担保业健康发展》,载《中国金融》2006 年第 1 期。

② 李子彬主编:《中国中小企业 2012 蓝皮书》,中国发展出版社 2012 年版,第 214～215 页。

权成立了中小企业信用保险公库和全国中小企业信用保证协会联合会,对中小企业信用保证协会的担保业务提供再保险,从而形成了中央与地方共担风险、担保与再担保(保险)相结合的全国性中小企业信用担保体系。① 在韩国,《中小企业信用担保法》、《韩国信用担保基金法》、《新技术企业金融支持法》和《地方信用保证基金法案》相继颁布,确立了韩国信用担保基金、韩国科技信用担保基金和韩国信用担保基金会联盟组成的中小企业信用担保体系。②

对于我国中小企业信用担保立法模式而言,有三种方案可供选择:一是提升现有部分法律规范立法层级;二是修改《担保法》和《中小企业促进法》,以专章形式增加中小企业信用担保规范;三是制定《中小企业信用担保法》。笔者认为,要彻底改变我国中小企业信用担保立法层次和权威性较低的局面,制定《中小企业信用担保法》是可行路径。一是从顶层设计上,规定中小企业信用担保机构的设立宗旨、组织结构、运作方式、权利义务、经营范围、行业监管和法律责任;二是制定相应的配套法律制度,在市场准入资质、内控机制、操作流程、风险防范机制、退出机制和监管制度等方面予以规范;三是充分授权各地政府,结合本地实际细化措施,制定符合本地实际的具体办法。

此外,法律还应就中小企业信用担保服务于债券市场的职能和操作程序作出明确规定。央行于 2012 年制定了《信用增进机构业务规范》和《信用增进机构风险管理规范》两项行业标准(以下简称《标准》),对信用增级的内涵、信用增级的基本方式、信用增级机构经营管理以及风险管理体系框架等内容作出了明确的界定。《标准》的出台,对于加强中小企业信用担保机构的债券信用增级业务规范、提高服务质量起到了积极作用。但是,《标准》仅仅作为推荐性行业标准,强制效力不足,适用范围不广,可操作性不强。考虑中小企业的信用信息管理、信用风险较之其他类型企业的信用信息管理和信用风险,有其自身的特殊性,因此,应当在《中小企业信用担保法》中,设立专门的业务规范和风险管理规范,使在中小企业信用增级方面,能够充分发挥中小企业信用担保机构应有之作用。

业务规范的主要内容应包括:明确规定中小企业信用担保机构的业务范围包括为中小企业集合债券提供信用增级;对中小企业集合债券的担保评估、

---

① 施继元等:《信用担保新论》,中国金融出版社 2013 年版,第 103 页。

② 赵爱玲:《中国区域中小企业融资及担保体系研究》,科学出版社 2014 年版,第 275 页。

决策程序、事后追偿和处置机制、风险预警机制以及突发事件应急机制订立严格规范的业务操作规程;配备经济、法律、技术等方面具有相关资格且了解中小企业和债券特殊性的专业人才;定期或不定期向投资者、公众、外部审计、评级机构和监管机构等披露中小企业集合债券的运行信息;根据中小企业融资特点,对担保资金放大倍数和担保期限作出明确规定;建立与中小企业之间的信息交换机制,加强对中小企业的信用辅导和监督;定期向监管部门报告承保中小企业集合债券的资本金运用情况。

风险管理规范的主要内容应包括:首先,应建立长效管理机制,培训专业人员及时、准确识别风险的类别、性质、结构以及影响程度,以具备对中小企业集合债券的发行主体、信用组合、资产组合等风险因素进行独立判断的能力。其次,建立中小企业集合债券的事前调查、事中监测和事后追偿机制。事前调查旨在实现对单个中小企业实力和中小企业联合体整体实力的评估,与政府和承销商共同筛选、确立被担保对象。事中监测旨在对中小企业的偿还能力、信用评级状况和信用风险缓释措施等因素进行连续监测和分析,及时评估中小企业的还款能力,对可能出现的违约行为采取积极有效的补救措施。事后追偿旨在对逾期、代偿风险提出处置建议,做好对中小企业抵质押物的处理和诉讼准备。最后,建立风险分散机制。应根据中小企业集合债券的发行规模、抵押物性质、风险类型等明确风险分散措施的种类、作用范围和程度,确保风险分散机制作用的有效发挥。

(二)丰富中小企业集合债券信用担保形式

1. 进一步健全联合担保模式

工信部发布的数据显示,2011 年中小企业信用担保总数为 66.9 万笔,平均单笔担保额为 385 万元,其中,57.9% 的单笔担保额在 100 万元以下,61.5% 的单笔担保额在 800 万元以下,81.3% 的单笔担保额在 1500 万元以下;从担保机构户均注册资本额看,2009 年、2010 年、2011 年分别为 6109 万元、8129 万元和 1.04 亿元。[①] 基于中小企业信用担保被长期定位于银行信贷服务,中小企业的户均贷款数额不大,许多政策性担保机构的资本金和担保规模设置也较小。相较之,中小企业集合债券的发行人是中小企业联合体,债券发行规模远远超过单个中小企业的信贷规模,例如,“07 深中小”为 10 亿元、

---

① 数据来源:工信部中小企业司《2011 年度全国中小企业信用担保行业发展报告》。

“09大连中小债”为5.15亿元、“12扬州中小债”为2.18亿元、“13云中小”为4亿元,16只中小企业集合债券的平均发行规模为3.73亿元。中小企业信用担保机构为中小企业集合债券单独承保的模式,由于担保资金有限,难以通过放大担保倍数而提供资金保障,担保机构自身也承担着巨大的信用风险。由多家担保机构联合担保的模式,则有助于解决担保机构规模小、难以独立承保的问题。“11豫中小债”由河南省中小企业投资担保股份有限公司、郑州市中小企业担保有限公司、安阳市信用担保投资有限责任公司和新乡市发展投资担保有限公司4家担保公司联合担保正是采用了这一模式。该模式的优势在于:分散了中小企业信用担保机构的风险;使资金少、形式灵活的互助信用担保机构和商业担保机构有了承保的机会;信用担保机构之间所承担的连带担保责任,将商业信用担保机构更加市场化、专业化的监督和约束纳入整个担保体系中,有效促进了政策性担保机构的市场化发展。

2. 进一步发挥政策性信用担保的作用

政策性信用担保并非强加给政府的额外财政负担,而是以引导、扶持中小企业为目的,实现国家产业政策目标的工具。在扶持重点上,政策性担保机构应集中财力支持重点项目以及从事商业性担保机构覆盖不到的中长期担保业务。根据区域经济发展的要求和中小企业集群的重要地位,应当将中小企业集合债券这类担保资金多、中小企业区域布局密集的公益项目纳入重点支持范围。

但是政策性信用担保的资本金产权完全归政府所有,容易产生政府失灵所带来的弊端。申言之,缺乏广泛的监督与约束,政府作为担保基金委托人将付出较高的代理成本来监督代理人的机会主义行为。因此,应加强对财政资金的监督和管理。首先,在监管主体上,我国并没有成立统一的中小企业信用担保管理机构。在中央层面,由工信部、财政部和央行根据各自职能进行分头管理;在地方层面,一般由组建单位对中小企业信用担保机构进行监管。相关法规也没有对监管机构的职责权限、监管程序等作出明确规定,造成监管冲突、权责不一、监管不严等问题。我国应该建立统一的中央和地方两级中小企业信用担保监管机构,统筹和整合各个分管部门的资源,提高行政效率;也可以授权地方财务管理部门对本地中小企业信用担保机构进行财务审查和监督。① 其次,在运行机制

① 杨晓娇:《我国中小企业信用担保法律制度的完善》,华中科技大学2012年硕士学位论文。

上,政策性担保机构应突出政策性导向,在财政资金上加强监督管理,做到管理科学化、运作市场化。“政策性导向”是将政策性担保机构作为政府适度干预的一种形式,对与政府宏观调控目标和产业政策相契合的中小企业,提供不以营利为目的的担保;“管理科学化”要求政策性担保机构通过现代化法人治理结构对财政资金的运用进行科学决策和管理;“运作市场化”则指明应以市场规律为导向,按照市场规则使用和保管财政资金,使其发挥最大的效率和价值。

3. 进一步激发互助性担保的效用

中小企业集合债券多由同一地域范围或是同一产业链、供应链的中小企业联合发行,地理位置和文化认同的近似,以及在“熟人社会”中形成的特定人际关系网络为中小企业互助担保提供了信用基础。中小企业区域化和产业化的外在表现形式被称为“中小企业集群”。中小企业集群之间的规制结构,如三方规制结构下的中间人组织、双方规制结构下的购买机制和增加共同利益的相互持股机制等,既兼具对失信行为进行惩戒的作用,还为互助担保提供了组织基础。① 互助担保的优势在于中小企业之间信息互通、风险共担。集群内中小企业通过共享信息资源,较大程度上减少了互相之间的信息不对称,减少了信息调查的难度和成本,使担保决策更加准确。参加互助性担保的中小企业,在此平台中进一步增强联系,汇聚更多信息,使信息机制的运行形成良性循环。在“风险共担”的集群行动文化的指引下,当集群内某个企业出现困难时,其他企业一般都会予以力所能及的帮助,从而增强了中小企业集群的抗风险能力和信誉度。

互助担保机构能否在中小企业集合债券信用担保体系中发挥有效作用,关键还在于互助担保机构的制度设计是否有效。从域外经验看,意大利、西班牙等欧盟国家的互助担保机制具有可借鉴性。意大利的互助担保机构又称为财团(Confidi),覆盖了意大利绝大部分领域,既充分掌握了中小企业内部机密信息,减少信息不对称;又有效实施社会控制形式,防止投机取巧和背信弃义行为;还通过行业协会,深入了解中小企业经营领域的区别性特征。② 西班

① 陈晓红、杨怀东:《中小企业集群融资》,经济科学出版社 2008 年版,第 155 ~ 156 页。

② [意]保罗莱昂、詹佛兰科 · A. 托等:《信用担保机构与中小企业融资》,游春译,中国金融出版社 2013 年版,第 72 ~ 119 页。

牙互助担保体系由23个混合资本互助担保公司、行业协会以及一个公共反担保公司组成,互助担保公司和反向担保公司被法律认定为非银行金融中介机构并接受西班牙银行监管,具备审慎监管、风险容量和资本充足等多项要求。[①] 在我国,中小企业区域化和产业化合作的内部基础已经趋于成熟,而外部制度还有待进一步健全。一是要通过专门立法,对互助担保机构的结构类型、准入要求、资金构成、出资比例、运行管理模式、资金使用管理以及风险防范等方面进行法律规范;二是要根据国际通行做法,使各级地方政府参与中小企业互助担保治理,发挥规范区域信用体系和内部监管作用,形成政府扶持和引导中小企业集群建设和中小企业集合债券发行的综合性服务体系;三是要加快中小企业行业协会、信用促进会的建设,引导产业发展,促进中小企业自我规范、自我调节,发挥中小企业和互助担保机构之间的桥梁纽带作用。

4. 进一步发挥商业性担保的功用

评判中小企业集合债券信用担保的效果,应当重视两个维度的问题:第一,是将中小企业信用担保机构作为政府干预的工具,着重考察其为经济发展的贡献度,即为中小企业集合债券提供了多少担保;第二,是重视其运行机制的构建,即以盈利、代偿率和损失的高低作为评价标准,以此促进中小企业信用担保机构的可持续发展。政策性担保机构较好地满足了第一个维度的需求,但是由于我国法律法规体系尚不完善,导致政策性担保机构在实施过程中产生了许多问题,大多数都出现了亏损的现象。[②] 而商业性担保机构则由于具备市场化组织运营机制,较好地满足了第二个维度的要求,成为政策性担保的有益补充。其一,注重发挥商业性担保机构的作用,有利于减轻财政支出的负担。商业性担保机构的资本金大多由民间资本筹集而来,对政府出资不会产生刚性依赖,既减轻了政府的财政负担,也促进了民间资金向民营资本转变,从多方面分散担保资金的风险。[③] 其二,商业信用担保机构是自主经营的独立主体,以市场规律为准则进行获利经营,避免了行政干预的职能"错位"。在利益机制的驱动下,商业信用担保机构注重对中小企业的严格评审,重视对

① [意]保罗莱昂、詹佛兰科·A.托等:《信用担保机构与中小企业融资》,游春译,中国金融出版社2013年版,第122~128页。

② 叶湘榕:《论我国商业性担保机构的发展》,载《商业经济与管理》2004年第2期。

③ 王素莲:《论中小企业信用担保体系的组织取向》,载《当代经济研究》2005年第1期。

担保资金运作的监督、关心自身的发展前景、积极运用先进的管理手段和方法，因而拥有了比政策性担保机构更高的效率。

但是，我国尚未对商业性担保机构之于中小企业担保的重要作用给予应有的重视。1999年国家经贸委《关于建立中小企业信用担保体系试点的指导意见》指出："从事中小企业担保业务的商业担保机构和企业互助担保机构是中小企业信用担保体系的补充，各类商业性担保机构从事中小企业担保业务的，也可参照本意见执行。"由此可见，政府只对商业性担保机构从事中小企业担保业务提出了原则性要求，既没有对其扶持中小企业的行为予以支持和鼓励，也没有对其经营管理的范围作出说明，不利于保护商业性担保机构从事中小企业信用担保业务的积极性。因此，要在规范商业性担保机构发展的基础上，保持其对民营资本的吸引力，应针对不同地区、不同类型、不同出资主体的担保机构实行分类管理。商业性担保机构只要从事了中小企业融资担保业务，无论多少，都应该受到支持与鼓励。通过单独计算中小企业融资担保的业务量，享受补贴和税收优惠。① 在法律规定的范围内，还应允许商业性担保机构从事其他担保业务，使其盈利空间满足正常的投资回报。

（三）健全中小企业集合债券信用担保风险分散机制

已有的信用担保措施在缓释信用风险的同时，也可能因为缓释机制的不健全而导致风险的进一步集聚，增大局部性或系统性风险暴露的可能。② 为完善中小企业信用担保体系，促进中小企业集合债券信用担保的良性循环，落脚点在于分散风险和维持资本金平衡。③ 应探索信用担保的公益性与市场化发展相结合的模式，由中小企业、投资者及市场共担风险。

第一，向中小企业集合债券的各参与主体分散风险，包括让投资者分担风险和要求中小企业提供反担保。市场上存在各种偏好的投资者，只要实现利率市场化，使风险与收益相符，不同信用等级的中小企业集合债券都应享有在市场中发行的机会。从中小企业信用担保机构的利益出发，应当根据中小企

---

① 郑智：《专访北京信用担保协会会长李世奇：政策性和商业性担保公司应分类管理》，载和讯网：http://stock.hexun.com/2009-11-17/121708643.html，2020年2月11日最后访问。

② 张良贵、张英杰：《企业债发行中信用增级的成本优势与风险》，载和讯网：http://news.hexun.com/2014-10-13/169262016.html，2020年2月11日最后访问。

③ 金福海、田茂兴：《构建我国中小企业信用担保制度的基础性法律问题》，载《烟台大学学报》（哲学社会科学版）2006年第2期。

业自身的特点和政府扶持的重点，筛选符合担保条件和标准的中小企业，既允许中小企业集合债券实现无担保发行，风险由投资者自行承担；也允许中小企业集合债券实行部分担保，如担保机构的担保比例降为 70% ~80%，或者改为一般责任保证担保，使市场机制通过信用等级、信息披露和债券价格自行释放风险；①还可以对拥有核心技术、创新能力以及具有集群效应的中小企业进行重点扶持，维持全额连带责任保证担保。应鼓励中小企业与中小企业信用担保机构约定反担保措施分散风险，以消除中小企业"吃大锅饭"的想法，使其即便发生违约，也会积极筹集资金偿还债务。

第二，向第三方分散风险，主要有保险和再担保两种。美国、日本等国家实行保证保险制度，我国则实行再担保制度。债券保险起源、发展于美国，目前美国共有债券保险公司 10 余家，同时还成立了金融担保保险协会。在日本，信用担保公司一旦发生损失，中小企业信用保险公库就必须进行赔偿。在我国，分散中小企业信用担保风险，则主要采用再担保的方式。截至 2012 年，我国已有 15 个省（自治区、直辖市）建立了省级再担保机构，在信用增进、分散风险、产业导向和行业整合方面都发挥了重要作用。② 然而，数据显示，只有较少部分的中小企业集合债券采用了再担保的方式分散风险，风险仍多集中于中小企业信用担保机构，对其生存和发展产生了巨大压力。因此，应重视再担保机构作为中小企业信用担保机构担保人的重要角色，进一步发挥其分散担保机构风险、实现信用增级的作用。

第三，对中小企业集合债券本身设置优先级和次级的内部分层结构 ③向市场分散风险。1998 年韩国颁行了《资产证券化法案》，使中小企业集合债券（P-CBO）的资产证券化模式在韩国飞速发展并取得良好的效果。P-CBO 利用资产证券化技术打造中小企业集合债券，将其区分为优先级层债券和次级

---

① 美国规定小企业管理局提供的担保金额应低于总金额的 75% ~80%，日本也规定担保金额不得超过 70% ~80%。

② 史建平主编：《中国中小企业金融服务发展报告（2012）》，中国金融出版社 2012 年版，第 209 页。

③ 内部分层结构是指引入资产证券化原理，对中小企业集合债券本身增设优先级和次级的分层结构，通过分层，由中小企业信用担保机构对优先级提供连带保证担保，且优先级债券投资者始终优先于次级债券投资者获得本息偿付，使信用风险在优先级债券投资者和次级债券投资者之间进行了重新配置，债券的违约损失由次级债券投资者先行承担，从而提供了优先级债券的信用等级。

层债券等债券类型,重新定位其风险水平并配置相应的收益,以满足不同投资者的风险偏好,使即便有的中小企业信用等级不高,也能够得以发行债券。① 目前,我国已发行了两例内部分层的中小企业集合票据,即“09 山东诸城中小”和“10 浙江诸暨中小”。在债券内部优先级和次级分层之后,分别由中债信用增级投资股份有限公司和中国东方资产管理公司对这两只中小企业集合票据的优先级部分承担连带保证担保,优先面向全国银行间债券市场发行和交易。但是受制于债券市场机制不健全,次级中小企业集合票据最终没能顺利发行和交易,只能全部由发行人所在地的地方政府购买,没有发挥向市场分散风险的功能。随着我国债券市场机制不断革新,市场信息透明度增强,机构投资者培育成熟,市场本身就可以消化次级债券的风险。以此为背景,建立和健全中小企业集合债券内部分层结构,由中小企业信用担保机构对优先级债券提供担保,市场分担次级债券风险,将促进中小企业集合债券信用担保公益性与市场化的更好结合。

---

① 周沅帆:《增信体系与债券市场发展——从经济转轨角度的研究》,东北大学 2010 年博士学位论文,第 120 页。

第六章　中小企业集合债券信用服务法律制度

信任是一个社会经济构建和运作的润滑剂。[①] 没有信任就不会有交易发生，就不会有市场。[②] 对于中小企业集合债券来讲，信任是政府与中小企业之间的国家干预关系、中小企业与中小企业之间的合作关系、中小企业与中介机构之间的委托关系以及中小企业与投资者之间的买卖关系赖以存在的前提。信用服务机构通过采集、整理、评估中小企业在合作与交易中的可靠信息，使中小企业的行为变得更具有预见性，以此引导市场主体的行为并限制可能的反应，进而在中小企业与其他主体之间建立起信任机制。因此，完善的信用服务法律制度是中小企业健康发展的重要保障。由于在中小企业集合债券组织申报、合作、信用担保、发行和监管等不同阶段，相关主体对中小企业信用信息的采集、整理、加工以及评估、认定都有不同程度的需求，使信用服务包括征信和信用评级两种不同形式都发挥出重要的作用。鉴于此，下文将从信用服务法律制度的作用和现实中出现的问题出

---

① Kenneth J. Arrow, "Grifts and Exchanges", *Philosophy and Public Affairs Vol.* I, 1972, pp. 343 – 362.

② 张维迎：《信息、信任与法律》，三联书店 2003 年版，第 2 页。

发，将征信和信用评级视为信用服务法律制度的不同形式，分别进行制度构建。

一、中小企业集合债券信用服务法律制度的作用

(一)对中小企业集合债券具有降低成本和防范风险的作用

信用经济学理论认为，债券市场主体之间的信息分布是不对称的，这种现象使中小企业与投资人之间的风险被放大和强化。一方面，中小企业比投资人更了解自身的信用状况，可以选择性披露利己的信息，也即存在“道德风险”；另一方面，由于潜在的投资者清楚中小企业可能提供不真实的信息，仅仅愿意支付债券的平均价格，使某些资信良好的中小企业退出发行，从而形成“逆向选择”的风险。因此，如果缺乏某种可靠途径传递信息，资信良好的中小企业要么无法获得融资，要么为消除信息不对称而支付较高的风险溢酬或者负担高昂的信息成本。为了降低这种成本，就需要一个恰当的与双方都没有利益关系的第三方来“牵线搭桥”。尽管政府、中介机构都具有部分信用信息收集和披露的职能，但是由于专业化分工不同，信用服务机构以外的主体并不具备规模经济优势和专业优势，由它们提供信息，无疑将增加中小企业集合债券的整体成本。综上所述，信用服务制度对于减少中小企业道德风险和信息不对称、降低中小企业集合债券的成本都存在特殊的作用。

信用风险是中小企业集合债券最基本的风险，具有客观存在性、不确定性、传导性等特征，直接影响投资者的利益和债券市场的稳定。中小企业集合债券信用风险是指，中小企业不愿或不能履行债券契约规定的向投资者偿付本息的承诺，致使投资者遭受损失的可能性。中小企业既可能因为某种原因丧失了偿债能力，从而无法履行约定；也可能在具备偿债能力的条件下，出于利己的考虑而选择主动违约或者放任违约的发生。① 为了防范信用风险，就必须对中小企业的偿债能力和偿债意愿作出了解和评估。专业的信用服务机构在分析、调查和评价中小企业的背景资料、交易经验等方面具有特殊优势，其所做出的结论往往具有相当可贵的信息价值。一方面，能够通过如实反映中小企业的偿债能力和信用倾向，促成投资者在掌握风险信息的基础上，根据对风险的偏好进行债券交易；另一方面，信用服务机构对信息的披露，能够实

---

① 周慧：《论公司债信用风险的法律控制》，中国政法大学2008年博士学位论文，第11页。

现对失信中小企业的惩戒效应，进而降低中小企业发生主动违约的可能。

(二)对中小企业集合债券其他法律制度具有支持作用

如哈耶克所言："资源的配置都是特定决策的结果，人们做出的任何决策都是基于给定的信息。"①要充分发挥中小企业集合债券的效率，其根本在于利用好分散在债券组织、发行、交易以及监管等全过程中的不同信息。从这个角度来看，信用服务法律制度对于中小企业集合债券其他法律制度都起到了不同程度的支持作用。

第一，信用服务对牵头人机制具有支持作用。中小企业只有达到牵头人制订的筛选标准，才能获得发行中小企业集合债券的资格。牵头人在评判中小企业是否符合扶持、引导条件时，除了关注其产业范畴、企业规模、融资难度，还更注重分析中小企业的信用信息。实践中，中小企业向牵头人递交的申报材料往往存在诸多"陷阱"，如可疑的财务报表、大量的关联资金、隐蔽的民间借贷等，牵头人和中介机构并不具备分析和评判材料真伪的优势，使筛选要么流于形式，要么耗费巨大的人力物力。信用服务体系通过整合信息资源，将交易中各种分散的、零星的信用信息统一收集起来，加工成为信用产品并进行传递。② 牵头人和中介机构对于信用信息的直接利用，不仅有利于提升筛选的准确性，而且降低了筛选的成本。

第二，信用服务对合作机制具有支持作用。信用交易必然存在信用风险。为了控制信用风险，许多大型企业都会制定内部信用管理方案，对交易前期的资信调查、中期的债券保障和后期的账款催收进行系统的管理，以指导和协调企业各部门的活动。③ 但是更多的中小企业没有建立复杂的治理结构，它们更倾向于建立中小企业集群，使信用等社会资本外部化，以降低经济行为的成本。在中小企业进行合作之初，信用服务对信息不对称的修正在很大程度上降低了中小企业为寻求合作而支付的搜寻、谈判、决策及交易监督、执行等费用。在中小企业之间的长期经济合作中，中小企业一旦有了不诚信记录并且因信息公示而流传开来，合作企业就会中断其合作。由于中小企业的有限理

---

① [英]哈耶克：《个人主义与经济秩序》，贾湛等译，北京经济学院出版社 1991 年版，第 74 页。

② 贺朝晖：《中小企业征信系统建设的国际经验与启示》，载《征信》2011 年第 4 期。

③ 叶世清：《征信的法理研究》，西南政法大学 2008 年博士学位论文，第 47 页。

性或机会主义选择所造成的破坏可能使其所属的产品生产“价值链”完全断裂，损失过于高昂，使中小企业主动违约的可能性大大降低。①

第三，信用服务对信用担保制度具有支持作用。自从债券的资金和承诺兑现之间出现了时间间隔，投资者就处于一种不安定的状态。为了减少时间间隔中出现的信用风险，信用担保应运而生。在很大程度上，信用担保将本属于投资者的信用风险转嫁于自身，因而更需要凭借其专业的风险管理功能防范和消化风险。一般而言，中小企业信用担保机构都有专门的部门负责风险管理工作，并且建立了合理的流程以有效地识别、评估和控制风险。信用服务机构所提供的中小企业信用信息和信用评级结果是中小企业信用担保机构识别和评估风险的重要依据，通过连续监测和分析信用评级状况，中小企业信用担保机构得以及时应对和处置中小企业的信用风险。信用服务机构与中小企业信用担保机构之间还存在着信息共享，中小企业信用担保机构所保存的大量中小企业资料，也是征信活动的数据来源之一。

第四，信用服务对发行制度具有支持作用。国家对中小企业集合债券的发行设置了较多的限制条款，包括净资产基准、发行额度、经营盈余等，其根本原因在于信息不对称所导致的信任危机。其逻辑在于，既然无法完全掌握中小企业的偿债能力和偿债意愿，就应当要求中小企业以更高的资产和盈利能力作出保证，从而补偿投资者因信息不对称所产生的额外风险。但是这种做法，对于部分信用良好的中小企业来说，是极不公平的。在许多市场机制更完善的国家，法律已不再以企业的大小规模来限制发行债券的条件，而是依据企业的信用等级来评价其信用风险。因此，良好的信用服务法律制度可以降低中小企业集合债券发行条件、简化审核机制，为中小企业创造更多的发债机会。

第五，信用服务对监管制度具有支持作用。信用评级在引导市场融资上所显示的信号效应和认证效应，对以信息披露为核心的监管制度起到了一定的替代作用，有助于支持和简化政府监管。首先，监管机构可以根据信用评级，对机构投资者投资的债券范围作出限制。例如，2005 年保监会《保险机构投资者债券投资管理暂行办法》要求保险机构投资的债券应具有 AA 级及以上的长期信用级别。其次，监管机构还可以根据信用评级，对中小企业集合债

① 欧阳峣：《中国支持中小企业发展的政策和服务体系研究》，中国社会科学出版社 2009 年版，第 103～106 页。

券的发行和上市作出限制。2005 年央行《全国银行间债券市场金融债券发行管理办法》、2006 年证监会《上市公司证券发行管理办法》以及 2015 年证监会《公司债券发行与交易管理办法》等文件,都对强制性信用评级作出了明确规定。由于实践中债券利率与信用等级的关联性强于其他途径公开的企业信息,充分表明信用评级机构能够提供附加的、有价值的信息,因此能够为监管提供有效的依据。①

二、中小企业集合债券信用服务法律制度的问题

(一)中小企业信用信息供给不足

我国与发达国家采取的"渐进式"企业征信建设模式不同,由于对企业征信制度的重要性认识较晚,我国在最近几年的时间里迅速开展了征信法律体系建设。2006 年央行发布《关于中国人民银行征信中心向商业银行提供企业集团信贷信息查询服务的通知》,标志着我国企业征信进入银行信贷实践。2010 年央行、中国证监会发布《关于做好证监会系统参与金融业统一征信平台建设工作的通知》,意味着中国证监会已参与建设金融业统一征信平台。2010 年央行、中国银监会发布《融资性担保公司接入征信系统管理暂行规定》,至此信用担保机构亦可以通过央行主管的金融信息基础数据库报送和使用相关信息。2011 年央行《关于小额贷款公司接入人民银行征信系统及相关管理工作的通知》出台,通过开展小额信贷公司接入征信系统的工作,与小额信贷公司互通了中小企业的信用信息。2013 年国务院《征信业管理条例》是我国首部征信业行政法规,在维护信息主体合法权益、促进征信机构健康发展、规范信息业务以及定位金融信息基础数据库等方面发挥了重要作用。但是,由于我国征信法规体系建立的时间尚短,中小企业信用信息采集方面仍存在较多问题。

第一,我国采用的征信模式较为单一,中小企业信用信息流动性不强。在国家层面,主要是以央行为行政主导,由上海资信公司采取市场化的方式运作,以金融信息基础数据库为平台,建立了全国性企业信用管理体系。在地方层面,许多地方政府又根据本地实际,制定了信用信息管理办法,在政府或其

---

① John R. M. Hand et al., "The Effect of Bond Rating Agency Announcement on Bond and Stock Prices", *The Journal of Finance* 47, 1992, pp. 733 - 752.

所属部门设立征信机构，采集和接受本地企业信用信息。在市场自发层面，截至2018年3月，全国共形成了134家民营征信机构，但是规模相对较小，机构之间发展不平衡。① 目前，由于征信服务机构之间缺乏竞争，信用报告的质量无法得到有效保障；此外，中小企业信用信息数据基本上被大型征信机构垄断，一旦其数据库建设或内部管理出现问题，对整个信用市场也会造成极大的冲击，增加了征信市场运营的风险。在信用信息流动方面，大量数据仅限于区域、部门、行业之间内部循环和流动，民营征信机构获取的信息不足，没有起到对政府信用信息采集的补充作用。由于中小企业缺少诚信意识，存在道德风险和逆向选择，一般很少主动提供自身信息，如果政府不进行信用信息差别化管理，不充分利用民营征信机构的专业、灵活的优势，将很难保证中小企业信用信息的完整采集。

第二，政府采集信用信息的渠道受限，中小企业信用信息采集不充分。根据央行编写的《中国征信业发展报告(2003～2013)》数据显示，尽管市场上中小企业数量已逾5000万户，但是金融信用信息基础数据库仅为1859.6万户企业和其他组织建立了信用档案。信息不对称在信贷市场上普遍存在，在固定利率的限制下，正规金融机构具有惜贷的心理，大量抵质押物少、内部信息不透明的中小企业根本无法通过正规融资渠道获得贷款。融资困难的中小企业往往转向亲友借贷、民间借贷等非正式渠道进行融资，其真实信用很难被正规金融机构记录和采集。对无法通过银行借贷等途径完全满足融资需求的中小企业提供帮助，正是政府扶持中小企业集合债券的目标之一，此类中小企业信用信息能否完整采集，对中小企业集合债券筛选机制的顺利开展具有重大影响。此外，政府既没有全面开展中小企业征信，也缺乏相应的宣传和推广机制。调查显示，62.1%的中小企业不了解本地中小企业信用信息采集与评价情况，10.3%的中小企业认为本地没有建立中小企业征信体系，只有10.3%和17.2%的中小企业认为正在建立和已经建立了中小企业征信体系；58.6%的中小企业从未开展过信用评级。② 信用信息采集和评估离不开中小企业主动提供数据和反馈信息的帮助，社会诚信环境建立的根本还在于中小企业等市场主体对于自身信息的管理和维护。因此，政府采集信用信息不能脱离中小

① 数据来源：根据征信宝网站发布数据整理。

② 数据来源：笔者对广东省部分地区中小企业的调查统计结果。

企业而独立存在。由于在实践中,征信机构没有为中小企业提供良好的沟通渠道和信用信息服务,中小企业普遍对征信体系建设认可度不高。大部分的中小企业将自身信用管理不完善的原因归因于社会征信体系不健全和信用法律制度不完善。(见图6-1)

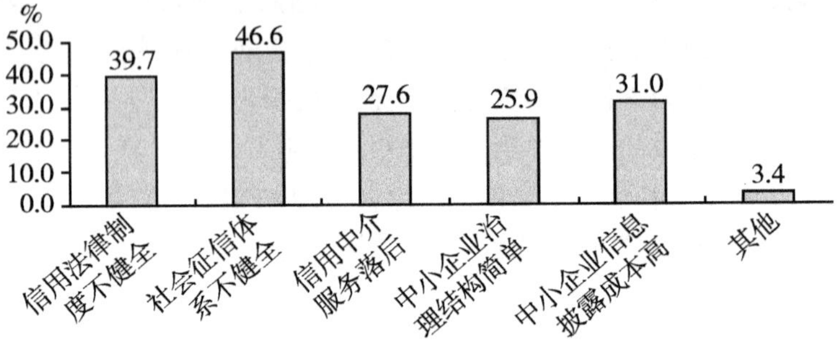

图6-1 中小企业信用管理不完善的原因统计 ①

(二)中小企业集合债券信用评级失灵

信用评级机构通常会利用自身值得信赖的声誉保证信号传递②的可靠性,以消除债券市场的不对称问题。信号传递既存在于发行市场之中,即信用评级机构对中小企业和中小企业集合债券开展的初始评级;又存在于交易市场之中,即根据中小企业的经营变化及时对中小企业和中小企业集合债券的信用评级作出调整。但是,我国信用评级机构的发展时间短,尚未建立起良好的声誉机制,大多数信用评级机构都依附于某级政府或事业单位,开展信用评级所受的行政干预较多,使信号传递机制在市场中丧失了权威性和独立性。③此外,中小企业和中小企业集合债券的特殊性也对信用评级提出了更高的要求,进一步诱发了信用评级失灵。

第一,针对中小企业和中小企业集合债券的评级技术与指标体系仍然有待完善。评级技术与指标体系是信用评级机构的核心业务,好比企业的生产工艺,稍有缺失,就不可能生产出合格的产品。金融危机之后,对于信用评级

① 数据来源:笔者对广东省部分地区中小企业的调查统计结果。

② 信号传递理论最早由经济学家迈克尔·斯彭斯提出。他将信号传递理论作为逆向选择的解决方案,即通过高质量的"代理人"利用信息优势向他人传播委托人的私人信息。

③ 彭秀坤:《国际社会信用评级机构规制及其改革研究》,苏州大学2012年博士学位论文,第134页。

机构最常见的批评就是："它太经常出错了。"美国证券交易委员会指出，美国信用评级机构最显著的缺陷在于对新型债券使用旧的评级方法和模型。同样，中小企业集合债券作为特殊的新型债券融资工具，既存在对中小企业特殊主体的评级困难，也兼具"集合"分析的复杂性，但是我国信用评级机构却没有建立特殊的模型进行分析和判断。相对于一般企业债券的风险而言，中小企业集合债券的信用风险具有发生概率高、影响范围广、预测评估难三个特点，有必要对其进行专门的评估和防范。一是发生概率高。许多中小企业的治理结构都表现为股东与经理人合二为一的特点。由于缺乏董事会的集体表决约束和职业经理人对股东的约束，中小企业的道德风险较大型企业而言更严重。尽管对于中小企业来讲，决策层级的减少有利于提高经营效率和管理效率；但是对于投资者和市场来说，治理结构不健全则意味着监督机制和债权人利益保障机制的缺乏，使虚报账表、盲目投资等行为发生概率大大增加。二是影响范围广。许多中小企业集合债券都由同一产业链的中小企业集群发行，当信用链条的某一个中小企业出现信用问题，则可能导致整个链条出现效仿效应和风险传递效应，使单个中小企业或者单只中小企业集合债券的信用风险迅速蔓延为整个产业乃至整个债券市场的风险。三是预测评估难。要同时对多个中小企业的信用状况进行评估需要耗费较多的时间成本和人力物力。尤其是对中小企业联合体的整体信用进行评价时，更需要建立专门的、科学的评级指标体系。在对债券存续期间的监测中，如果某一个中小企业的信用等级发生了变化，就需要根据变化情况对整只中小企业集合债券的信用等级做出调整，这也对信用评级机构提出了更高的要求。

第二，缺乏有效的跟踪评级，使信用评级机构的风险预警功能缺位。2012年1月4日，在"10中关村债"13个联合发起人之一的北京地杰通信设备股份有限公司发布公告称，无力偿还其参与发行的4000万元债券本息之后，大公国际资信评估公司才将北京地杰通信设备股份有限公司的信用等级由 BBB^{+} 降至CC级。这种事后评级的做法，显示出信用评级机构跟踪评级的缺失与无力。根据美国证券交易委员会的调查，这类现象主要源于信用评级机构对跟踪评级重视程度不够、配置资源不足，从而影响了监测工作的及时性。①

① 李国民：《美国金融危机的成因与教训——基于估值、保证金、杠杆和流动性的角度分析》，中国经济出版社2010年版，第115～116页。

第三,声誉机制约束力不强,使信用评级机构的评级行为缺乏客观性。2014年1月17日,“11常州中小债”的联合发行人“常州永泰丰化工有限公司”正式宣告其因经营环境变化,无法清偿到期债务,由反担保方“常州青红化工有限公司”代偿该笔债务本息,而直至2014年1月20日鹏元资信评估有限公司才将永泰丰化工有限公司的信用等级由 BBB^- 级下调至CCC级。然而早在2013年,永泰丰化工有限公司便被常州市环保局公示为“红色”最高等级污染企业,常州市法院还通过了永泰丰化工有限公司的破产重整申请。2014年1月14日,常州市发改委组织偿债协调会,专门研讨了永泰丰化工有限公司的偿债应对方案。通过以上事实,可以推断的是,鹏元资信评估有限公司凭借自身的专业地位,完全可以通过其中任何一种公开渠道了解永泰丰化工有限公司的违规事项,但是因为种种原因,却选择了不予披露。可以佐证的事实是,2013年鹏元资信有限公司并未如2011年和2012年一般,在12月之前通过央行指定的债券披露网站公布2013年评级情况,而是在2014年1月17日与下调评级的公告一同披露。可见,信用评级机构的独立性不强,评级结果滞后、失真,严重影响了信用评级功能的发挥。

第四,监管机构并未对信用评级失灵作出有效的规范。在信用评级失灵的过程中,尽管监管机构已经注意到了这些问题,但却没有承担起应有的监管职责。例如,深圳市证监局早在2013年8月2日对鹏元资信评估有限公司的警示函中,便已指出该公司“在债券发行主体超日太阳的经营环境和财务状况发生重大变化时未及时出具不定期跟踪评级报告”。尽管评级结果屡受诟病,至今却没有任何一家信用评级机构承担过法律责任或是接受过处罚。这一现象反映出我国信用评级立法滞后、监管缺失等问题。2006年3月,央行颁布了我国第一部针对信用评级机构业务的法律规范《信用评级管理指导意见》;同年11月,央行发布了《信贷市场和银行间债券市场信用评级规范》;2007年8月,中国证监会发布了《证券市场资信评级业务管理暂行办法》,这些规范的出台为信用评级机构的发展奠定了法律基础。但是,现有立法的法律位阶过低,无法有效规范信用评级机构市场准入、监管体制、法律责任等问题。在各部门多头监管机制之下,颁布的部门规章和规范性法律文件之间又缺乏整体协调性,存在监管真空和漏洞。而针对信用评级机构有失公正、客观等问题,法律规范没有提出相应的惩罚措施,对信用评级机构缺乏威慑力,难以实现对信用评级机构的有效监管。

三、完善中小企业集合债券信用服务法律制度的建议

（一）增加中小企业集合债券信用信息供给

在中小企业集合债券组织申报过程中，牵头人对中小企业进行筛选的重要前提是准确地获取中小企业的信用信息，而征信机制则承担了信用信息供给的任务。在中小企业征信制度不健全的情况下，金融信用信息基础数据库没有覆盖大多数中小企业的信用信息，牵头人和中介机构不得不自行完成信用信息收集，无疑增加中小企业集合债券的成本。因此，有必要完善中小企业信用信息供给机制，以实现政府扶持中小企业集合债券的良好效果。

发达国家对中小企业信用信息采集的范围较广，不仅得益于其完善的立法，而且也是征信机构专业化发展的结果。在对中小企业的扶持方面，美国政府主要通过制定信用信息服务法律法规和中小企业扶持政策等为中小企业信用体系建设提供良好的法律监管框架，信用信息服务的资源配置则交由市场自行决定。各信用信息服务机构通过发现中小企业信用信息需求和市场机会，自发自主地形成了信用信息服务和产品体系。就信用信息服务主体而言，美国已经形成了两类服务机构：一是在企业征信领域，以邓白氏为代表的征信机构，已遍及全美建立了自己的办事处和附属机构；二是在信用评级领域，美国的穆迪投资人服务公司、标准普尔公司、菲奇公司和达夫公司基本主宰了美国的信用评级市场。尽管国外信用信息服务机构的服务范围广泛，涉及社会各种主体，但是它们亦有着明确的中小企业市场目标和业务规范，根据中小企业的特点设计了专门的调查方案和评级指标。比如，邓白氏专门针对中小微企业特点，开发出小企业信用风险评分、中小企业"胡佛分析"、中小企业信贷风险管理方案等多样化的信用信息服务产品。艾克飞专门为中小企业提供小企业信用报告、小企业信用监测、企业风险指标报告和企业风险监测等产品。① 欧洲国家的中小企业征信多由政府组建的商业征信局进行，因此立法主要以数据保护为规范对象，如英国《数据保护法》、意大利《数据保护法》、瑞典《个人数据保护法》、西班牙《个人数据保护法》以及德国《联邦数据保护法》等。② 欧洲中小企业信用信息服务系统具有三大特点：一是对中小企业覆盖

① 肖翔、洪欣：《小微企业征信服务的国际经验借鉴》，载《金融与经济》2014 年第 5 期。

② 李子白、汪先祥：《征信制度的国际比较与借鉴》，载《海南金融》2006 年第 11 期。

率高。二是信息来源十分广泛，主要包括：银行、信用卡公司、住房抵押贷款公司等授信机构提供的信用交易和付款记录；政府机构或公共部门的公开信息，如欠税、公用事业收费记录等。三是提供信用信息综合性服务，除基本信用报告外，还提供风险提示、申请受理、信用风险战略管理、合规性服务、关联分析等增值服务。[①] 总体而言，许多国家都建立了以政府征信机构为主导、以民营征信机构为补充的中小企业征信体系，政府机构在数量庞大的民营征信机构的专业化协助之下，才能全面、高效地开展中小企业征信服务工作。根据我国征信机构发展情况，可以从以下两个方面增强信用信息的供给：

第一，支持和引导民营征信机构的发展。尽管公共征信机构的服务覆盖面广、服务对象多元，但是却面临中小企业信用信息采集途径受限、专业化不强等问题。根据2006年央行《关于开展中小企业信用体系建设试点工作的通知》要求，北京、上海等16个省市的人民银行、政策性银行、商业银行陆续开展了中小企业信用体系建设的试点工作。中小企业征信试点有两大创新：一是中小企业征信系统的采集对象是未与银行发生信贷关系的中小企业，其信息来源是工商、税务等非信贷信息；二是与央行已有的征信系统相互独立。但是以此种方法采集信用信息，需要协调工商、税务、环境、法院、社保、公安等多个部门，耗费大量的人力物力资源，而在许多银行分支机构内部，征信业务目前仍未拥有独立的科室和专员，无法迅速完成此项任务。[②] 与公共征信机构服务的特征相比，民营征信机构则更加专业、灵活，不仅能够对市场的征信需求把握更加敏锐，而且还能根据市场要求及时更新。但是，我国民营征信机构面临起步晚、规模小等问题，业务需求主要由地方政府及其职能部门提供，自身的社会影响力不高。[③] 要进一步推动民营征信机构的发展，应从以下方面对法律进行完善：一是在立法目标上，确立征信业的市场化方向，为民营征信机构创造公平竞争的机会。二是建立信用信息共享机制，打破地域垄断、部门垄断，使民营征信机构能够通过合法的、公开而有效的渠道取得公共征信机构采集的信用信息。三是鼓励民营征信机构开展专业化、特色化的中小企业信用

① 贺朝晖：《中小企业征信系统建设的国际经验与启示》，载《征信》2011年第4期。

② 李左拉：《央行破冰中小企业征信》，载《财经国家周刊》2010年第3期。

③ 胡章灿：《从江苏民营征信机构的现状看征信业务规范发展的路径选择》，载《征信》2010年第6期。

信息服务，通过市场化手段最大限度地了解用户需求，最大限度地收集中小企业信用信息，并与公共信用服务机构建立信息共享机制。

第二，建设专门的中小企业信用信息数据库。由于中小企业信用信息的采集和评估具有特殊性，日本、韩国、马来西亚等国家都由专门机构负责中小企业信用信息数据库的建设。日本信用风险数据库接受经济产业省和中小企业管理局的指导，一方面借鉴私营征信机构的长处，将采集到的中小企业信用信息向会员开放；另一方面兼具信用评级机构的功能，根据中小企业的信用价值做出信用评级。韩国信用保证基金与韩国技术信用担保基金、韩国国家开发银行共同组建了韩国企业数据库，其目标之一便是系统化管理和提供中小企业相关数据，与此同时，还开展中小企业信用评级服务。马来西亚建立了专门的中小企业征信局，以提供综合、可信的中小企业信用信息和信用评级。[①] 由于建设中小企业信用信息数据库的成本巨大，以政府主导的形式展开信用信息数据库建设更为适宜。在具体操作中，应当注意的是：其一，应加快中小企业信用信息的采集速度，并及时进行更新。央行的征信系统因数据更新慢而受到多方冷遇。[②] 根据企业生命周期理论，中小企业经历发展、成长、成熟、衰退的生命周期明显短于大型企业，中小企业在迅速发展过程中也容易引起信用信息的改变。相应地，中小企业信用信息普查的频率也应高于一般企业。其二，应增加信用信息数据库对接的信用信息供应主体。目前，信用信息数据库对接的主要是金融机构和商业性组织，信息采集的渠道比较狭窄。因此，应发挥信用促进会、行业协会等民间组织在政府和中小企业之间的桥梁功能，将其采集和评估的中小企业信用信息也纳入政府征信系统之中。其三，应通过中小企业管理局、行业协会等机构向中小企业推广和宣传中小企业征信的作用和重要意义，充分调动中小企业管理自身信用的积极性，促进中小企业向征信机构主动提供信用信息、开展信用评级。

（二）规范中小企业集合债券信用评级业务

近年来，信用评级以其减少信息不对称和防范信用风险的双重功效，获得了国外资本市场的一致认可。发达国家学界对债券与信用评级的关系已然达成一种共识，即债券的发展离不开信用评级的存在，没有信用评级的债券市场

---

① 贺朝晖：《中小企业征信系统建设的国际经验与启示》，载《征信》2011 年第 4 期。

② 李左拉：《央行破冰中小企业征信》，载《财经国家周刊》2010 年第 3 期。

不是真正的债券市场。由于我国国内市场参与者的信用风险意识缺失,没有对信用评级的主观需要,评级市场的自发需求严重不足。我国监管机构在充分认识到信用评级的重要性之后,颁布了多项规章制度,将信用评级作为债券审批和金融监管的重要依据,以行政力量推动着信用评级机构的发展。① 因此,中小企业对于信用评级的需要更多是为了满足监管的要求,而非出于对高质量信用评级的真正需要,市场出现了"为评级而评级"的现象,也使信用评级机构丧失了维护其信誉的动力,不利于信用评级机构能力的提高。因此,以行政力量培养市场的同时,通过监管对信用评级业务规范提出要求、约束信用评级机构的投机行为,才有利于信用评级机构可持续发展。

首先,规范信用评级质量体系。信用评级机构的评级质量在于揭示信用风险的准确性,即便信用评级机构坚称其观点是对信用风险的看法,并非关于是否购买债券的建议,投资者应理性看待其观点,但是这样的警告并不能完全否认信用评级机构对其产品质量应当承担责任。对于传统产品,信用评级机构理应提供准确、高质量的信息。而对于中小企业集合债券这类新产品,基于交易的创新性和复杂性,信用评级机构并不能充分保证其准确性。但是投资者因为没有更好的信用信息替代方案,在明知有低质量评级风险存在的情况下,仍然会选择信任评级和购买产品。因此,有必要采取措施,提高信用评级机构对中小企业集合债券的评级质量。一方面,应要求信用评级机构建立符合中小企业集合债券特点的新型模型。在国外,一旦中小企业的生存和经营环境发生变化,信用评级模型都必须作出相应调整。埃利和罗宾逊认为,美国银行业的竞争结构已经发生显著变化,打破了传统的授信机制和关系网络,据此银行应当重新设计中小企业信用评级机制。② 另一方面,针对中小企业财务制度不健全的情况,应注重实地调研的开展。美国公司执行委员会考察中小企业信用评级指标体系后发现,中小企业的财务状况极不透明,只有适度降

① 彭宇松:《我国信用评级业的发展困境与监管启示——基于信誉机制理论的视角》,载《财经科学》2011 年第 9 期。

② David P. Ely and Kenneth J. Robinson, "Consolidation, Technology, and the Changing Structure of Banks' Small Business Lending", *Economic and Financial Policy Review*, 2001, pp. 23 – 32.

低财务变量在评级指标重点比重，才有利于得出更加客观的评级结果。① 实地调研要求通过访谈（与中小企业管理层和工作人员进行沟通）和现场考察（盘查实物资产、实地查看工作现场和在建项目及项目投产情况），以进一步加深对发行人的发展战略、经营管理、公司治理以及财务实力等各方面的了解。此外，对中小企业内部资料（业务部门内部总结、经营数据、投资计划以及债务偿还计划等）也应当进行收集，以保证评级资料的齐全。

其次，健全信用评级监管机制。目前，信用评级并没有统一的监管机构，而是由国家发改委主管企业债券信用评级，证监会主管公司债券信用评级，央行主管债务融资工具信用评级。在多头监管格局下，部门之间责任推诿、监管缺位的现象时有发生，且国家发改委、证监会、央行都不具备监管信用评级机构的专业职能，无法对其评级质量体系、防火墙、付费模式作出专门的指导和监督。在这种监管真空中，信用评级机构普遍存在以高评级招揽顾客、以级定价、评级虚高等现象。针对信用评级失灵的问题，有必要制定统一的监管法规，确立统一的监管机构。2006 年美国国会颁布了《信用评级机构改革法案》，对“全国认可统计评级组织”（Nationally Recognized Statistical Ratings Organization，NRSRO）的市场准入、业务规范和信息披露等方面作出具体要求，明确了美国证券交易委员会对 NRSRO 享有的监管权力。② 2009 年欧盟发布了《信用评级机构监管指令》，对信用评级机构的透明度、利益冲突、评级方法等作出细致的规定，着力促进评级结果真实、可靠，以给予投资者高水平的保护。2011 年统一的监管机构“欧洲证券与市场管理局”成立之后，又极具针对性地制定了一批监管规则，包括：《信用评级机构监管法规》《信用评级监管技术标准》《信用评级机构监管费用方案的技术意见》等。③ 另外，监管的重点还在于对信用评级机构的市场准入、评级指标体系等作出具体规定，并将跟踪评级纳入重要的考核范围。对信用评级机构基于主观原因而造成的评级结果错误，追究其虚假陈述和欺诈行为的责任，在对信用评级机构进行惩罚的同时，又对投资者的损失作出相应的补偿。

---

① Corporative Executive Board, “Credit Scoring for High-EndSmall Business Customers”, *Business Banking Board Issue Brief*, 2001.

② 彭秀坤：《国际社会信用评级机构规制及其改革研究》，苏州大学 2012 年博士学位论文，第 72 ~ 73 页。

③ 高明：《欧洲信用评级发展及监管演变比较分析》，载《武汉金融》2014 年第 1 期。

第七章　中小企业集合债券发行法律制度

对中小企业集合债券发行制度进行规范的法律，可以分为以意思自治为基础调整当事人关系的法律规范，以及政府进行监管的法律规范两大类。一方面，发行是由自发生成的买卖关系演化而来，这种买卖方式甚至能从华尔街梧桐树下进行交易的纽约证券掮客身上找到“影子”。当事人的意思自治主导整个买卖过程，发行价格、发行方式，以及认购意愿、认购价格等都应以当事人的意思为准。另一方面，债券作为权利与权利载体的结合物，发行不仅是货币资金的分配过程，也是信用信息的流通过程，对经济的影响极大，各国政府对此十分重视和关注，并对其进行了严格监管。中小企业集合债券与普通债券相比，最大的区别在于发行主体不同。政府将这一不同的理解集中体现在对中小企业集合债券发行规则的控制上，而当事人之间的交易秩序却没有发生实质变化。也即，中小企业集合债券发行制度中的平等主体之间“私”的关系，可以从普通债券的通用经验上寻找答案，而对公法调整的范畴则应当重新进行界定和解读。

当中小企业以联合体的形式发行中小企业集合债券时，立法既要考虑中小企业的弱势地位，培植其充分参与竞争的法律土壤，以彰显经济公平；又要关注资质良莠不齐、信用风险甚大的中小企业规范问题。然而，我国债券发行法律制度在专注于自身发展时忽视了中小企业的特殊主体地位，相关理论研究的贫乏以至于对立法改革的推动极为有限，成为中小企业集合债券发展的掣肘。现行立法普遍没有在定义中明确列举出中小企业集合债券，相关内容亦分散在诸多法律法规及规范性文件之中，既存在相互交叉和冲突的现象，又缺乏针对性的设计。基于对以上因素的考量，笔者认为，应以中小企业集合债券特殊性为基点，对发行审核、发行条件、发行程序相关立法进行系统性修正，并在相关条款中增加对中小企业进行倾斜性扶持和针对性限制的法律规定。

一、中小企业集合债券发行审核机制的渐进革新

根据不同的价值取向，国家发改委和央行的发行审核方式大相径庭。国家发改委偏重于通过行政审核，降低中小企业的信用风险；央行采取了“去行政化”的手段，充分放权于定位为自律组织的银行间市场交易商协会，开展自律监管。核准制遵循准则主义，在及时、准确、完整地公布信息资料的基础上，还强调对中小企业集合债券的实质审核；注册制则遵循公开主义，要求中小企业向监管机构充分披露债券信息，监管机构只对公开披露的信息开展形式审核。[①] 事实上，核准制和注册制各有优劣，世界各国一般视市场发展的阶段不同和政府监管的意图不同而分别采用。因此，对于中小企业集合债券来说，在考虑发行审核的方式和改革的时机时，应当将现有机制的运行状况与中小企业的特点相结合，进行综合分析。

（一）中小企业集合债券发行核准制优劣之辨析

20 世纪 80 年代以来，企业债券沿着市场化方向历经数次改革，实现了由行政审批制向核准制的转变。尽管相比审批制，核准制已经向市场化方向前进了许多，但较注册制而言，核准制的弊端仍显突出：

第一，核准时间长、融资成本高。根据国家发改委规定，中小企业集合债券的发行核准时间以 3 个月为限。尽管政府为了改进发行审核工作，已经不断加快审核速度、简化审核内容，但是准确而完整的实质审查必然需要一定的

① 吴志攀、彭冰等：《证券发行法律制度完善研究》，载黄红元、徐明主编：《证券法苑》（第 10 卷），法律出版社 2014 年版，第 178～179 页。

时间保证。而3个月的核准时间与中小企业较小资本规模、较短资金周转期等特点不相匹配,较长的核准时间往往使中小企业错过良好的市场时机。同时,还对补充和修改申报材料的时间进行了排除,进一步增加了中小企业集合债券发行时间上的不确定性。一般来讲,中小企业融资规模小、资金周转短的特点使其更适合简便、迅捷的融资平台,而较长的核准时间以及能否按期成功发行的不确定性都增加了中小企业的融资成本,降低了中小企业参与发行的热情。

第二,监管机构核准能力不足。在中小企业集合债券发行实践中,由于联合发行的中小企业为数众多、资质良莠不齐,监管机构很难通过实地考察、财务报表审核等方法核实每个中小企业的申报材料。在3个月的时间里,对数目多达3~20家的中小企业进行实质审查,并对其经营状况和盈利前景进行评估,很难全面、客观。此外,尽管监管机构并不缺乏专业人士对中小企业进行审核,但是政府内部却缺乏有效的激励机制来促使其做好此项工作。

第三,监管机构核准权力过大,容易出现权力寻租。核准制是对债券发行的垄断性管制,而监管人员作为理性经济人,只要寻租的租金大于寻租的成本,就存在监管人员寻租的可能性。如果债券发行带给中小企业和监管人员的利益足够大,就容易滋生腐败。行政主导下的核准制实践与父爱主义的初衷背道而驰,不但没有选出优质的中小企业,反而成了权力寻租的"温床"。[①]

核准制存在的以上弊端证明其并不是搭建中小企业与社会公众之间信任桥梁的最佳选择。但在正处于市场转型期的中国,在市场机制尚不成熟、自律组织经验有限以及中介机构自律性不强等问题没有彻底得到解决之前,核准制在解决信息不对称这一问题上仍存在一定优势。首先,中小企业即使向社会公众提供了信息,也仍然可能存在隐瞒不利信息、披露虚假信息等隐性问题,而核准制在一定程度上能够揭示中小企业的真实性;其次,尽管中小企业提供的是真实而完整的信息,公众投资者也可能不具备理解的能力,而核准制具备帮助中小企业和投资者建立信任关系的作用。因此,核准制在市场发展的初级阶段仍然具备存在的基础和价值。

① 吴志攀、彭冰等:《证券发行法律制度完善研究》,载黄红元、徐明主编:《证券法苑》(第10卷),法律出版社2014年版,第193页。

（二）中小企业集合债券发行注册制优劣之辨析

注册制业已成为市场经济成熟国家的通行做法，其便捷、高效的程序不仅对中小企业发挥了良好的激励效果，也对市场机制和中介机构的日趋完善起到鞭策作用。在我国发行实践中，更多的中小企业倾向于选择银行间债券市场的注册制。其原因在于：

第一，效率高、成本低。银行间债券市场注册制实施的程序是，由5名金融市场专家组成注册会议，对中小企业联合体的注册申请进行快捷地审理。注册会议每周召开一次，中小企业联合体从提交申请到获得注册，通常只要一到两周的时间，既提高了中小企业的筹资效率，也减少了发行成本，还能降低中小企业发行债券的不确定风险，即使发行失败，也有充裕的时间另辟其他融资途径。

第二，有利于中小企业和中介机构的良性发展。注册制强调发挥市场配置资源的功能，对法律体系、市场主体素质和市场机制都有较高的要求。在成熟的债券市场中，完备的法律体系可以敦促中小企业进行充分的信息披露，减少中小企业与投资者之间的信息不对称，而成熟的中介机构则拥有足够的能力和动力来代替监管机构向社会公众反映所披露的信息。这样的制度安排又对中小企业与中介机构诚信守法起到促进和约束作用。

但也有学者质疑，完全自律管理的模式并非就是市场化的精髓，最有效的审核机制应取决于谁更符合现实的生存土壤。注册制作为成熟市场经济国家的统一做法是否适合处于转型中的中国市场？成立不久且经验有限的自律组织，是否有能力对发行人众多的中小企业集合债券做出有效判断？自律组织的利益本位需求，是否能够兼顾公共利益？在缺乏成熟投资者、信息披露机制不完善、中介机构声誉机制不足的条件下，如何形成有效的市场约束？诸多此类问题都值得进一步商榷。①

（三）建立适合中小企业集合债券发展的发行审核机制

核准制与注册制各有利弊，在考虑谁更匹配中小企业集合债券的市场化发展时，必须认识到，风险防范与市场化进程的步调应当适度一致，过于保守或超前以及彼此的不甚协调都将损害制度的整体效用。发行审核法律制度的

---

① 洪艳蓉：《公司债券的多头监管、路径依赖与未来发展框架》，载《证券市场导报》2014年第4期。

建立必须植根于我国市场经济发展的现实土壤，毕竟“无论是现在或是在其他地方，法律发展的重心不在立法，不在法学，也不在司法判决，而在于社会本身”。[①]

首先，注册制代表了市场化改革方向。注册制并不意味着不进行审核，实际上，为了保证信息披露的充分和真实，监管机构在审阅申报文件之后，会针对不完整、不明确的部分提出质疑。以美国为例，尽管美国《证券法》只对注册制的形式作出规定，并未限定审核标准，但是美国证券交易委员会亦在注册制的基础上，制定了严格的程序，通过查阅和质询了解信息的完备性。通常，美国证券交易委员会将对以下问题展开质询：其一，常规性问题，对申报文件存在的格式问题提出修改意见；其二，了解性问题，针对披露不清、信息不明的情况，提出问题进行深入了解；其三，质疑性问题，针对故意隐瞒的行为，质疑其背后的缘由并直接要求提供真实信息，视回复情况再作进一步处理。在时效的保证上，美国证券交易委员会通过审核或提出质询的时间必须在 20 个工作日以内。美国证券交易委员会还采取书面或电话提问方式与发行人及其律师和会计师沟通，反之也可以直接致电美国证券交易委员会进行咨询，有效保证了沟通的顺畅。[②] 注册制重视信息披露、重视公开、重视效率、重视沟通的特点使其代表了审核制度的发展方向。

其次，注册制改革和实施的条件已经基本成熟。在监管方面，国家发改委、证监会、央行以及各个自律组织都制定了相应的监管规则，共同建立起多层次的监管体系。在市场主体的培养方面，随着信用信息服务不断完善、对欺诈行为的处罚措施日渐严厉，中小企业和中介机构的诚信意识得以增强，机构投资者在逐渐完善的法律框架下迅速成长，通过风险管理、信息生产和公司治理等现代企业管理技术成为稳定市场的主要力量。市场是培养各主体尽责归位的最佳场所，注册制的成功实行，也会带动市场机制和市场主体的长足进步。[③] 总体而言，注册制所依赖的法律制度以及市场主体的良好素质已经基本具备，注册制改革的条件也已基本满足。

---

① 沈宗灵：《现代西方法理学》，北京大学出版社 1992 年版，第 273 页。

② 吴志攀、彭冰等：《证券发行法律制度完善研究》，载黄红元、徐明主编：《证券法苑》（第 10 卷），法律出版社 2014 年版，第 184～185 页。

③ 同上书，第 183～184 页。

最后,应建立与注册制改革相对应的风险防范机制。由于中小企业集合债券发行主体多、经营实力弱、信用风险高等特点,投资者限于专业能力无法对信息风险、产品结构都比较复杂且难以对标准化的中小企业集合债券进行有效识别。中小企业集合债券能否符合注册制的条件仍然令人担心。因此,既要培养专业化的高风险机构投资者,使其具备对中小企业特殊风险的识别、承担和处置能力,还应通过完善信用评级机制、健全信息公开平台等手段,以声誉约束和信息披露为主的市场监督弥补行政监督放松所造成的监管漏洞。

二、中小企业集合债券发行条件的更正设计

尽管现代金融学理论假设了有效市场的存在,通过信息披露可以满足投资者对企业商事信用的了解需求,但是在债券市场发展初期,市场机制尚不完善,中小企业与投资者之间由于信息不对称而无法建立起良好的信任关系。包括我国在内的许多国家都曾通过严格管制发行条件来解决信任危机。传统的债券发行条件包括:严格起债基准、限制累计债券余额、限定募集资金用途、管制利率上限等,其目的主要在于消除企业与投资者之间的信息不对称,帮助投资者建立起与企业之间的信任关系。[①] 但是,过高的准入门槛和僵化的限制条款,不仅排除了许多中小企业的举债权,也使一部分具有风险偏好的投资者需求无法得到满足。随着市场机制的渐趋完善,这样的弊端对中小企业的束缚越发明显。因此,有必要对发行条件的积极性和有限性进行辩证分析,立足中小企业集合债券特殊性,对现行立法作出更正设计。

(一)传统债券发行条件积极性和有限性之间辩证关系的厘清

1. 资产信用之于中小企业集合债券的积极性与有限性分析

资产信用是指中小企业自身的资产价值对债务承担责任的能力。中小企业资产的形成来自两个方面:一是股东的出资;二是对外负债。由于中小企业经营的盈利、亏损以及有形或无形资产的增值、贬值,中小企业资产始终处于变动之中,中小企业经营的盈利和资产的增值会使其资产大于负债,而中小企业的亏损和资产的贬值则会使其负债大于资产,但是资产对负债的担保关系却不会发生任何改变。传统理论认为,资产信用就是净资产信用,即中小企业总资产减除总负债后的余额范围和幅度,净资产越多,中小企业的清偿能力越

---

① 廖大颖:《公司债法理之研究》,台南,正典出版文化有限公司2003年版,第38页。

强，债权人越有保障。债券是一种典型的信用载体，其本身并不具备实物性商品或劳务的使用价值，也不具备货币的购买能力和支付能力，而是投资者根据发行人的承诺在规定的期限内将属于自己的资金让渡给发行人使用，以获取按规定可获得收益的权利。因此，对投资者而言，资产信用构成了中小企业对外交往的信用基础，中小企业对外承担责任的范围取决于其拥有的资产，发行中小企业集合债券就应当确定和维持既定数额企业资产，并将其公之于众。

我国不是根据组织形式对中小企业进行划型，而是根据企业从业人员、营业收入、资产总额等指标制定的具体标准，将中小企业划分为中、小、微三种类型。中小企业的弱势，首先便弱在净资产少、资产信用不高。单个中小企业的资产信用很难符合法律的要求，也难以取得监管机构和投资者的信任。考察目前曾参与过中小企业集合债券发行的中小企业来看，所有的中小企业组织形式都是股份有限公司或有限责任公司，净资产条件全部符合立法的规定。如此看来，即便是为中小企业量身定制的中小企业集合债券，也主要服务于中型企业、优质企业，而将大量规模偏小、对资金需求更为迫切的小型企业、微型企业拒之门外。这样的实践效果既背离了政府创设中小企业集合债券的初衷，也使2012年4月国务院《关于进一步支持小型微型企业健康发展的意见》中关于“推进多层次债券市场建设，发挥债券市场对微观主体的资金支持作用”“逐步扩大小型微型企业集合票据、集合债券等发行规模”的规定成为纸上谈兵。

尽管净资产限制对于增强投资者信任、防范中小企业集合债券信用风险可以起到一定的积极作用，但是信用风险的存在具有客观性，并不会因为严格监管而得以消除，资本市场的投资者也不惧怕风险，只是惧怕虚假和不完全的风险信息。只要强化债券市场的信息透明度，市场本身就可以识别和承担风险并达到均衡。在美国，主要通过信用等级而不是净资产来约束企业发行债券：信用等级能够达到投资级别[①]的中小企业拥有与大型企业相同的举债资格和举债权利；未进行信用评级或者信用评级被评为投资级别以下的企业（大部分为中小企业）则可以发行高收益债券（high-yield bond）。通过信用等级而不是发行主体来制订不同发行条件的优势在于：不同信用等级的债券拥有不同的风险溢价，投资者可以根据自身的风险识别能力和风险承受能力选

① 标准普尔与穆迪分别将评级BBB和Baa定义为最低投资级别。

择相应的债券进行投资。因此,不同组织形式、不同净资产的中小企业都享有了发行债券的权利。对于不同信用等级的企业债券,美国证券交易委员会所运用的监管方式也不尽相同。由于美国《证券法》的立法宗旨遵守公开主义原则,债券发行历来采用注册制的审核机制,并未规定企业债券发行的实质条件,而将债券是否发行的权利完全交由企业自主决定。申言之,投资级别以上的中小企业发行债券并没有任何发行条件的限制。但是,信用等级在投资级别以下的中小企业发行债券则具有较大的信用风险:除了债券投资人的自身利益可能遭受损失,此类产品的市场评级也将相应下调,商业银行系统和其他金融机构的资产也会连带面临流动性枯竭的问题,进而危及整个金融体系的安全。考虑到高收益债券的高风险性特征,为约束中小企业的行为,保护投资人利益,高收益债券的契约条款不同于普通债券合约正常、违约的二元状态设计,①美国证券交易委员会要求中小企业在风险隔离、信息披露等方面做出了更为复杂的限制性承诺,如负债限制条款、限制支付条款、质押限制条款、资产出售限制条款、控制权变更条款、并购条款和违约事件等。在日本,20 世纪 90 年代的金融改革之前,日本政府对债券市场进行了严格的监管,以发行强制性信用担保债券为主流,对不能提供担保的企业债券则规定了严格的发行条件,例如,日本旧《商法典》在 1993 年修订前第 297 条第 1 款规定企业债券之募集,以不逾越现存企业之纯资产额为限。但在 20 世纪 90 年代以后,基于市场化的理念,日本逐步放宽了限制,不再直接限制债券的净资产,而注重扶持和规范信用评级机构,以债券的信用评级作为评判信用风险的主要依据。

2. 累计债券余额之于中小企业集合债券的积极性和有限性分析

累计债券余额是指中小企业过去已核准发行但未发行债券的余额,加上本息尚未到期的债券金额之后的总额。以累计债券余额与净资产的比值来计算中小企业资产负债比例,更能够准确地反映中小企业的资产质量和现金流量。② 因此,出于过高资产负债率影响中小企业正常运营的担心,防止中小企业盲目举债而资不抵债,过去的债券立法均对累计债券余额作出了限制性

① 债券契约具有一般合同的标准范式,包含债券发行金额、利率、期限、担保以及破产处置等基本内容,属于发债企业与债券投资人之间的法律协议,是对发行人进行约束的基本条款。而契约的限制条款,则是从充分保护债权人利益的角度出发,规定详细而灵活的契约限制条款。

② 安义宽:《中国公司债券:功能分析与市场发展》,中国财政经济出版社 2006 年版,第 60 页。

规定。

实际上,中小企业负债可以分为两部分:短期负债和长期负债。在我国通常的判断标准中,短期负债和长期负债被合为一体,统称为“负债”,然后除以资产总额,并由此得出中小企业的资产负债率。发达国家多采用短期负债率(资产流动负债率)考量中小企业当期的财务风险。因为中小企业的财务风险主要来自于当期,而非几年后到期的债务。基于这样的财务理念,发达国家常常会有大量“高负债”的中小企业再次获准发债的例子。采用初期负债规模限制的静态方法,不能动态反映财务状况变化大、盈利成长性强的中小企业的真实清偿能力,也阻挠了在市场供求关系下中小企业与高风险投资者对合约内容的自由协商。这种人为干预市场机制的行为,没有充分尊重市场供需平衡的法则,也阻碍了中小企业扩大营业规模的机会。

3. 募集资金用途之于中小企业集合债券的积极性和有限性分析

2015 年国家发改委办公厅《关于简化企业债券审报程序加强风险防范和改革监管方式的意见》规定,支持企业利用不超过发债规模 40% 的债券资金补充营运资金。为提高债券资金使用效率,对闲置的部分债券资金,发行人可在坚持财务稳健、审慎原则的前提下,将债券资金用于保本投资、补充营运资金或符合国家产业政策的其他用途,但不得由财政部门统筹使用,或用于股票投资等高风险投资领域。政府传统的行政性思维仍然认为,只有对中小企业举债资金的用途进行安排、限定和监督,才能避免中小企业自私自利的经济人行为,进而指导其走上可持续发展的道路。正是这种带计划性的行政思维,使政府错误地认为中小企业集合债券的发行是一种“稀缺资源”,需要通过公权力而不是根据中小企业的盈利能力、信用能力或者是对资金的需求程度,结合市场的资金供给来进行资源配置。[①] 事实上,由于政府获取信息受政府本身信息传递机制和政府本身判断能力的局限,“政府的缺陷至少与市场一样严重”。[②] 在政府限制中小企业债券资金用途的过程中,受复杂市场环境和特殊经营状况的影响,政府信息收集、信息处理以及运用信息进行决策的及时性、

① 朱小川:《浅议我国债券市场的制度改革——从改革〈企业债券管理条例〉开始》,载《证券市场导报》2011 年第 5 期。

② [美]布坎南:《自由、市场和国家》,吴良健等译,北京经济学院出版社 1988 年版,第 28 页。

准确性、完整性及流动性往往受到诸多因素的制约，导致干预效果受损。因此，政府实际上很难做到在最合适的时机，以最适当的强度对中小企业集合债券募集资金的用途和比例做出量化的限制。

4. 利率上限管制之于中小企业集合债券的积极性和有限性分析

中小企业集合债券的利率是指债券票面上载明的债券利息与券面金额之比，其代表了中小企业衡量债券筹资成本的基本依据与投资者确定投资与否的客观尺度。中小企业确定债券利率的总原则是，在中小企业的承受能力与对投资者产生吸引力的区间内应尽量降低利率。理论上，利率的确定需要参考以下几种因素：一是银行同期储蓄存款利率水平。由于银行储蓄和债券都是可供投资者选择的获利形式，而债券的风险较银行储蓄高，所以债券的利率应略高于同期储蓄存款利率。二是中小企业的承受能力。为保证债券到期还本付息，中小企业需要根据投资项目的经济效益考量债券利率，投资项目的预计投资报酬率是债券利率的基本决策因素。三是中小企业的信用等级。如果中小企业社会知名度和信用等级较高，则代表中小企业集合债券风险低，可确定较低的利率，反之则需提高利率。四是中小企业集合债券发行的其他条件。如果中小企业集合债券附有抵押、担保等保证条款，担保信用越强，利率可适当降低，反之亦然。五是中小企业集合债券利率还受当期债券市场行情、国家金融政策以及其他券种利率的影响。① 但是，我国债券利率的设定则不完全由以上五种因素决定，因为《企业债券管理条例》第 18 条规定债券利率不得高于银行定期存款利率的 40%。这样的限制手段，既体现了国家严控中小企业高息发债，防止劣质企业通过高利率吸引投资者的风险防范思维，也体现了倾斜保护国有商业银行的吸储能力而延续下来的计划性思维方式。

这一规定存续至今，已严重滞后于现行市场机制，也影响了中小企业集合债券的吸引力和竞争力。当今世界上，包括美国、日本、韩国在内的许多发达国家历经渐进式改革，已基本实现了利率市场化，对债券市场的结构、运行机理都产生了深远影响。② 风险与收益成正比是基本的市场规律，风险较大的

① 蒋大兴：《被忽略的债券制度史——中国（公司）债券市场的法律瓶颈》，载《河南财经政法大学学报》2012 年第 4 期。

② 胡新智、袁江：《中国利率市场化的理性选择——利率市场化的国际经验及其对中国的启示》，载《国际经济评论》2011 年第 6 期。

中小企业集合债券理应提高利率以充分吸引投资者。但是受利率管制的影响,大型企业在与中小企业的竞争中,由于较低的利率上限管制降低了发债的成本,无论项目好坏都可以将利率定在法定最高限上,从而使中小企业与大型企业之间的筹资竞争缺乏优势。相应地,利率上限管制也使利率反映中小企业信用风险的功能无法正常发挥,无论中小企业信用等级、资质水平高低,债券利率都相差无几,投资者无法通过利率识别中小企业集合债券的风险。因此,中小企业集合债券利率自应实行市场化,在中小企业的承受能力与对投资者产生吸引力的区间尽量降低利率。

(二)设置中小企业集合债券发行的特殊条件

对信用等级达到投资级别及以上的债券取消刚性发行条件的限制已经成为发达市场的通行做法;对于信用等级较低的高收益债券,世界各国仍制定了严格的限制条件。为了使不同信用等级的中小企业产生信用竞争激励机制和约束机制,[①]我国可以参照发达市场的做法,将信用等级高的中小企业交由市场自行评判,而对信用等级较低的中小企业予以规范和限制。

针对信用等级在投资级别(BBB)以下的中小企业制定特殊的发行限制条件。可以参考美国的做法,通过限制中小企业的借贷、分红、出卖资产等行为维持其偿债能力。但是美国的高收益债券以私募债券居多、公募债券相对较少,其限制条款主要规定在投资人与发行人自行协商并监督实施的债券契约内。这样的形式仍然存在一定的局限性:一方面,债券契约的格式性使投资人可能在制定契约时缺席,难以通过契约的拟定掌控风险;另一方面,投资人具有分散性和流动性的特点,在监督执行契约时会产生搭便车等集体行为困境。因此,仅靠债券契约仍无法有效保障投资人利益,还需要一些额外的制度予以支持。建议我国制定专门的限制性条款,并由证监会进行解释和执行。这些限制性条款应当包括但不限于:(1)规定中小企业额外负债的比例,即限制对外提供借贷和担保等债务总额与净资产之间的最高比值;(2)规范中小企业的分红、股权投资行为;(3)限制中小企业重大投资行为,要求对超过净

---

① 激励机制是有动机的人的行为决定方式,约束机制是对人的行为控制系统。对信用等级高的中小企业采用较低的准入门槛,而对信用等级低的中小企业执行较高的发行条件,就是期望中小企业为了实现比较优势,而主动提升诚信品质、完善财务结构,进而促使中小企业作为新制度的博弈参与者产生重新博弈的动机。

资产一定比例的投资进行审核；(4)约束中小企业的资产重组行为，对分立合并、融资租赁、资产证券化等可能转移资产的行为进行监管。一旦中小企业违反上述规定，监管机构和投资人都可以要求其采取补救和整改措施，并进行适当的处罚，严重时可以提前进入偿债程序。①

三、中小企业集合债券发行程序的特别补充

从中小企业集合债券发行程序来看，当发行主体由普通企业个体转变为中小企业联合体时，发行决议的形式和内容也都会发生变化，但是现行立法并未对发行程序的规定作出有包容性的调整。因此，有必要以法律的形式对合同的具体问题作出约束性规定。

(一)中小企业集合债券发行决定程序的特别补充

发行企业债券，首先应由企业董事会或股东大会作出发行决议。有的国家和地区明确规定为董事会决议发行，例如，韩国《商法典》第469条规定：公司可以根据董事会的决议募集公司债。意大利《民法典》第2410条规定：法律或章程没有不同规定的，管理人决定债券之发行。在美国，公司债的决定也可以由董事会决定。我国台湾地区"公司法"第246条规定：公司经董事会决议后，得募集公司债。② 也有的国家明确规定为股东大会决定。法国《商事公司法》第286条规定：股东大会是唯一有权决定或者批准发行公司债的机构。无论何种方式，一经决议通过，发行人的主体地位即告确立，企业得以授权与承销商订立承销协议并向监管机构申请发行。但是，对于中小企业集合债券来说，单个中小企业内部作出发行债券决议，并不代表发行主体的成立。由于中小企业联合体由2个及以上的中小企业组成，中小企业集合债券发行主体的确立必须由多个中小企业对相互之间的合作形式、合作期限达成一致并签订协议，方能最终成立。实践中，我国法律规范对此缺乏相应规定。尽管中小企业之间的合作、退出等约定是一种合同关系，可以由私法进行约束，但是中小企业之间的合同将直接影响中小企业集合债券最终能否顺利发行以及发行效率的高低，不仅对中小企业发生作用，也对作为牵头人的政府产生了直接影

---

① 贾昌杰：《美国高收益债券市场发展的经验及其启示》，载《金融论坛》2012年第11期。

② 刘迎霜：《公司债：法理与制度——以我国公司债法律制度梳理为中心》，华东政法大学2008年博士学位论文，第104页。

响。而对中小企业之间所订立的合同作出指导,也是政府扶持和规范中小企业集合债券的应有之意。因此,有必要以法律的形式对合同的某些问题作出约束。

第一,在合作协议签订之前,牵头人应及时披露各个中小企业的实际情况,以便中小企业了解合作对象真实的产业结构、信用等级和资产负债等信息。多个中小企业共同作出组建中小企业联合体的决定,必须是基于真实的信息和独立的判断,并且接受合同的约束。

第二,中小企业之间应当约定合作的方式。由于大多数中小企业都是自主经营、自负盈亏、自行承担经济责任的独立法人,合作一般限于以自有资产作出保证,按照单个中小企业向投资者募集资金的数额承担按份之债。而少数具有一定经济联系的中小企业(如母子公司关系等)亦可约定对共同募集的资金承担连带责任。

第三,应当视合作协议终止的情况,作出限制性规定。一方面,如果因为牵头人组织时间过长而导致中小企业的资金需求发生变化,或者中小企业集合债券没有在规定的期限内申报成功,中小企业可以自行决定退出联合体。另一方面,如果在正常的组织申报过程中,某个或某几个中小企业因自身原因申请退出,应当承担其他中小企业因债券不能发行或者延迟发行所产生的费用。如果是多个中小企业违约,则应当对此承当连带责任。

第四,应当就中小企业的过错行为约定赔偿责任。我国《证券法》第29条规定,公开发行募集文件发现有虚假记载、误导性陈述或者重大遗漏的,不得进行销售活动;已经销售的,必须立即停止销售活动,并采取纠正措施。《证券法》第85条规定,证券发行文件、定期报告、临时报告及其他信息披露资料存在虚假记载、误导性陈述或者重大遗漏,致使投资者在证券交易中遭受损失的,信息披露义务人应当承担赔偿责任。据此,一旦某个或某几个中小企业的申报材料出现虚假记载、误导性陈述或重大遗漏的情况,中小企业集合债券可能被要求停止销售,并对投资者进行损害赔偿。对于无过错的中小企业增加的成本和损失的费用,有过错的中小企业应当承担连带赔偿责任。

(二)中小企业集合债券公告募集说明书程序的特别补充

在中小企业集合债券经国家发改委核准之后,中小企业联合体应当依照法律的规定,在发行中小企业集合债券之前,公告募集说明书,将其置备于指定的场所供公众查阅。[①] 公告募集说明书的目的在于规范发行中小企业集合债券的信息披露行为，保护投资者合法权益。我国《证券法》《企业债券管理条例》都对中小企业在发行前公告中小企业集合债券募集说明书作出了规定。中国证监会《公开发行证券的公司信息披露内容与格式准则第 23 号——公开发行公司债券募集说明书（2015 年修订）》，对募集说明书的编制行为进行了规范，对其应当承载的内容作出了具体的指导。[②]

根据我国已发行的中小企业集合债券和中小企业集合票据募集说明书的情况来看，其公告公开的程序和所包含的内容均与法律规定基本相符，满足了一定程度上信息披露的要求。但是，值得注意的问题是，部分募集说明书没有公开中小企业集合债券的牵头人，而几乎所有的募集说明书都没有对中小企业的筛选和合作事宜进行公开。究其原因，现有法律法规制定之初，是基于对普通债券募集说明书的规范，而对中小企业集合债券的发行前置程序无法完全清晰地进行预见。但是法律法规仍然具有一定的包容性，例如，中国证监会《公开发行证券的公司信息披露内容与格式准则第 23 号——公开发行公司债券募集说明书（2015 年修订）》第 3 条第 1 款规定："本准则的规定是对募集说明书信息披露的最低要求。不论本准则是否有明确规定，凡对投资者做出投资决策有重大影响的信息，均应披露。"据此，尽管法律法规没有根据中小企业集合债券的特殊性对其募集说明书进行特别规定和说明，但是依然可以推定，凡能影响投资者作出投资决策的重大信息仍需予以公告。如此规定的意义在于，不应局限于让投资者了解中小企业集合债券的基本情况，更重要的是让投资者了解中小企业以及中小企业联合体的资产状况、信誉状况和偿债能力，以供其评判债券的信用风险。因此，法律要求公开募集的范围越大，越有利于对投资者的保护。鉴于此，中小企业集合债券应着重增加以下三项披露事由：

---

① 范健、王建文：《证券法》，法律出版社 2010 年版，第 96 ~ 97 页。

② 根据通知要求，披露的基本情况应包括：(1) 发行的核准文件、核准规模和本期债券的名称和发行总额。如发行人分期发行的，披露本期发行安排。(2) 票面金额、债券期限、还本付息的方式，本期债券的起息日、利息登记日、付息日期、本金支付日、支付方式、支付金额及其他具体安排。(3) 债券利率/发行价格或其确定方式、定价流程。(4) 赎回条款、回售条款、可交换为股票条款、减记条款等（如有）。(5) 担保情况及其他增信措施（如有）。(6) 募集资金专项账户。(7) 信用级别及资信评级机构。(8) 债券受托管理人。(9) 发行方式、发行对象与配售规则。(10) 承销方式。(11) 公司债券上市或转让安排。

第一,在募集说明书中明确牵头人的名称、职能以及在中小企业集合债券组织过程中所起的作用。牵头人在组织发行中小企业集合债券的过程中,既为扶持、引导中小企业发挥了良好的效果,又对组织、协调和监督中介机构起到重要作用。总之,牵头人工作的成效是影响中小企业集合债券能否顺利发行的关键因素之一。在募集说明书中明确其名称、职能和作用,有利于投资者了解牵头人的工作内容和工作效果,也为社会公众实现对牵头人工作职能的监督提供了有效渠道。

第二,在募集说明书中公布牵头人和中介机构筛选中小企业的标准和程序。筛选的标准是否合法合规、是否具有扶持和引导中小企业的效果;筛选的程序是否公开透明、是否排除了利益冲突,都直接决定了参与发债的中小企业有着怎样的资质。投资者通过募集说明书中公开的筛选标准和程序,才能进一步分析和评判中小企业的偿债能力。

第三,在募集说明书中强调中小企业之间的组合形式。中小企业之间存在不同的合作关系,包括同行业合作、供应链合作、能力不同的企业帮扶合作等形式。不仅中小企业的自身资质会对偿债能力产生影响,中小企业联合体的组合形式也会对融资效率和信用风险产生一定程度的影响。因此,公布中小企业之间的组合形式,才能使投资者获得更加全面、系统的信息。

第八章　中小企业集合债券监管法律制度

监管是政府对中小企业集合债券进行规范的主要手段，是监管机构基于法律的相关规定，对中小企业及其他市场主体的行为进行限制、约束等直接干预活动的总和。[①] 监管可以矫正中小企业集合债券的相关主体偏离既定规则的行为，在此意义上，对中小企业集合债券的规范也是为了促进其更好的发展。但是，监管并不总是有效。受利益冲突、路径依赖以及监管者自身局限等因素的影响，对中小企业集合债券的监管存在着不完备的情况，制约了政府对中小企业集合债券的规范效果。为此，本章主要针对中小企业集合债券监管法律制度中存在的问题，有针对性地展开讨论。

一、中小企业集合债券监管权统一的探究

（一）中小企业集合债券行政多头监管的利弊分析

基于历史的原因，立法机关并没有对中小企业集合债券进行法律制度上的顶层设计，致使中小企业集合债券形成了多头监管、市场分割的局面。同样是中

① 顾耕耘：《经济法教程》，上海人民出版社 2002 年版，第 565 页。

小企业联合体发行的信用债券，由于法律准则、核准机构、交易场所不同，出现了“中小企业集合债券”和“中小企集合票据”两种不同称谓，分别适用于不同的监管规则和程序：中小企业集合债券在发行阶段上受《企业债券管理条例》约束，中小企业集合票据受《人民银行法》授权下的《银行间债券市场非金融企业债务融资工具管理办法》和《银行间债券市场中小非金融企业集合票据业务指引》指导；中小企业集合债券审批权限在于国家发改委，中小企业集合票据则由央行指导和监督下的银行间市场交易商协会负责；在流通市场上，交易所债券市场由证监会负责，银行间债券市场则由央行主管。

以法律所赋予的权力应由一个还是多个机构掌握为划分标准，可以将监管模式分为集中监管和多头监管。集中监管意味着债券监管的权力主要集中在一个监管机构手中，多头监管则由多个机构分享监管权力。基于制度变迁的原因，我国债券市场形成了国家发改委、证监会、央行多头监管的模式。多头监管的优势在于可以在多个监管者之间形成监管竞争和权力制衡，并将监管者的行为置于竞争压力之下。国外有学者从产品竞争理论推演出监管竞争的分析进路，认为与产品市场给生产者带来的竞争压力相类似，政府在监管中的竞争也会迫使政府以一个竞争性的价格提供监管服务。① 有学者从消费者选择权的角度提出，赋予公民法律适用的选择权，会大大提高他们的福利。② 我国有学者认为，基于外部竞争压力和内部部门诉求，监管者获得了改变监管法律、促进创新和提高市场福利的动力，使发行和交易法律规则在市场准入、融资成本、投资者保护等方面都有了进步和发展。③ 还有学者提出，当监管者遭受竞争压力时，会通过降低行政干预、完善市场机制，不断吸引市场主体选择其监管之下的交易场所和债券类型，进而推动市场的进步；因此，债券市场的改革目标不应是统一监管，而是“分门别类”，对不同类型的市场主体提供特别的监管。④ 多头监管的竞争效应在实践中也有所体现：国家发改委主管

---

① Wallce E. Oates and Robert M., "Schwab Economic Competition among Jurisdictions: Efficacy Enhancing or Distortion Inducing", *Journal of Public Economics* 35, 1988, pp. 333 - 354.

② Larry E. Ribstein and Erin A. O'Hara O'Connor, "From Politics to Efficiency in Choice of Law", *University of Chicago Law Review* 67, 2000, p. 1151.

③ 刘迎霜：《公司债：法理与制度——以我国公司债法律制度梳理为中心》，华东政法大学2008年博士学位论文，第769～770页。

④ 时晋、曾斌：《市场分立与监管竞争——我国公司债券市场发展的法经济学研究》，载《金融法学家》2012年第4期。

的中小企业集合债券发行制度已逐渐向证监会监管的公司债券制度靠拢，两者之间微弱的差异主要体现在了监管机构对发行主体的争夺上。[①] 国家发改委对中小企业集合债券的审批时间也大幅缩短，2013 年 5 月国家发改委办公厅《关于进一步改进企业债券发行审核工作的通知》对属于当前国家重点支持范围的发债申请加快和简化审核程序，其中专门将中小企业集合债券纳入改革范围之内。与此同时，通过竞争中的相互模仿和经验借鉴，国家发改委和央行分别指导下的中小企业集合债券和中小企业集合票据的规则、功能也在日益趋同，尤其是在二级市场，交易机制和登记、托管、结算等规则已无重大差异，两者之间的竞争更多体现在发行规则的宽严程度上。

然而被假定为“公共利益”代表的监管机构，也有“功利目标”和“私人利益”，通过行使发行审核、信息披露等职权，实质上拥有了对这些经济资源的支配权。分权必然会导致监管者对经济资源的争夺，并塑造利已的监管格局。盖特希和赫尔莫斯认为，监管竞争至少具有以下缺陷：一是监管竞争不能避免和防止市场失灵；二是监管竞争驱使监管者为吸引企业而放松监管，并可能带来零监管或次优监管效应；三是监管竞争可能带来规则和标准的持续调整，增加了企业和投资者的预期不确定性和市场成本。[②] 在我国债券市场上，信息披露不足、市场主体行为不端等市场失灵的现象屡有发生。为了克服市场失灵，单一监管供应者将比几个互相竞争的供应者更有效率，监管协调和政策统一是有必要的。[③] 监管竞争也可能带来债券市场的过度放松监管。央行放权银行间市场交易商协会全面自律监管模式对国家发改委和证监会的传统监管模式造成了很大冲击，毕竟，一旦监管赢取了良好的市场反应，必能彰显监管机构的业绩并提升其在政府经济管理体系中的地位。因此，国家发改委和证监会的监管也逐渐向宽松化发展。但是，我国在信息披露、信用评级、投资者保护以及中介声誉约束等机制完全建立之前全面放松监管，是否有利于信用风险防范，仍有待市场检验。多头监管以及由此产生的交易规则、发行程序、

---

① 根据内部工作会议的划分，国家发改委监管的企业债券主要以中央国有企业、地方重点企业、中小企业为主体，证监会监管的公司债券则主要以上市公司为主体。

② K. Gatsios and P. Holmes, “Regulatory Competition and Internalization Harmonization”, *Global Economic Institutions Working Paper*, 1997.

③ Daniel C. Esty and Damien Geradin, “Regulatory Co-Opetition”, *Journal of International Economic Law*3, 2000, pp. 235 – 255.

发行标准和交易方式等各个环节宽严不一，导致中小企业集合债券与中小企业集合票据制度设计上形成的差异，并在实践中形成1∶5的悬殊的融资规模，增加了市场成本；二分市场则人为割裂了中小企业集合债券在证券交易所和银行间债券市场的自由流通，降低了市场效率，也影响了中小企业集合债券的整体发展。

（二）中小企业集合债券行政监管与自律监管的优劣分析

由于国家发改委重视从发行条件和核准规则上考察中小企业的发债资质，因此国家发改委的行政监管呈现出以防范市场风险为价值取向的特征。这种取向的形成既受监管分工的影响，也有债券市场历史形成的路径依赖因素。而银行间市场交易商协会则根据央行进取性的市场化战略，发挥了自律监管的灵活性和专业性，使中小企业集合票据呈现出以市场效率为价值取向的特征。通过对中小企业集合债券的国家发改委行政监管模式与中小企业集合票据的银行间市场交易商协会自律监管模式优劣互比，有助于找到更适宜中小企业集合债券规范化发展的路径。

国家发改委对中小企业集合债券的行政监管是在《企业债券管理条例》框架下发展起来的监管模式。国家发改委作为国务院职能部门，具有研究制定社会经济发展方针政策，指导宏观经济改革的重要职能。因此，国家发改委在主管企业债券的过程中扮演着对国家重点企业、重点项目以及中小企业进行政策性扶持的角色。而从监管权的行使来看，国家发改委既承担制定国家发展战略，进行宏观经济调控的主要职责，又负责国家粮食局、国家能源局等重要部门的管理工作。国家发改委的财政金融司在研究财政政策改革、提出直接融资发展战略的工作之外，监管中小企业集合债券的发行。因此，国家发改委的“多重身份”，决定其无法将全部精力投入中小企业集合债券的监管中去。

与国家发改委的行政监管相比，银行间市场交易商协会的自律监管具有许多不可替代的优势。其一，银行间市场交易商协会自律监管的效率更高。从新兴的债券市场法律现象萌芽、浮出水面到立法出台、再到政府行政监管采取措施，往往旷日持久，甚至坐失监管良机。① 中小企业集合债券自2007年

① 2004年深圳证券交易所第一期法律课题研究报告：《证券交易所自律监管地位比较研究》，第7页。

产生以来，还没有产生专门的法律规范，国家发改委仍然沿用企业债券的监管规则对其进行监管，阻碍了中小企业集合债券的市场化发展。而银行间市场交易商协会作为自律组织则可随时回应债券市场的新兴法律问题，适时出台自律规则、更新监管举措。在2009年11月23日第一只中小企业集合票据“09北京顺义中小债”发行之前，银行间市场交易商协会已于2009年11月9日发布施行了《银行间债券市场中小非金融企业集合票据业务指引》。自律规则不仅出台速度快，而且其本身质量亦可借由熟谙中小企业集合票据的市场主体积极参与而获得专业保障，比国家发改委的行政监管更加灵活、便捷地适应了金融创新。其二，银行间市场交易商协会自律监管的成本更低。中小企业集合债券作为金融创新产品具有的一定特殊性和复杂性，国家发改委要保持对其高效、有序的监管，必须引进具有专业技能和监管经验的专业人才、投入配套的物力财力，无疑会增加监管的成本。相比之下，银行间市场交易商协会具有专业性强、信息直接、熟悉市场的优势，可以节约更多的监管资源。其三，银行间市场交易商协会自律监管更易被市场参与者理解和接受。国家发改委行政监管的依据是国家自上而下地制定的法律规范，在贯彻执行的过程中，市场主体对其理解和遵守需要一个被动适应的过程。银行间市场交易商协会自律监管本质上是中小企业、中介机构、投资者和其他市场主体共同参与的结果，被规范者也是自律规则的制定者，自律监管成为按照中小企业、中介机构和投资者的要求进行自我管理的方式。① 正因如此，自律规则更易得到市场主体的充分理解与主动遵守，中小企业“用脚投票”，更多地选用中小企业集合票据进行融资。

但是，央行主管下的银行间市场交易商协会自律监管也存在一定的问题。其一，央行和银行间市场交易商协会的职能并非以债券监管为主。根据《中国人民银行法》的规定，央行担负着制定和执行货币政策，防范和化解金融风险，维护金融稳定的职责；具有监督管理银行间外汇市场、银行间债券市场、银行间同业拆借市场和黄金市场的职能。可见，国家对央行的定位是维护整体金融稳定，而不是具体的金融监管。央行建立银行间债券市场的初衷也不是为了完善资本市场，而是为了解决商业银行不能在证券交易所交易的问题，进

---

① 李响玲：《论新趋势下的证券交易所自律监管》，华东政法大学2012年博士学位论文，第46页。

而满足商业银行的投融资需要。[①] 但是,随着交易量和债券种类的不断增加,银行间债券市场的功能和地位日益突出,发展规模甚至大大超越了交易所市场。银行间债券市场已经逐渐由货币市场属性向资本市场属性转变,不仅容易导致货币流通速度不稳定,而且削弱了原有货币政策工具的效力。[②] 其二,银行间市场交易商协会制定的自律规则缺乏上位法律的指导。我国银行间市场交易商协会所制定的自律规则,其主要依据在于《中国人民银行法》和《银行间债券市场非金融企业债务融资工具管理办法》的原则性规定,并授权央行对银行间市场交易商协会执行银行间债券市场管理规定的行为进行检查监督。由于银行间市场交易商协会的自律监管可能存在放松监管、忽略社会公共利益以及缺乏强制执行力等问题,立法者和监管机构应当正视自律监管可能滋生的消极现象,通过制定统一的监管法,对自律规则进行适度的规定和指导。[③]

(三)建立统一的中小企业集合债券监管机构

1.改变分头监管格局,由证监会统一负责债券的监管

设立统一监管机构是国际上的通行做法,如美国、德国、泰国、菲律宾和马来西亚等均由证监会监管,英国、韩国由金融监管局监管,日本则由财政部监管。[④] 监管模式一般有三种:一是以美国为代表的政府主导监管模式。美国政府通过制定专门的监管规则、设立全国性监管机构实现统一监管,自律监管只起辅助作用。二是以英国为代表的市场自律监管模式。20世纪80年代以前,英国没有统一的法律规范和监管机构,主要通过交易所制定自律规则约束和监督市场。三是以德国为代表的中间型监管模式,既重视统一的政府监管,

① 1997年,出于证券交易所制度尚不完善,银行资金流入股市可能存在巨大风险的考虑,央行发布了《关于各商业银行停止在交易所证券回购及现券交易的通知》,要求商业银行全面退出证券交易所。次年,为了满足商业银行的投融资需求,央行公布《银行间债券市场非金融企业债务融资工具管理办法》,授权银行间交易商协会对本质上属于企业债券的“中期票据”进行自律监管。自此,由外汇交易中心作为报价交易前台,由中央国债登记结算公司作为后台托管结算的银行间债券市场在我国债券市场的主板地位得以确立。

② 吴军、张旭路:《我国银行间债券市场属性研究》,载《广东金融学院学报》2010年第3期。

③ 徐明、卢文道:《从市场竞争到法制基础:证券交易所自律监管研究》,载《华东政法学院学报》2005年第5期。

④ 刘迎霜:《公司债:法理与制度——以我国公司债法律制度梳理为中心》,华东政法大学2008年博士学位论文,第219~220页。

又突出自律管理的功能，是两种监管模式渗透、整合的产物。但是，20世纪80年代以来，随着金融自由与金融创新的发展，世界各国为了防范可能产生的金融风险，既加强了政府对市场的干预，又不断强调自律机构的自律监管，监管模式逐渐向中间型发展。自2000年以来，自律监管模式的代表英国为了适应市场的发展，也颁布了《金融服务与市场法》，组建了统一的监管机构——金融服务监管局，对自律组织的监管权作出指导和管理。① 在我国，由于证监会在发行审核、发行市场建设和信息披露等方面业已形成一套比较成熟的制度，具有监管上的专业优势。因此，有必要将中小企业集合债券和中小企业集合票据合二为一，适用一致的监管法则，接受证监会的统一监管。还应考虑中小企业集合债券发行审核、发行条件和发行程序的特殊性，在证监会下设专门机构进行管理，并制定特殊法律予以规制。

2. 改变基于监管机构的债券分类形式，根据债券功能划分债券类型

企业债券中，国有独资企业和国有控股企业发行的，用于满足国家固定资产投资和基础设施建设的债券，应与地方政府债券一并统称为“政府债券”。②此类债券应从企业债券中剥离出来，接受国家宏观经济安排和产业政策调控。此外，应合并中小企业集合债券和中小企业集合票据。尽管两者从诞生之日起就被不同的监管机构赋予了各有特色的发展理念，但是基于相同的目标和功用，两者的统一符合市场主体的共同利益。因此，笔者建议，将两者合二为一，适用一致的监管法则，接受证监会的统一监管。此外，还应充分考虑中小企业集合债券审核机制、发行条件以及信用风险防范的特殊性，在证监会下设专门的机构进行管理，并制定特殊的法律予以规制。

3. 建立证监会行政监管与自律组织自律监管的良性互动关系

信用类债券的违约风险是客观存在的，只要有信用活动，就会有信用风险，信用本身即意味着风险。只在债券市场中获利，而不经历信用风险，是违背客观经济规律的做法，也无法促进债券市场的发展。中小企业集合债券与中小企业集合票据的不均衡发展，凸显了市场本身对不同监管理念的选择。相比国家发改委传统的、以防范风险为主的监管策略，银行间市场交易商协会

---

① 李响玲：《论新趋势下的证券交易所自律监管》，华东政法大学2012年博士学位论文，第23～29页。

② 王国刚：《论公司债券与企业债券的分立》，载《中国工业经济》2007年第2期。

更具市场进取心，其采用的自律监管模式，使中小企业集合票据更加高效、更有影响。但是，市场化也是一个客观发展、循序渐进的过程。中小企业规模小、风险高的缺陷，与债券市场上投资者经验缺乏、中介机构声誉缺失、信息披露不充分等问题相互影响、相互制约，对放松监管的举措造成了挑战。因此，要建立促进市场发展和防范信用风险的双重目标，必须依靠行政监管和自律监管共同发挥作用。一方面，证监会应当在自律组织行使权限之前，要求自律组织遵守法律规定的行为准则。在自律组织开始自律之后，政府应通过检查自律规则的内容、履行自律职责的情况并开展持续性监督。另一方面，证监会必须尊重自律组织的自治地位和独立人格。监管制度发展过程中出现的证监会与证券交易所之间的领导与被领导关系，是特殊时期、特殊环境的产物，并非常态，应将其转化为合规的监管与被监管的关系。证监会对自律组织的监管权限应以法律的形式加以固定，在划定行政监管和自律监管边界的基础上，限制其监管的范围和程序。①

（四）完善中小企业集合债券监管法律规范

中小企业集合债券和中小企业集合票据的分化和疏离，并不是出于立法者与时俱进对社会知识的掌握，也不是基于市场自发形成的交易场所分层，而是源于监管机构的利益冲突和权力分立。这样的分化和疏离对中小企业集合债券市场的发展带来诸多不利，如中小企业发行成本和监管成本上升、监管寻租和套利等。然而三套法律规范日趋融合的态势却也表明，尽管不同监管者可能千人千面，对市场化本质的理解各有千秋，但是以市场化为目标引导债券市场进行改革的真理却是一个能够为社会实践所证明并不断臻于完善的过程。只要坚持市场在分配资源中的基础性作用和核心地位，坚持法治对政府的引导和制约，坚持以社会实践经验的反馈作为检验法律作用的标准，法律规范通过循序渐进地完善，必将实现统一。当监管规则和市场机制分立的成本已经大大超出了政府利用不同监管手段分别进行实验的效益时，也就迎来了法律变革的契机。将《证券法》视为各类债券的顶层法律规范，不仅存在法律依据，也是维护其基本法地位的唯一途径。以《证券法》为核心，对中小企业集合债券相关立法进行整合统一，是当务之急。

---

① 徐明、卢文道：《从市场竞争到法制基础：证券交易所自律监管研究》，载《华东政法学院学报》2005年第5期。

第一，扩大"证券"的范围。突破《证券法》第2条仅规范"公司债券"的限制，将包括国家发改委主管的中小企业集合债券、央行主管的中小企业集合票据在内的所有企业债券、公司债券、债务融资工具统一纳入《证券法》的规制范围。

第二，《证券法》应规定统一的监管主体。在以《证券法》为核心的法律体系中，应当维护证监会的监管权威，将中小企业集合债券、中小企业集合票据合二为一，由其统一监管，适用一致的发行、交易条件。因此，应当删除《证券法》第9条、第16条、第21条、第22条、第24条中关于债券发行审核由"国务院证券监督管理机构"和"国务院授权的部门"共同负责的规定，改为由"国务院证券监督管理机构"统一监管。

第三，统一监管法律规则。功用相同的企业债券、公司债券、债务融资工具应合而为一，适用统一的监管规则。将《企业债券管理条例》、国家发改委《关于进一步改进和加强企业债券管理工作的通知》、国家发改委办公厅《关于进一步改进企业债券发行审核工作的通知》、国家发改委办公厅《关于简化企业债券审报程序加强风险防范和改革监管方式的意见》、中国证监会《公司债券发行与交易管理办法》以及央行《银行间债券市场非金融企业债务融资工具管理办法》等规定，整合为统一的行政法规《企业债券发行与交易管理条例》。同时，基于中小企业集合债券的特殊地位和功能，应制定专门的《中小企业集合债券管理办法》，将中小企业集合债券特殊法律制度，如牵头人制度、合作制度、信用担保制度、信用信息服务制度、发行制度等统一纳入监管。

第四，要改变"重风险防范，轻市场发展"的传统思路，经过渐进式改革，建立统一、简便的发行准入标准，逐步从审批制、核准制过渡到注册制。

第五，要取消服务于大型企业融资需要的规定，重新制定债券公开发行的条件，向平等主体甚至向中小企业等弱势群体倾斜的方向转变。根据中小企业的特点，设置差别化、特殊化的发行条件。

二、以信息披露为核心的中小企业集合债券监管法律制度

中小企业集合债券信用风险的客观存在与违约的最终发生之间并不必然画等号，究其原因，关键在于通过信息披露对信用风险进行有效的揭示。信息披露亦称信息公开，是指中小企业、中介机构等市场主体在债券发行、交易的过程中依据法律规定或认为有必要时，以公开报告的形式向投资者或相关信

息使用者披露能够直接或间接影响他们决策的信息。信息披露旨在削弱中小企业对投资者所享有的信息优势,以及消除中小企业违背对投资者承诺的可能性。削弱信息优势有赖于对中小企业真实信息的持续性公开;而消除违约可能性,也并非要求政府对中小企业经营能力与发展潜力的优劣做出评价,其更需要的还是通过强制性手段保障投资者知情权,最终让市场机制对中小企业信用风险做出判断。因此,将信息披露而非行政许可作为保障市场安全和投资者权利的有效手段成为中小企业集合债券监管的发展趋势。

(一)中小企业集合债券信息披露法律规范的现状

国家发改委、证监会、央行以及证券交易所、银行间市场交易商协会等自律组织分别制定了不同的监管规则,共同构筑了债券信息披露法律规范体系。[①] 按照立法位阶划分,信息披露规范可以分为三个层面:法律层面的是《证券法》和《公司法》;行政法规层面的是《企业债券管理条例》;部门规范性法律文件层面及自律规则层面则由各个监管机构分头制定的通知、办法、规则等组成。国家发改委制定的规范性文件有:2004 年国家发改委《关于进一步改进和加强企业债券管理工作的通知》,对企业债券的募集说明书、年度财务报告、重大事项、跟踪评级及后续披露进行了规定。2011 年国家发改委办公厅《关于进一步加强企业债券存续期监管工作有关问题的通知》要求发行人及中介机构严格按照法律规定,定期和不定期地进行信息披露,并要求地方发改委加强对信息披露的监督检查。证监会制定的规范性文件有:《公开发行证券的公司信息披露的内容与格式准则》系列文件,对发行人募集说明书、发行申请文件、上市公告书等编制行为进行了规范。央行制定的规范性文件有:2000 年《全国银行间债券市场债券交易管理办法》规定,发行人制造并提供虚假材料和交易信息,可由央行给予警告并处以罚款,暂停或取消交易资格。2005 年《公司债券进入银行间债券市场交易流通的有关事项公告》对公司债券和企业债券进入银行间债券市场交易流通后应披露的材料内容进行了详细规定。证券交易所制定的自律规则有:《上海证券交易所公司债券上市规则(2018 年修订)》《深圳证券交易所公司债券上市规则(2018 年修订)》规定,市场主体应保证披露内容真实、准确、完整,应当披露的信息包括定期报告和临时报告,在公告前不得泄露信息等。银行间市场交易商协会制定的自律规则

① 王芳:《我国债券市场信息披露的现状、问题与对策》,载《证券市场导报》2013 年第 2 期。

有:2012 年修订的《银行间债券市场非金融企业债务融资工具信息披露规则》为企业在银行间债券市场的交易行为作出了详细而具体的规定。债券市场多头监管体制造成债券市场分割、信息披露法律规范纷繁复杂的局面,增加了中小企业和投资者的信息搜集成本,而不同监管主体制定的债券信息披露规则对同一发行主体的信息披露要求存在一定程度的差异,为中小企业提供了规避信息披露监管的空间。

(二)中小企业集合债券信息披露存在的问题

1. 现有法律规范无视中小企业集合债券特殊性而形成监管真空

现有法律法规大多没有就中小企业集合债券的特殊性专门提及有关中小企业集合债券信息披露的问题。《上海证券交易所公司债券上市规则(2018 年修订)》《深圳证券交易所公司债券上市规则(2018 年修订)》第 3 章第 3 节便指出,"发行集合债的,其中任意发行人均应当按照本规则相关规定履行定期报告披露义务"。目前,只有银行间市场交易商协会自律规则《银行间债券市场中小非金融企业集合票据业务指引》专门对中小企业集合票据的信息披露作出了指导。其中,第 8 条规定:"企业发行集合票据应制定偿债保障措施,并在发行文件中进行披露,包括信用增进措施、资金偿付安排以及其他偿债保障措施。"第 9 条规定:"企业发行集合票据应披露集合票据债项评级、各企业主体信用评级以及专业信用增进机构(若有)主体信用评级。"第 12 条规定:"企业发行集合票据应按交易商协会《银行间债券市场非金融企业债务融资工具信息披露规则》在银行间债券市场披露信息。"然而,中小企业集合债券所具有的特殊性,包括中小企业本身的特殊性和中小企业集合模式的特殊性,使已有债券信息披露规则已无法对其形成有效规范。

就中小企业本身的特殊性而言,中小企业缺乏信息披露的内部激励。其一,中小企业治理结构简单,利益相关者的信息需求动力不足。两权合一的中小企业,投资人也是内部管理人,两者的需求合二为一,既是信息的提供者又是信息的使用者,缺乏对外进行信息披露的动力。其二,中小企业信息披露成本较高。中小企业需要为信息披露付出准备和传播的成本,也要对专有信息被竞争对手利用所造成竞争劣势的可能性花费成本,一旦信息披露的总成本大于因信息披露而获得的收益时,中小企业就会选择不披露或较少披露信息。其三,中小企业存在信息生成和信息管理的缺陷,容易引起信息披露虚假或不准确。中小企业规模小、内部机构设置简单,会计机构往往层次不清、分工不明。内控机制不健全,造成利益相关者对中小企业信息披露的信任度低,不利于信息资源的传递。其四,中小企业缺乏外部激励机制,对待信息披露的态度消极。缺乏专业经理人管理制度的支持,许多中小企业负责人受教育水平限制,缺乏经营的中长期规划,往往不注重企业声誉和形象,对信息披露持消极态度。

就集合模式的特殊性而言,中小企业集合债券"统一产品设计、统一运作、统一发行上市、统一管理以及统一偿还、分别负债"模式极大地提高了中小企业的融资效率,但是也蕴含了潜在的风险。相比一般企业债券的风险而言,中小企业集合债券的信用风险具有发生概率高、影响范围广、预测评估难等特点。一是发生概率高。正如木桶理论的短板效应所示,除去担保的考虑,中小企业集合债券的信用等级应由风险最大的中小企业信用等级来决定,因为任何一个中小企业的违约将直接影响整个中小企业集合债券的偿付。二是影响范围广。许多中小企业集合债券都由同一产业链的中小企业集群发行,当信用链条中的某一个中小企业出现信用问题,则可能导致整个链条出现效仿效应和风险传递效应,使单个中小企业或者单只中小企业集合债券的信用风险迅速蔓延为整个产业乃至整个债券市场的风险。三是预测评估难。要同时对多个中小企业的信用状况进行评估需要耗费较多的时间成本和人力物力。尤其是对中小企业联合体的整体信用进行评价时,更需要建立专门的、科学的评级指标体系。在对债券存续期间的监测中,如果某一个中小企业的信用等级发生了变化,就需要根据变化情况对整只中小企业集合债券的信用等级做出调整,这也对信用评级机构提出了更高的要求。信息披露是中小企业与投资者进行交易时彼此了解的基本方法,只有加强对中小企业集合债券的信用披露,才能对信用风险予以真实的揭示,从而保护投资者的利益。

2. 监管不充分致使中小企业集合债券信息披露不足——基于"11 常州中小债"信息披露监管失灵的个案分析

"11 常州中小债"是由常州市发改委担任牵头人,海通证券股份有限公司担任主承销商,常州投资集团有限公司承担全额不可撤销连带保证担保责任,常州天山重工机械有限公司等 10 家中小企业共同发行的中小企业集合债券。本只债券于 2011 年 3 月 10 日通过承销团成员设置的发行网点公开发行,发行总额 5.08 亿元,票面年利率为 5.03%,债券期限为 3 年。作为联合发行人之一的常州永泰丰化工有限公司(以下简称永泰丰化工)是一家江苏省常州市的注册企业，主要经营范围包括：危险化学品生产、化工产品销售以及自营和代理各类商品及技术的进出口业务。经鹏元资信评估有限公司评定，永泰丰化工的长期主体信用级别为 BBB⁻，而"11 常州中小债"因常州投资集团有限公司承担连带保证责任，债券信用级别被评为 AA⁺。2013 年 1 月，永泰丰化工因涉嫌偷排污水，被常州市环保局列为重点污染单位。2013 年 6 月，常州市环保局对永泰丰化工进行年中突击检查，发现严重污染问题仍未整改，限于 6 月底之前关停。2013 年 10 月，永泰丰化工向常州市新北区法院提请破产重整，当月申请被法院裁定通过。在上述系列事件发生的整个期间，永泰丰化工、海通证券股份有限公司、鹏元资信评估有限公司均未公开披露任何信息。[①] 2013 年，鹏元资信有限公司对永泰丰化工进行跟踪评级的结果为：主体长期信用等级维持为 BBB⁻，评级展望维持为稳定。直到 2014 年 1 月 14 日，常州市政府官方网站的新闻显示，常州市发改委组织召开了"11 常州中小债"协调会议，市金融办、市银监局、海通证券股份有限公司等相关部门和机构参会，共同研究制定偿债风险应对方案，以确保"11 常州中小债"按时偿付。[②] 2014 年 1 月 17 日，海通证券股份有限公司发布公告称，因经营环境变化，永泰丰化工已经停止生产经营，其 3689 万元中小企业集合债券本息无力偿还；经过与为其提供反担保保证的常州清红化工有限公司友好协商，由后者先行代偿。[③] 同日，鹏元资信有限公司公告称，永泰丰化工已停止生产经营，将其主体长期信用等级下调为 CC 级。[④] 最终，"11 常州中小债"于 2014 年 3 月 15 日到期按时偿付，而债券相关主体并未受到任何监管机构的处罚。从事件整个经过来看，中小企业集合债券的信息披露存在以下几个方面的问题。

第一，中小企业、承销商、信用评级机构未履行主动、及时的披露义务。根据国家发改委办公厅《关于进一步加强企业债券存续期监管工作有关问题的

---

① 乔加伟：《中小企业集合债发起人违约　信息披露被指违规》，载搜狐财经：http://business.sohu.com/20140122/n393947223.shtml，2020 年 2 月 13 日最后访问。

② 常州市发改委：《组织召开"11 常州中小债"偿债工作协调会议》，载常州市政府门户网：http://www.changzhou.gov.cn/ns_news/915138977961275，2020 年 2 月 13 日最后访问。

③ 海通证券股份有限公司：《关于 2011 年常州市中小企业集合债券重大事项的说明》，载中国债券信息网：http://www.chinabond.com.cn/Info/17468308，2020 年 2 月 13 日最后访问。

④ 鹏元资信有限公司：《鹏元资信评估有限公司关于下调常州永泰丰化工有限公司主体长期信用等级的公告》，载中国债券信息网：http://www.chinabond.com.cn/Info/17518727，2020 年 2 月 13 日最后访问。

通知》第3条规定,"企业债券发行人及其中介机构(为企业债券发行提供中介服务的承销机构、信用评级机构、会计师事务所以及其他出具专业报告和专业意见的相关机构),应严格按照《公司法》《证券法》等有关规定和债券交易场所有关要求,切实履行其在债券募集说明书及其他相关文件中承诺的信息披露义务"。"在债券存续期间,发行人经营方针和经营范围发生重大变化,生产经营外部条件发生重大变化,未能清偿到期债务,净资产损失超过10%以上,作出减资、合并、分立、解散及申请破产决定,涉及重大诉讼、仲裁事项或受到重大行政处罚,申请发行新的债券等重大事项,均应及时披露相关信息。"但是,在永泰丰化工遭受常州市环保局行政处罚、向法院提起破产重组申请等多起重大事件的过程中,中小企业、承销商、信用评级机构都没有及时履行信息披露的义务。时隔半年,在常州市发改委召开协调会议后,中小企业和中介机构才相继对永泰丰化工的破产信息进行披露。

第二,监管机构未能较好地履行监管职责。在国家发改委办公厅《关于进一步加强企业债券存续期监管工作有关问题的通知》中,国家发改委还要求地方发改委加强本地区发债企业信息披露情况的监督检查,并定期报告;对于未履行信息披露义务的企业,要限期改正。而常州市发改委既承担常州市企业债券的监管职责,又是"11常州中小债"的牵头人,这种关系使常州市发改委在扶持和规范中小企业集合债券的两种不同定位中,失去了监管的中立性和权威性。事实上,常州市发改委在永泰丰化工出现重大问题时,更多地履行了牵头人的职责,即召开偿债协调会,积极联系相关机构共同探讨风险应对方案。但是,常州市发改委却未能担负起监管者的责任,既没有及时地发现问题,也没有及时对中小企业与中介机构不履行信息披露义务的行为进行规范和整改。

第三,监管机构没有对违反法律规定的行为作出行政处罚。根据《证券法》第197条要求对信息披露义务人未按照法律规定报送有关报告或者履行信息披露义务,或者报送的报告,或者披露的信息有虚假记载、误导性陈述或者重大遗漏的,责令改正,给予警告并处以罚款,对主要责任人员也要求给予警告、处以罚款。而本案中,国家发改委并未对永泰丰化工、海通证券股份有限公司、鹏元资信评估有限公司及其负责的主管人员作出任何处罚,影响了监管机构的权威性和威慑力。

（三）完善中小企业集合债券信息披露法律制度的建议

完善中小企业集合债券信息披露法律制度，不仅有赖于健全信息披露的监管法律法规体系，也需要完善中小企业信息公示机制，加强中介机构的职业操守和专业素质，还要求提高监管机构的监管水平和工作效率。如何围绕以下四个环节进行规范、全面的制度设计，协调好投资者保护与中小企业集合债券市场发展的关系，是必须思考和回答的问题。

第一，健全中小企业集合债券信息披露法规体系。“改革的复杂性和改革主要影响的不确定性，阻碍了前进的步伐。而这部分归因于政府体系中的政策分割问题。”[①]从世界监管趋势来看，多元化监管的信息披露体系已不能在效率和公平上满足监管的目的，信息披露法律规范有必要与监管机构的统一保持一致，以减少监管机构的成本、增加其效率。首先，应当统一不同监管机构、不同交易市场的信息披露要求。为了便利监管和降低市场成本，国际上债券市场信息披露一体化的趋势正在不断加强。例如，2006 年 6 月欧盟制定了全范围内统一的债券市场法令，凡符合法令规定条件的发行人，无论在伦敦、都柏林还是在卢森堡，都可以公开发行债券；相反，如果达不到这些条件，无论何处，都不允许发行。[②] 此外，美国的信息披露也是严格保证一致，1933 年《证券法》规章 C 章甚至包含了 400 多个系列的规则。我国债券市场有必要统一信息披露要求，杜绝规避监管的行为发生。其次，应当针对中小企业集合债券的特殊性制定特别规定。中小企业在信息管理和信息传递上具有一定的特殊性，如不进行区别对待和严格要求，容易放大中小企业集合债券的风险，有必要作出严格要求。一是要求中小企业及中介机构在募集说明书、上市公告书中对中小企业以及中小企业集群所面临的经营风险、产业风险作出披露，并将中小企业集合债券所面临的整体风险，如信用风险、市场风险、使用风险等予以揭示，并且对风险控制的手段进行说明。二是针对中小企业规模小、成立时间短、盈利业绩少、波动性大等特点，不仅要重视对中小企业财务信息的披露，还要重视对中小企业发展具有较大影响的非财务信息披露，如盈利能

---

① 经济合作与发展组织编著：《OECO 国家的监管政策：从干预主义到监管治理》，陈伟译，法律出版社 2006 年版，第 5 页。

② 岑雅衍：《中国债券市场监管法律制度研究——以监管不完备为视角》，华东政法大学 2009 年博士学位论文，第 191 页。

力和发展前景预测、产品和技术特殊风险、公司治理和内部控制情况等，使信息披露更加严格、透明。三是中小企业集合债券对信用担保机构的过分依赖，使信用担保机构承担了更多的风险。因而不仅要对信用担保机构的财务状况等关键信息进行披露，还要对反担保、再担保等各种风险分散机制进行详细披露，使投资者获得更为完整的信息。

第二，完善中小企业信息公示机制。中小企业信息公示机制既是中小企业信用披露的重要保障，也是中小企业失信惩戒的有效方法。2014 年国务院公布了《企业信息公示暂行条例》，标志着我国企业信息公示机制已初步建立。《企业信息公示暂行条例》要求由市场监管部门推进、监督企业信息公示工作，组织企业信用信息公示系统的建设。市场监管部门公示的信息包括：注册登记、备案信息；动产抵押登记信息；股权出质登记信息；行政处罚信息；其他依法应当公示的信息。企业未按规定公示相关信息以及公示信息隐瞒真实情况、弄虚作假的，都会被市场监管部门列入经营异常名单；情节严重的，由有关主管部门依照有关法律、行政法规规定给予行政处罚；构成犯罪的，依法追究刑事责任。《企业信息公示暂行条例》既属于商事登记制度改革的“严管”范畴，也是对信用信息真实性的有力保障。但是，由于《企业信息公示暂行条例》的重心在于落实国务院《注册资本登记制度改革方案》对企业“宽进严管”的要求，对信用信息公示和规范的范围局限于市场监管部门在履行职责过程中产生的信息，信用信息的公示面仍然不够广泛。因此，为加强中小企业的信息披露，还应重视发挥央行主导的金融信用信息基础数据库与市场监管部门主管的国家法人国家单位信息资源库的联动与信息共享，并在此基础上，建立专门的中小企业信用信息数据库，以保证中小企业信息公示的完整。另外，应注重发挥信息公示对中小企业失信行为的惩戒作用。根据交易成本理论，中小企业是否守信主要取决于违约的成本与收益以及守约收益与失信收益的比较。中小企业的“经济人”行为是在一定的约束条件或制度环境下的理性行为，中小企业信息公示使失信收益低于守信收益，又明显高于守信成本，无形中制约了中小企业的失信行为。通过有关政府部门公布“黑名单”“不良记录”等方式及时对中小企业的失信行为进行公开，成为增强中小企业诚信意识的重要防线。在信息公示的基础上，建立信用警示机制，对有轻微失信行为的中小企业进行警示；建立信用惩戒机制，对失信行为较为严重的中小企业进行重点监控、深入审查；建立严重失信淘汰机制，对严重失信的中小企业应处以吊销营业执照并加强后续监管工作。①

第三,强化中介机构信息披露职责。从中小企业的角度来看,由于债券信息的专业性很强,中小企业在提供信息时存在证明和证实方面的成本,解决的办法之一就是允许外部人评估账簿和文件,让他们佐证中小企业所作陈述的精确性。② 从投资者的角度来看,这种证明和证实为投资者获取真实信息提供了一种保护和保证,而中介机构的信息优势也促进了委托代理关系的有效性,使投资者成本得以降低。由此,中介机构作为专业人士,以自身信誉为担保,确保中小企业信息的真实、完整和准确,成为防范信用风险所依赖的第一道防线,被称为证券市场的"守门人"。承销商、会计师事务所和律师事务所等中介机构都具有不同的信息优势:发行承销商和上市推荐人负有尽职调查责任的义务,会计师事务所出具的审计报告是判断发行主体资产质量、经济效益与发展前景的重要依据,律师事务所出具的法律意见是判断发行过程及还本付息合法性的重要依据。中介机构一方面作为中小企业的代理人,为中小企业的利益最大化服务;另一方面又是证券监管机构的代理人,成为最贴近市场的层级。然而由"11 常州中小债"等案例表明,"守门人"有时也会疏于职守,其在解决债券市场的逆向选择和道德风险问题时,自身也面临着道德风险问题。为了获得公开发行许可,有地方政府牵头的中介机构有很强的动机对拟发行中小企业集合债券进行维护,通过调优财务数据等行为进行发行包装。在发行交易过程中,中小企业集合债券都有信用担保机构承担全额连带保证责任,政府责任隐形兜底的设计机制降低了中介机构防范信用风险和保护投资者的动力。因此,有必要设计监督和激励相容机制,使中介机构在中小企业集合债券发行交易过程中,有权力、有动力防范信用风险。此外,在法律责任上,许多法律规定还比较笼统和模糊,市场上发生中介机构违规的事件远远多于受到监管机构制裁的案件。因此,应完善责任法律法规,加大违规处罚力度,对中介机构不履行职责的行为产生震慑。

第四,维护监管机构的中立性和权威性。在严控中小企业资质、强调发行

---

① 欧阳峣:《中国支持中小企业发展的政策和服务体系研究》,中国社会科学出版社 2009 年版,第 107 页。

② Frank H. Easterbrook and Daniel R. Fischel, "Mandatory Disclosure and the Protection of Investors", *Virginia Law Review*70, 1984, pp. 669 – 715.

实质审核等监管手段逐渐退出舞台之时,以信息披露为监管核心的意义则越发显著。监管机构对信息披露强制性监管的作用是显而易见的:监管机构的公信力和威慑力能有力遏制违法行为、保护投资者合法权益及维护投资者对债券市场的信心;监管机构的规则制定功能可以适时填补法律的空隙,而主动执法功能包括主动开展调查、主动采取行动、对违法者给予行政制裁等,则能及时惩戒市场主体的违法行为;监管机构补充了中介机构对信息披露的不足,并产生了对中介机构的督促和约束作用。但是,由于中小企业集合债券的监管机构与牵头人出现了由同一政府经济管理部门担任的情况,监管机构规范中小企业集合债券的角色定位可能与其扶持功能相冲突。实践中,地方发改委在担任牵头人的过程中,已经与中小企业以及承销商、信用评级机构等中介机构进行了多番协调和沟通,从而产生了诸多联系,对其保持监管者的中立地位产生了不利影响。此外,扶持中小企业集合债券顺利发行的目标,在一定程度上与规范其发展的限制性行为相冲突。地方发改委在追求两个相互冲突的目标时,必将有所取舍,进一步损害了监管的中立性和权威性。因此有必要将中小企业集合债券的牵头人和监管机构分离开来,以保持监管机构地位的专业性,摒弃利益关联,保持中立和权威的立场。

参考文献

一、中文类参考文献

(一)著作类

1. 安义宽:《中国公司债券:功能分析与市场发展》,中国财政经济出版社2006年版。

2. 陈晓红、杨怀东:《中小企业集群融资》,经济科学出版社2008年版。

3. 程燎原、王人博:《赢得神圣——权利及其救济通论》,山东人民出版社1998年版。

4. 樊纲:《市场机制与经济效率》,三联书店1995年版。

5. 范健、王建文:《证券法》,法律出版社2010年版。

6. 冯光华:《中国债券市场发展问题研究》,中国金融出版社2008年版。

7. 高坚:《中国债券资本市场》,经济科学出版社2009年版。

8. 顾耕耘:《经济法教程》,上海人民出版社2002年版。

9. 国务院发展研究中心课题组:《中小企业发展新环境、新问题、新对策》,中国发展出版社2011年版。

10. 何雄浪、李国平:《产业集群演进机理与区域发展研究》,中国经济出版社 2009 年版。

11. 黄复兴:《中国证券市场制度风险研究》,社会科学院出版社 2004 年版。

12. 经济合作与发展组织编著:《OECO 国家的监管政策:从干预主义到监管治理》,陈伟译,法律出版社 2006 年版。

13. 李昌麒主编:《经济法学》,法律出版社 2007 年版。

14. 李昌麒主编:《经济法理念研究》,法律出版社 2009 年版。

15. 李国民:《美国金融危机的成因与教训——基于估值、保证金、杠杆和流动性的角度分析》,中国经济出版社 2010 年版。

16. 李力:《信用评级》,知识产权出版社 2010 年版。

17. 李子彬:《中国中小企业 2012 蓝皮书——扶持中小企业发展财税金融政策的中外比较和借鉴》,中国发展出版社 2012 年版。

18. 廖大颖:《公司债法律之研究》,台南,正典出版文化有限公司 2003 年版。

19. 卢代富:《企业社会责任研究:基于经济学与法学的视野》,法律出版社 2002 年版。

20. 卢代富、单飞跃:《需要国家干预——经济法视域的解读》,法律出版社 2005 年版。

21. 毛寿龙、李梅:《有限政府的经济分析》,三联书店 2000 年版。

22. 欧阳峣:《中国支持中小企业发展的政策和服务体系研究》,中国社会科学出版社 2009 年版。

23. 漆多俊:《经济法基础理论》,法律出版社 2008 年版。

24. 沈四宝:《西方国家公司法原理》,法律出版社 2006 年版。

25. 沈宗灵:《现代西方法理学》,北京大学出版社 1990 年版。

26. 王春峰:《金融市场风险管理》,天津大学出版社 2001 年版。

27. 王全兴:《经济法基础理论专题研究》,中国检察出版社 2003 年版。

28. 王巍:《相对主义:从典范、语言和理性的观点看》,清华大学出版社 2003 年版。

29. 徐箐:《公司法的边界》,对外经济贸易大学出版社 2006 年版。

30. 章谦凡:《市场经济的法律调控》,中国法制出版社 1998 年版。

31. 张文显:《法学基本范畴》,中国政法大学出版社 1993 年版。

32. 张文显:《二十世纪西方法哲学思潮研究》,法律出版社 1996 年版。

33. 张文显:《法哲学范畴研究》(修订版),中国政法大学出版社 2001 年版。

34. 郑玉波:《民法债编各论》(下册),台北,三民书局股份有限公司 1981 年版。

35. 张维迎:《信息、信任与法律》,三联书店 2003 年版。

36. 张宇:《中国的转型模式:反思与创新》,经济科学出版社 2006 年版。

37. 周赟:《法理学》,清华大学出版社 2013 年版。

38. 种明钊主编:《国家干预法治化研究》,法律出版社 2009 年版。

39. 朱崇实主编:《金融法教程》,法律出版社 2011 年版。

40. 朱虎:《法律关系与私法体系:以萨维尼为中心的研究》,中国法制出版社 2010 年版。

41. [冰岛]思拉恩・埃格特森:《经济行为与制度》,吴经邦等译,商务印书馆 2004 年版。

42. [德]萨维尼:《当代罗马法体系Ⅰ》,朱虎译,中国法制出版社 2010 年版。

43. [法]拉费・勒卡荣:《混合经济》,宇泉译,商务印书馆 1995 年版。

44. [美]布坎南:《自由、市场和国家》,吴良健等译,北京经济学院出版社 1988 年版。

45. [美]道格拉斯・诺思:《理解经济变迁过程》,钟正生等译,中国人民大学出版社 2013 年版。

46. [美]道格拉斯・诺思:《经济史上的结构和变革》,厉以平等译,商务印书馆 2013 年版。

47. [美]E. 博登海默:《法理学:法律哲学与法律方法》,邓正来译,中国政法大学出版社 1999 年版。

48. [美]科斯:《企业、市场与法律》,盛洪、陈郁译,三联书店 1990 年版。

49. [美]约翰・罗尔斯:《正义论》,何怀宏译,中国社会科学出版社 1998 年版。

50. [日]谷口安平:《程序的正义与诉讼》,王亚新、刘荣军译,中国政法大学出版社 2002 年版。

51. [日]黑泽义孝:《债券评级》,梁建华等译,中国金融出版社 1991

年版。

52. [日]我妻荣:《债权在近代法中的优越地位》,王书江、张雷译,中国大百科全书出版社 1999 年版。

53. [意]保罗莱昂、詹佛兰科·A. 托等:《信用担保机构与中小企业融资》,游春译,中国金融出版社 2013 年版。

54. [英]戴维·M. 沃克:《牛津法律大辞典》,李双元等译,法律出版社 2003 年版。

55. [英]弗里德里希·冯·哈耶克:《自由秩序原理》,邓正来译,三联书店 1997 年版。

56. [英]哈耶克:《个人主义与经济秩序》,贾湛等译,北京经济学院出版社 1991 年版。

57. [英]密尔:《代议制政府》,汪瑄译,商务印书馆 1982 年版。

58. [英]约翰·梅纳德·凯恩斯:《就业、利息和货币通论》,高鸿业译,商务印书馆 1999 年版。

(二)论文类

1. 白建军:《论法律实证分析》,载《中国法学》2000 年第 4 期。

2. 陈彩虹:《亚当·斯密与凯恩斯之争又起》,载《读书》2009 年第 4 期。

3. 陈晖、岑雅衍:《我国债券市场监管中的利益冲突分析》,载《湖南师范大学社会科学学报》2009 年第 4 期。

4. 陈柳钦、孙建平:《论制度创新与中小企业信用担保体系的发展》,载《上海财经大学学报》2003 年第 5 期。

5. 陈瑞华:《社会科学方法对法学的影响》,载《北大法律评论》(第 8 卷第 1 辑),北京大学出版社 2007 年版。

6. 陈小梅:《中小企业集合债券信用增级机制研究》,载《金融与经济》2010 年第 9 期。

7. 范健:《从全球经济危机反思现代商法的制度价值》,载《河北法学》2009 年第 8 期。

8. 方晓霞:《中小企业信用担保:制度缺陷与发展对策》,载《当代财经》2004 年第 9 期。

9. 冯果:《债券的证券本质与债券市场法制化——〈证券法〉修订背景下的债券法律体系重构与完善》,载黄红元、徐明主编:《证券法苑》(第 17 卷),

法律出版社 2016 年版。

10. 冯奎:《中国地方产业集群政策评论》,载《生产力研究》2006 年第 10 期。

11. 傅鼎生:《论商法的基本原则》,载《政治与法律》1997 年第 5 期。

12. 甘功仁:《加强信用担保立法　促进信用担保业健康发展》,载《中国金融》2006 年第 1 期。

13. 高坚、杨念:《中国债券市场发展的制度问题和方法研究》,载《财经科学》2007 年第 12 期。

14. 高明:《欧洲信用评级发展及监管演变比较分析》,载《武汉金融》2014 年第 1 期。

15. 郜峰:《我国公司债券发行制度的困境与对策》,载《现代管理科学》2014 年第 10 期。

16. 郭夂、成睿、王桂君:《信用增进机制在银行间债券市场的重要作用与面临的挑战》,载《金融市场研究》2013 年第 7 期。

17. 贺朝晖:《中小企业征信系统建设的国际经验与启示》,载《征信》2011 年第 4 期。

18. 洪艳蓉:《公司债券的多头监管、路径依赖与未来发展框架》,载《证券市场导报》2010 年第 4 期。

19. 洪艳蓉:《公司债券制度的实然与应然——兼谈〈证券法〉的修改》,载徐明主编:《证券法苑》(第 5 卷),法律出版社 2011 年版。

20. 胡丰来、黄永航:《企业治理结构、信息不对称与中小企业融资》,载《金融研究》2006 年第 5 期。

21. 胡荣尚、张强:《我国企业类债券发行市场的监管问题探讨》,载《求是学刊》2013 年第 5 期。

22. 胡章灿:《从江苏民营征信机构的现状看征信业务规范发展的路径选择》,载《征信》2010 年第 6 期。

23. 黄润源、刘迎霜:《公司债券信用评级法律关系解析——以美国债券评级制度为模本》,载《学术论坛》2008 年第 1 期。

24. 贾昌杰:《美国高收益债券市场发展的经验及其启示》,载《金融论坛》2012 年第 11 期。

25. 贾康、刘微等:《中小企业信用担保的总体情境与财政政策匹配》,载

《改革》2012 年第 3 期。

26. 蒋大兴:《被忽略的债券制度史——中国(公司)债券市场的法律瓶颈》,载《河南财经大学学报》2012 年第 4 期。

27. 金福海、田茂兴:《构建我国中小企业信用担保制度的基础性法律问题》,载《烟台大学学报》(哲学社会科学版)2006 年第 2 期。

28. 李晗斌:《日本产业集群政策分析》,载《现代日本经济》2009 年第 5 期。

29. 李丽:《公司债券市场的强制性担保要求和投资者定位》,载《金融研究》2006 年第 3 期。

30. 李明:《中国中小企业发展环境分析与政府政策支持体系的构建》,载《郑州航空工业管理学院学报》2008 年第 5 期。

31. 李日新:《企业互助担保与中小企业集群融资——基于关系嵌入视角分析》,载《税务与经济》2009 年第 6 期。

32. 李战杰:《韩国中小企业债券融资模式研究及对我国的启示》,载《中央财经大学学报》2009 年第 3 期。

33. 李子白、汪先祥:《征信制度的国际比较与借鉴》,载《海南金融》2006 年第 11 期。

34. 林琳:《中小企业集合票据发展方式研究——基于江苏省中小企业的调查分析》,载《区域金融研究》2013 年第 5 期。

35. 林毅夫、李永军:《中小金融机构发展与中小企业融资》,载《经济研究》2001 年第 1 期。

36. 林洲钰、林汉川:《中小企业融资集群的自组织演进研究——以中小企业集合债组织为例》,载《中国工业经济》2009 年第 9 期。

37. 刘长全、李靖等:《国外产业集群发展状况和集群政策》,载《经济研究参考》2009 年第 53 期。

38. 刘水林、郜峰:《完善我国公司债券监管制度的法律构想》,载《上海财经大学学报》2013 年第 3 期。

39. 刘铁峰:《中国债券市场法规建设情况浅析》,载《证券市场导报》2009 年第 4 期。

40. 刘迎霜:《论公司债券投资者的权益保护》,载《社会科学研究》2012 年第 4 期。

41. 陆文山:《推进我国债券市场发展的若干问题再认识——兼论资本市场功能的完善》,载《证券市场导报》2010 年第 4 期。

42. 罗培新:《公司担保法律规则的价值冲突与司法考量》,载《中外法学》2012 年第 6 期。

43. 明宇:《中小企业集合债券要素分析——我国经济社会背景下的制度安排为视角》,载《中国证券期货》2013 年第 5 期。

44. 潘永明、王芊:《中小企业集合发债的经济学研究》,载《商业研究》2012 年第 2 期。

45. 彭宇松:《我国信用评级业的发展困境与监管启示——基于信誉机制理论的视角》,载《财经科学》2011 年第 9 期。

46. 单飞跃:《需要国家干预的法哲学分析》,载《现代法学》2005 年第 3 期。

47. 史际春、王先林:《建立我国中小企业法论纲》,载《中国法学》2000 年第 1 期。

48. 时晋、曾斌:《市场分立与监管竞争——我国公司债券市场发展的法经济学研究》,载《金融法学家》2012 年第 4 期。

49. 孙琳、王莹:《我国中小企业集合债融资和新型担保模式设计》,载《学术交流》2011 年第 6 期。

50. 田霄燕、杨闩:《意大利产业"真实服务"经验及对浙江的启示》,载《浙江经济》2003 年第 10 期。

51. 王保树:《金融法二元规范结构的协调和发展趋势——完善金融法体系的一个视角》,载《广东社会科学》2009 年第 1 期。

52. 王传东、王家传:《中小企业信用担保的国际经验与借鉴》,载《环球金融》2002 年第 10 期。

53. 王芳:《我国债券市场信息披露的现状、问题与对策》,载《证券市场导报》2013 年第 2 期。

54. 王国刚:《论公司债券与企业债券的分立》,载《中国工业经济》2007 年第 2 期。

55. 王坤:《企业债券法律风险及防范措施分析》,载《中国商贸》2013 年第 14 期。

56. 王升义:《我国公司债券法律制度完善之初探——以对两个案例的分

析为视角》,载徐明主编:《证券法苑》(第 4 卷),法律出版社 2011 年版。

57. 王素莲:《论中小企业信用担保体系的组织取向》,载《当代经济研究》2005 年第 1 期。

58. 王显勇:《中小企业法论》,载《政治与法律》2006 年第 5 期。

59. 魏治勋:《"规范分析"概念的分析》,载《法学论坛》2008 年第 5 期。

60. 吴军、张旭路:《我国银行间债券市场属性研究》,载《广东金融学院学报》2010 年第 2 期。

61. 吴志攀、彭冰等:《证券发行法律制度完善研究》,载黄红元、徐明主编:《证券法苑》(第 10 卷),法律出版社 2014 年版。

62. 夏芳:《信用评级的声誉资本与付费模式》,载《征信》2013 年第 6 期。

63. 肖翔、洪欣:《小微企业征信服务的国际经验借鉴》,载《金融与经济》2014 年第 5 期。

64. 徐鲲:《基于协同理论的高科技中小企业集合债融资问题研究》,载《科技与管理》2012 年第 1 期。

65. 徐明、卢文道:《从市场竞争到法制基础:证券交易所自律监管研究》,载《华东政法学院学报》2005 年第 5 期。

66. 徐小华:《中小企业集合票据及其担保方式创新》,载《浙江金融》2012 年第 8 期。

67. 薛克鹏:《国家干预的法律分析》,载《法学家》2005 年第 2 期。

68. 杨林瑞、尹良培:《中小企业融资问题的法律研究》,载《中国法学》2003 年第 3 期。

69. 叶湘榕:《论我国商业性担保机构的发展》,载《商业经济与管理》2004 年第 2 期。

70. 应飞虎:《需要干预经济关系论——一种经济法的认知模式》,载《中国法学》2001 年第 2 期。

71. 岳彩申:《经济发展方式转变中的宏观调控制度转型》,载《法商研究》2012 年第 2 期。

72. 曾江洪、段丽:《中小企业集合债券的生存空间与信用风险控制》,载《财务与金融》2012 年第 4 期。

73. 曾江洪、俞岩:《我国中小企业集合债券融资模式探讨》,载《证券市场导报》2010 年第 8 期。

74. 张浩川:《论日本产业集群政策及其对我国的启示》,载《复旦学报》(社会科学版)2010 年第 4 期。

75. 张良贵、张英杰:《企业债发行中信用增级的成本优势与风险》,载《金融时报》2014 年 10 月 13 日。

76. 张捷捷:《论中国公司债券市场若干核心制度之完善——以债市监管、中小企业债券、债券投资者权益保护为视角》,载《经济体制改革》2013 年第 5 期。

77. 张强、张宝:《金融危机背景下我国信用评级机构声誉研究》,载《经济经纬》2010 年第 1 期。

78. 张媛:《论我国〈证券法〉中公司债券法律制度的适用与完善》,载徐明主编:《证券法苑》(第 5 卷),法律出版社 2011 年版。

79. 张玉华、杨爱君:《依托供应链发行中小企业集合票据的构想》,载《财会月刊》2012 年第 35 期。

80. 中小企业担保课题组:《中小企业信用担保的总体情境与财政政策匹配》,载《改革》2012 年第 3 期。

81. 邹炜、邹晓云:《中小企业集合债券信用增级:韩国模式及借鉴》,载《青海金融》2011 年第 5 期。

82. 周小川:《推进中国债务资本市场持续健康发展》,载《中国金融》2010 年第 23 期。

83. 周颖、沙磊:《中小企业集合债券的关键特征对其融资效率影响的实证研究——对优化和推动中小企业集合债券产品的启示》,载《管理工程学报》2013 年第 1 期。

84. 周云:《论我国中小企业信用担保法律制度的完善》,载《企业经济》2011 年第 7 期。

85. 朱小川:《浅议我国债券市场的制度改革——从改革〈企业债券管理条例〉开始》,载《证券市场导报》2011 年第 5 期。

86. 岑雅衍:《中国债券市场监管法律制度研究——以监管不完备为视角》,华东政法大学 2009 年博士学位论文。

87. 董晓春:《基于制度变迁的中国债券市场结构与行为研究》,复旦大学 2006 年博士学位论文。

88. 韩娜:《中日中小企业基本政策法规比较研究》,西北农林科技大学

2008 年博士学位论文。

89. 黄志:《中小企业集群集合债券融资模式研究》,浙江师范大学 2012 年硕士学位论文。

90. 李响玲:《论新趋势下的证券交易所自律监管》,华东政法大学 2012 年博士学位论文。

91. 李园园:《公司债券持有人利益法律保护研究——以负债代理成本为视角》,中国政法大学 2007 年博士学位论文。

92. 刘迎霜:《公司债:法理与制度——以我国公司债法律制度梳理为中心》,华东政法大学 2008 年博士学位论文。

93. 彭秀坤:《国际社会信用评级机构规制及其改革研究》,苏州大学 2012 年博士学位论文。

94. 任洁:《中小企业集合债券法律问题研究——基于我国已发行的“07 深中小”、“07 中关村”、“09 连中小”的研究》,山西财经大学 2010 年硕士学位论文。

95. 田春雷:《金融资源配置公平及其法律保障研究》,武汉大学 2012 年博士学位论文。

96. 吴敏:《我国企业债券信用增进研究》,湖南大学 2013 年博士学位论文。

97. 吴小瑾:《基于社会资本视角的中小企业集群融资机制研究》,中南大学 2008 年博士学位论文。

98. 杨晓娇:《我国中小企业信用担保法律制度的完善》,华中科技大学 2012 年硕士学位论文。

99. 叶世清:《征信的法理研究》,西南政法大学 2008 年博士学位论文。

100. 张民安:《过错侵权责任制度研究》,中国社会科学院研究生院 2002 年博士学位论文。

101. 周慧:《论公司债信用风险的法律控制》,中国政法大学 2008 年博士学位论文。

102. 周颖:《中小企业集合债券研究》,中南大学 2009 年博士学位论文。

103. 周沅帆:《增信体系与债券市场发展——从经济转轨角度的研究》,东北大学 2010 年博士学位论文。

104. [美]迈克·E. 波特:《簇群与新竞争经济学》,郑海燕、罗燕明等编译,载《经济社会体制比较》2000 年第 2 期。

二、外文类参考文献

1. John Naisbitt, *Global Paradox: The Bigger The World Economy, the More Powerful Its Smallest Players*, New York, William Morrow, 1994.

2. Lawrence M. Friedman, *The Legal System*, New York, Russell Sage Foudation, 1975.

3. L. Loss, *Fundamentals of Securities Regulation*, Boston, Little Brown & Co., 1983.

4. R. G. Noll, *Regulatory Policy and the Social Sciences*, California, University of California press, 1985.

5. T. L. Hazen, *Treatise on the Law of Securities Regulation*, St. PAWL, West Publishing Co., 1990.

6. Nicholas Rafferty, *The Tortious Liability of Professionals to Their Contractual Clients*, *Issues in Tort Law*, Toronto, The Carswell Company Limited, 1983.

7. Kenneth J. Arrow, "Grifts and Exchanges", *Philosophy and Public Affairs Vol.* Ⅰ, 1972.

8. A. Banerjee, et al., "Thy Neighbor's Keeper: The Design of a Credit Cooperative with Theory and a Test", *Quarterly Journal of Economics* 109, 1994.

9. Daniel C. Esty, Damien Geradin, "Regulatory Co-Opetition", *Journal of International Economic Law* 3, 2000.

10. Frank H. Easterbrook, Daniel R. Fischel, "Mandatory Disclosure and the Protection of Investors", *Virginia Law Review* 70, 1984.

11. David P. Ely, Kenneth J. Robinson, "Consolidation, Technology, and the Changing Structure of Banks' Small Business Lending", *Economic and Financial Policy Review*, 2001.

12. Larry E. Ribstein, Erin A. O'Hara O'Connor, "From Politics to Efficiency in Choice of Law", *University of Chicago Law Review* 67, 2000.

13. John R. M. Hand et al., "The Effect of Bond Rating Agency Announcement on Bond and Stock Prices", *The Journal of Finance* 47, 1992.

14. J. D. Finnerty, " An Overview of Corporate Securities Innovation", *Journal of Applied Corporate Finance*, 1992.

15. Kasemets K. ,et al. ,"SME Support Policy in European Union and Baltic States: Principles and Problems", *ERSA conference papers ersa* 01 p. 213, *European Regional Science Association*, 2001.

16. K. Gatsios, P. , " Holmes Regulatory Competition and Internalization Harmonization",*Global Economic Institutions Working Paper*,1997.

17. Louis D. Brandeis, "Other People's Money and How the Bankers Use It",*National Home Library Foundation*, 1993.

18. S. Myers, N. Majluf, " Corporate Financing and Investment Decisions When Firms Have Information That Investors Do Not Have", *Journal of Financing Economics* 13,1984.

19. North D. et al. , "Public Sector Support for Innovating SMEs", *Small Business Economics* 16,2001.

20. Shang Jin Wei, "Siarnese Twins – Is There State – Owned Bias", *China Economic Review* 8,1997.

21. J. E. Stiglitz and A. Weiss, "Credit Rationing in Markets with Imperfect Information",*American Economic Review* 71,1981.

22. Wallce E. Oates and Robert M. , "Schwab Economic Competition among Jurisdictions: Efficacy Enhancing or Distortion Inducing", *Journal of Public Economics* 35,1988.

23. Corporative Executive Board, " Credit Scoring for High-EndSmall Business Customers",*Business Banking Board Issue Brief*,2001.

24. United States Supreme Court Reports,95 Law. Ed. Oct. 1950 Term, The Lawyers Cooperative Publishing Company,1951.

附录1：中小企业集合债券调查问卷

为进一步支持中小企业融资，探索发展符合中小企业需求特点的直接融资渠道，扩大中小企业集合债券发行规模，推动相关法制建设，我们正在对中小企业集合债券有关情况进行专题调研。本次问卷调查的目的是征集中小企业对政府扶持中小企业融资、发展中小企业集合债券的意见和建议，为相关法制建设提供参考。

我们郑重承诺：遵守调查道德和相关规范，绝不泄露企业秘密。衷心感谢对我们工作的支持！

填写说明：调查问卷中的选择题，除有说明外，均为单选题；涉及金额单位均为人民币。

第一部分　企业基本情况

1. 贵企业所在地点：________市________县（市、区）________镇（街）

2. 贵企业成立时间：________年________月

3. 贵企业的性质：

□股份有限公司　□有限责任公司　□合伙企业　□独资企业

4. 贵企业的规模：

□中型企业（注：300人≤员工人数<1000人，2000万元≤营业收入<40,000万元）

□小型企业(注:20 人≤员工人数<300 人,300 万元≤营业收入<2000 万元)

□微型企业(注:员工人数<20 人或营业收入<300 万元)

5. 贵企业最近一年的净资产大约为:

□1000 万元以下 □1001 万~3000 万元 □3001 万~6000 万元

□6001 万~1 亿元 □1 亿~2 亿元 □2 亿~3 亿元

□3 亿~5 亿元 □5 亿元以上

6. 贵企业近三年融资的主要途径及其比重为(多选):

□向亲友借贷____% □民间借贷____% □银行贷款____%

□企业间借贷____% □发行股票____% □信托计划____%

□发行中小企业集合债券____% □其他____%

7. 贵企业对以下哪种融资方式的需求最大(选最需要的 3 项):

□亲友借贷 □民间借贷 □银行贷款 □企业间借贷

□发行股票 □信托计划 □发行中小企业集合债券

8. 贵企业融资主要需要哪一类型的资金:

□短期资金(1 年以内) □中期资金(1~3 年) □长期资金(3 年以上)

9. 贵企业通过民间渠道融资的难易程度:

□非常容易 □比较容易 □一般 □比较难 □非常难

10. 贵企业从银行获得贷款的难易程度:

□非常容易 □比较容易 □一般 □比较难 □非常难

11. 贵企业发行股票的难易程度:

□非常容易 □比较容易 □一般 □比较难 □非常难

12. 贵企业发行中小企业集合债券的难易程度:

□非常容易 □比较容易 □一般 □比较难 □非常难

13. 贵企业融资困难的主要原因是(多选):

□缺乏抵质押资产 □缺乏信用担保 □信用评级无法达到标准

□信用信息管理不健全 □成本太高 □缺乏政策或政策不配套

14. 贵企业获得信用担保的主要途径(多选):

□上下游企业担保 □政策性担保机构 □商业担保机构 □互助担保

15. 贵企业所在地是否已经建立中小企业信用担保体系:

□已经建立　□正在建立　□没有建立　□不清楚

16. 贵企业获得信用担保的难易程度：

□非常容易　□比较容易　□一般　□比较难　□非常难

17. 对目前的中小企业信用担保机构提供的担保服务，贵企业感到：

□很满意　□比较满意　□一般　□不太满意　□很不满意

18. 贵企业所在地是否已经建立企业信用信息征集与评价体系：

□已经建立　□正在建立　□没有建立　□不清楚

19. 贵企业认为中小企业信用管理不完善的原因是：

□信用法律制度不健全　□社会征信体系不健全　□信用中介服务落后

□中小企业治理结构简单　□中小企业信息披露成本高　□其他

20. 贵企业的信用等级为：

□未评级　□________级(AAA,AA,A,BBB,BB,B 等)

21. 贵企业认为信用评级对中小企业的作用：

□有利于提升信息透明度　□有利于降低企业发布信用信息成本

□有利于降低企业发行债券成本　□作用不大

第二部分　中小企业集合债券需求情况

22. 贵企业对中小企业集合债券的了解程度：

□非常了解　□比较了解　□一般　□不了解

23. 贵企业通过何种渠道了解中小企业集合债券：

□政府机构　□社会化服务机构　□同业介绍　□新闻

24. 贵企业是否已经发行过中小企业集合债券？(如已发行或正在筹备，请直接跳至第29题)

□已发行　□正在筹备　□没有计划

25. 贵企业不计划发行中小企业集合债券的原因有(多选)：

□组织、审批时间长　□发行成本高　□财务报表不符合要求

□缺乏抵质押担保物　□缺乏组织、筛选和发行标准　□其他

26. 贵企业在发行中小企业集合债券中遇到了哪些困难(多选)：

□组织、审批时间长　□发行成本高　□财务报表不符合要求

□缺乏抵质押担保物　□缺乏组织、筛选和发行标准　□其他

27. 如果参与发行中小企业集合债券，贵企业认为哪种方式最为便利？

□政府发布文件并牵头组织　　□政府制定标准,企业自行组织

28. 贵企业对当地政府牵头发行中小企业债券的作用持何种态度:

□非常重要　　□有一定作用　　□没有作用

29. 贵企业认为,政府在下列哪个环节的工作中发挥的作用大(多选):

□组织申报　　□寻求担保机构　　□寻求承销机构

□为债券贴息　□建立中小企业发展基金

30. 如果参与发行中小企业集合债券,贵企业期望发债的金额为:

□5000 万元以下　　□5001 万~1 亿元

□1 亿~2 亿元　　□2 亿元以上

31. 如果参与发行中小企业集合债券,贵企业能够接受的发债利率为(与贷款基准利率相比):

□下浮 10% 以上　　□下浮 0~10%　　□基准利率

□上浮 0~10%　　□上浮 10%~20%　□上浮 20% 以上

32. 如果发行中小企业集合债券,贵企业的资金用途主要为(多选):

□补充流动资金　　□扩大生产经营规模　□购置固定资产

□新产品新技术研发　□偿还贷款　　□其他(请说明)______

33. 贵企业是否处于产业集群中?

□是　　□否

34. 贵企业认为产业集群中的中小企业发行中小企业集合债券具有哪些优势(多选):

□集体认同形成了诚信的文化氛围　　□减少了企业的合作成本

□有利于企业之间互助共生、相互监督　□无明显优势

35. 贵企业所在地政府是否专门针对中小企业集群融资加强扶持力度:

□是　　□否

36. 贵企业认为政府应当从哪些方面加强对中小企业集群融资的扶持力度(多选):

□制定专门的政策法规　　□鼓励自行组织申报中小企业集合债券

□成立集群内金融机构　　□扶持集群内互助担保

□成立集群内信用促进会

附录2:中小企业集合债券调研报告

为深入了解中小企业的真实愿望和意见,以及中小企业集合债券是否有效发挥了政府对中小企业的扶持和引导作用、是否缓解了中小企业的融资困难、是否保持了合理有序的运行等问题,有必要对中小企业集合债券进行调研,进而对中小企业集合债券理论问题进行检视和反思。

从调研工作的便利性和调研对象的代表性出发,笔者以广东省珠三角地区的佛山、东莞2个城市的中小企业作为调研对象,开展中小企业集合债券抽样调研工作。考虑因素有:第一,珠三角地区的中小企业发展起步早,数量庞大、类型众多,涉及行业广、活跃程度高,能够较大程度地反映我国中小企业的发展现状;第二,佛山市和东莞市的中小企业集群数量较多,所在区域中小企业具有合作优势;第三,佛山市是中小企业区域集优票据的试点城市,能够进一步汲取经验、反馈问题。

笔者于2015年向佛山市和东莞市的120家中小企业发放调查问卷(见附录1)120份,收回103份,其中有效问卷95份,有效问卷回收率为79.17%。因表述需要,调研结果没有全部放置于正文中,而是根据论述中小企业集合债券存在问题的需要,有重点的将部分调研结果引用至正文中予以阐述。现将全部调研结果汇总如下：

一、中小企业融资需求情况

根据当地的经济结构，本次抽样调查选取了不同行业、所有制和规模的样本企业。其中，中型企业占44.2%，小型企业占53.7%，微型企业占2.1%；股份有限公司占30.5%，有限责任公司占64.2%，其余为合伙企业和独资企业。对中小企业近三年融资主要途径和比重的调查显示，86.2%的中小企业主要融资途径为银行贷款，13.8%为向亲友借贷，10.3%为发行中小企业集合债券，发行股票、民间借贷、企业间贷款的数量均为5%左右。从融资途径的难易程度来看，银行贷款较为容易，其次是民间渠道融资和发行中小企业集合债券，发行股票相对较难。而了解中小企业的真实愿望后发现，尽管希望获得银行贷款的中小企业数量最多，占比91.4%；但是有34.5%的中小企业仍然渴望通过中小企业集合债券的形式来扩展融资空间，31%的中小企业期望发行股票，20.7%的中小企业希望通过企业间借贷缓解资金压力。由此可见，期望发行中小企业集合债券的中小企业占比30%以上，已经发行过债券的中小企业仅为10%左右，中小企业集合债券的发行数量尚不能满足中小企业的融资需求。从中小企业融资所需资金类型来看，39.7%的中小企业需要获取短期资金（1年以内），50%的中小企业需要获取中期资金（1～3年），10.3%的中小企业则需要获得长期资金（3年以上）的支持。由于银行贷款一般以短期资金居多，而中小企业集合债券的偿还期限一般为3～6年，为需要中长期资金融通的中小企业提供了更为适合的融资渠道。

二、中小企业信用担保情况

调查显示，中小企业的资源较为短缺，60.3%的中小企业缺少可供抵质押的财产，以致无法为融资提供充分的保障。信用担保作为替代抵质押担保的有效补充途径，在中小企业集合债券信用增级和信用风险防范等方面发挥了重要作用。调查显示，中小企业获取信用担保的途径丰富，主要有：39.7%来自商业性担保机构，34.5%来自政策性担保机构，29.3%来自上下游企业担保，22.4%来自中小企业互助担保。但是，中小企业对本地中小企业信用担保情况了解并不充分，44.8%不清楚本地中小企业信用担保的情况，24.1%认为本地没有建立中小企业信用担保体系，13.8%认为正在建立，17.2%认为已经建立。对于获得信用担保的难易程度，60.3% 的中小企业认为获取担保的难易程度一般，27.6% 的中小企业认为比较困难，只有 8.6% 的中小企业认为容易。对于目前中小企业信用担保机构提供的担保服务满意程度，63.8% 认为一般，19% 认为不太满意，15.5% 认为比较满意，1.7% 认为很满意。可见，真正了解和受惠于中小企业信用担保的中小企业数量仍然有限，中小企业信用担保的覆盖面和服务质量有待提高，中小企业信用担保的体系建设尚待完善。

三、中小企业信用服务情况

中小企业信用服务包括征信与信用评级，是科学筛选中小企业的基础。反言之，征信与信用评级亦是中小企业集合债券不可或缺的风险揭示机制。调查显示，62.1% 的中小企业不了解本地中小企业信用信息采集与评价情况，10.3% 的中小企业认为本地没有建立中小企业征信体系，只有 10.3% 和 17.2% 的中小企业认为正在建立和已经建立了中小企业征信体系。中小企业的信用等级普遍不高，且大部分中小企业从未开展过信用评级。（见附图 1）

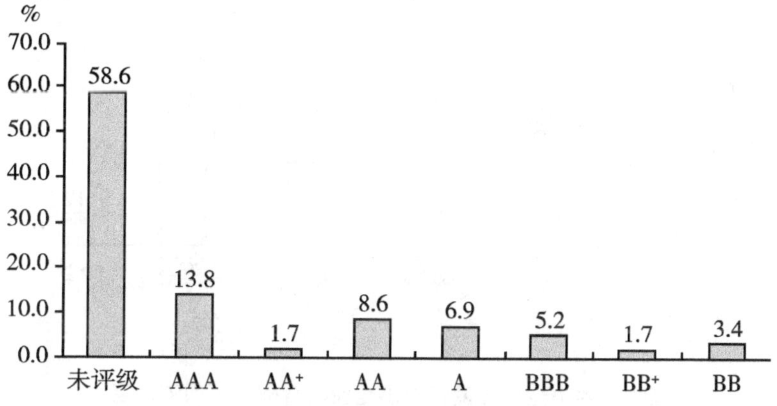

附图 1　被调查中小企业的信用等级情况

对此，46.6% 的中小企业将自身信用管理不完善的原因归因于社会征信体系不健全，39.7% 归因于信用法律制度不完善，31% 认为中小企业信息披露成本高，27.6% 认为信用中介服务落后，25.9% 认为中小企业内部治理结构简单。以上数据显示，目前我国征信体系尚不完善，征信机构没有提供充分的信用信息服务，多数中小企业对征信活动认可度不高、主动参与信用评级的积极性不强。

四、中小企业集合债券(中小企业集合票据)的需求情况

(一)中小企业集合债券的宣传情况

数据显示,46.6%的中小企业对中小企业集合债券不了解,36.2%的中小企业一般了解,只有13.8%的中小企业比较了解,仅仅3.4%非常了解。对于了解中小企业集合债券的途径,41.4%的中小企业表示是政府机构提供了这一信息,24.1%的中小企业通过社会化服务机构进行了解,20.7%和25.9%的中小企业则由同业介绍和收看新闻而得知。鉴于了解是中小企业自愿发行债券的基础,宣传力度不足使中小企业集合债券的推广和募集效果大打折扣。

(二)中小企业集合债券的发行问题

在抽样调研结果中,70.7%的中小企业尚没有计划发行中小企业集合债券。不计划发行的困难因素主要有:发行成本高,缺乏组织、筛选和发行标准,组织、审批时间过长等。数据显示,13.8%的中小企业已发行中小企业集合债券,15.5%的中小企业正在筹备发行,在发行中遇到的主要困难。(见附图2)

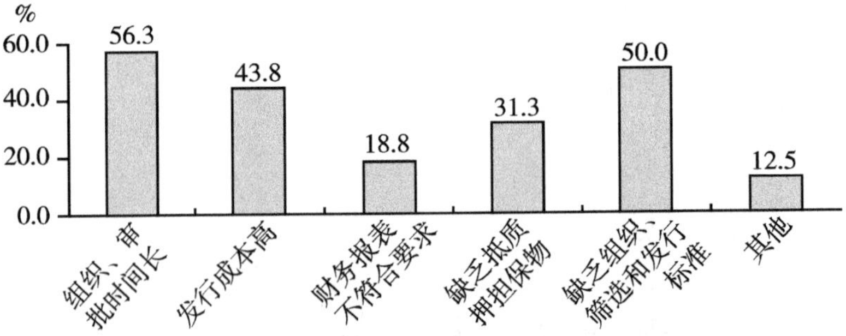

附图2 中小企业在发行中小企业集合债券中遇到的困难

首先,中小企业集合债券的组织审批环节多、时间跨度大,与中小企业资金融通在时间上要求"短、平、快"的特点不相适应。其次,缺少中小企业组织、筛选和发行标准,亦会使中小企业无法提前审度自身资源,增加了融资方案抉择时间。最后,中小企业缺乏发债"绿色通道"、缺少信用担保以及信用管理能力不足等问题也影响了中小企业集合债券的发行。

(三)中小企业集合债券的组织形式

调查显示,63.2%的中小企业赞同以政府发布文件并牵头组织的形式发行中小企业集合债券;25.9%的中小企业认为可以先由政府制定标准,后由企业自行组织。37.9%的中小企业认为政府牵头的作用非常重要,62.1%的中小企业认为政府在其中发挥了一定的作用,没有中小企业否定政府的工作成效。中小企业认为政府可以在以下几个环节为其发行债券发挥重要作用。(见附图3)

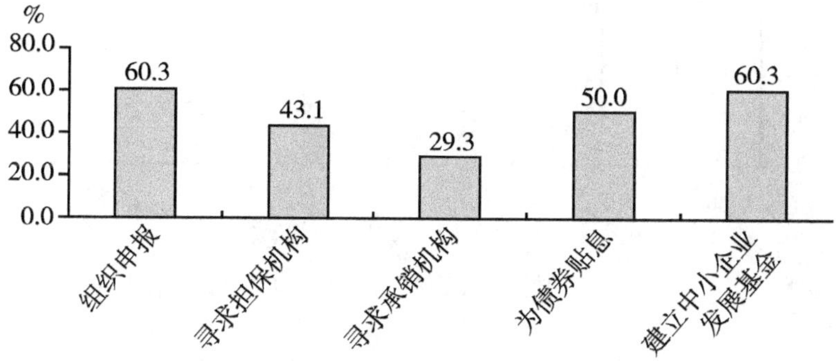

附图3　政府在牵头发行中小企业集合债券过程中的作用

(四)中小企业集合债券的发债利率

调查显示,中小企业可接受发债利率与银行贷款基准利率相比上浮0~10%的比例为25.9%;可接受发债利率与银行贷款基准利率持平的比例为24.1%,居次位;可接受发债利率与银行贷款基准利率相比上浮10%~20%的比例为19%,居第三。(见附图4)

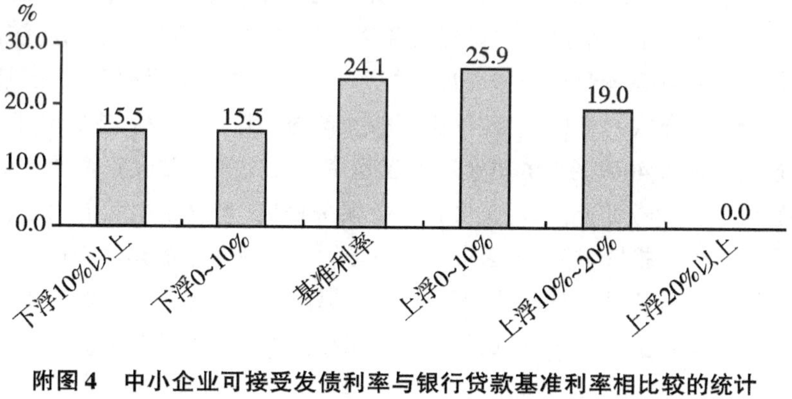

附图4　中小企业可接受发债利率与银行贷款基准利率相比较的统计

由此可见,中小企业普遍可以接受较高的发行利率。中小企业的信用风险相对较高,投资者理应享受更高的债券收益。但是,与高收益相对应的高利率却受到了立法的限制,中小企业不能通过高回报率来吸引投资者,其融资竞争优势无法通过市场化的方式进行识别。

(五)中小企业集合债券的资金用途

调查显示,中小企业资金使用灵活,在各个方面均有需求。(见附图5)

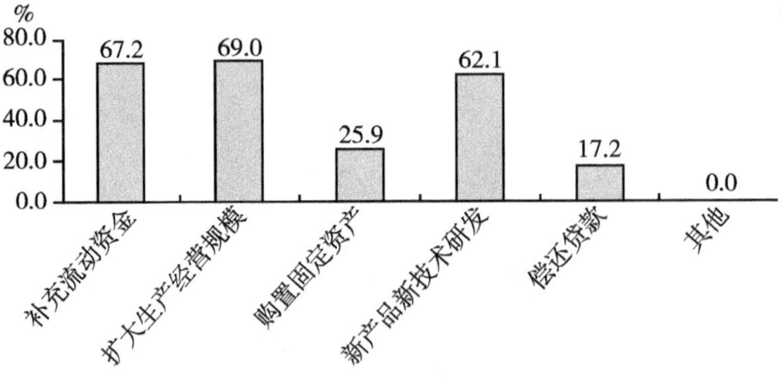

附图5　中小企业集合债券募集资金的主要用途

中小企业相关法规还存在一定程度的计划性,对募集资金比例进行了限制。2008年国家发改委《关于推进企业债券市场发展、简化发行核准程序有关事项的通知》(已失效)曾要求,债券所筹资金用途应符合国家产业政策和行业发展方向,所需相关手续齐全;用于固定资产投资项目的,不得超过项目总投资的60%;用于收购产权的,比照该比例执行;用于调整债务结构的,应提供银行同意以债还贷的证明;用于补充营运资金的,不得超过发债总额的20%。这种干涉中小企业自主管理债务资本的做法,并不符合市场经济的发展规律。2015年国家发改委办公厅《关于简化企业债券审报程序加强风险防范和改革监管方式的意见》对此作出了较大改进,其内容包括:支持企业利用不超过发债规模40%的债券资金补充营运资金。为提高债券资金使用效率,对闲置的部分债券资金,发行人可在坚持财务稳健、审慎原则的前提下,将债券资金用于保本投资、补充营运资金或符合国家产业政策的其他用途,但不得由财政部门统筹使用,或用于股票投资等高风险投资领域等。在此基础上,如果能够对募集资金进一步放宽,将更有利于激发中小企业的活力。

(六)依托中小企业集群发行中小企业集合债券的优势

调查显示,46.6%的中小企业处于产业集群中。对于中小企业集群的发债优势,62.1%的中小企业认为有利于企业之间互助共生、相互监督,60.3%的中小企业认为集体认同形成了诚信的文化氛围,50%的中小企业认为减少了企业的合作成本,仅仅6.9%的中小企业认为无明显优势。可见,中小企业集群具有开展信用合作的天然优势。目前,尽管我国政府越发重视中小企业集群的发展,但是有关的政府政策仍显不足。调查显示,43.1%的中小企业认为本地政府没有专门针对中小企业集群加强扶持。外部环境是中小企业集群成长的重要保障,政府的扶持和引导措施将对改善中小企业集群融资环境起到重要作用。中小企业认为,政府可以从以下途径加强对中小企业集群融资扶持力度。(见附图6)

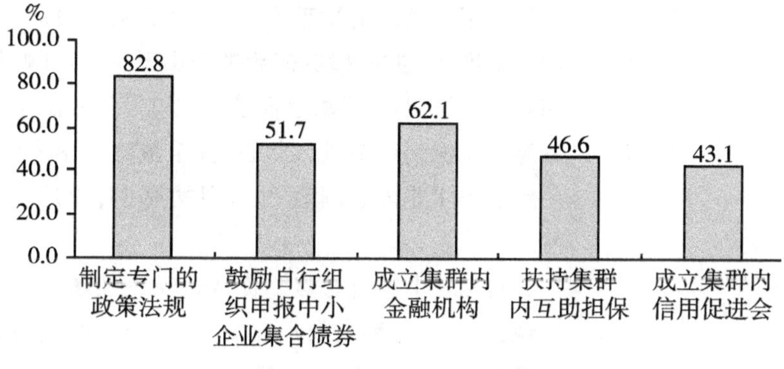

附图6　中小企业对政府加强中小企业集群融资扶持力度的看法

后 记

本书是在我的博士学位论文基础上修改而成的。

回想19年前那个百年更迭、千年交替的世纪节点,对每个人来说,都是具有符号性意义的新起点。心智上刚度过蓬头学垂伦、急走追黄蝶阶段的我,跳出故书堆,闯进象牙塔,来到歌乐山下、嘉陵江畔的西南政法大学,踏上了法学征程的起点。从对法学懵懂的感性认识到逐渐进入状态,及至最终与学术结缘,一路走来实非内心刻意,更无外力强制,皆是顺其自然。

自然之中也有必然。费希特在论及学者的使命时说,人具有各种意向和天资,而每个人的使命就是尽可能地发挥自己的一切天资。博士毕业之后,我在科研岗位上不断探寻对学术的敏感性、积攒学识经验、训练学术技能,从而不断认识和强化了自己所谓的“天资”。如今,再回过头来审读、修改当年的博士学位论文时,心中却有五味杂陈。既为当年“三余”读书、追求实证的收获感到欣喜,也为书中内容的粗浅而汗颜。究其缘由,中小企业集合债券本身是由政府创设、扶持和规范的产物,其发展既要接受市场的筛选,又考验政府的智慧。受市场风险和扶持成本的双重制约,中小集合债券自身发展受阻,却又以“小微企业增信集合债”“小微企业绿色集合债”等不同形式出现，使所涉及的法律问题更加宽泛和复杂。加之随着《证券法》的修订，国家发改委、央行和证监会的债券发展政策亦推陈出新，中小企业集合债券法律体系的建构仍需调整和完善。以上问题的存在，虽然短时难以解决，但也为我今后进一步的研究提供了努力方向。

特别感谢我的导师卢代富教授。他呵护我走过本科、硕士、博士10多年寒窗之旅，并始终在我身侧起到引导、提点、培育的重要作用。卢师是个极其纯粹、极其低调的师者，在清贫寂寞中熠熠生辉，在默默不言中彰显品格，始终是我的学术导师和人生圭臬。他数十年如一日对经济法事业孜孜以求，将治学教书育人作为自己的最大兴趣和最高追求，其渊博深厚的学识、严谨细致的治学、宽厚谦和的为人受到普遍赞誉，在学生中有着极高威望。卢师在学习和生活上给予我极大帮助和指导，尤其是在博士学位论文写作过程中，从论文选题、文章布局、观点论述，甚至语法句式、格式规范、标点符号等，无不倾注了卢师大量心血。回首这些年，既是一场自我磨砺，磨掉青丝，砺尽浮华，得一卷油墨铅字；更得卢师谆谆教诲，教在学术，诲在德行，可一生受用无穷。

我还得感谢"师公"李昌麒教授，作为中国经济法学的开拓者和奠基人之一，他为真理而坚守，为"三农"鼓与呼，为弱势群体代言，及至耄耋之年仍牵挂学术和学生，得其点拨使我犹如醍醐灌顶。感谢张怡教授、岳彩申教授、盛学军教授、江帆教授等师长在我读书求学期间给予的关心指导，感谢张波、曹泮天、叶世清、肖顺武等学长给我诸多支持鼓励，感谢法律出版社编辑兼同窗师妹陈妮为本书出版所付出的辛劳，他们的无私帮助使我在迷茫时找到方向，在前行中得到力量，点滴恩泽永难忘怀。

陈怡西

2020年初春于广州

图书在版编目(CIP)数据

中小企业集合债券法律制度研究 / 陈怡西著. -- 北京：法律出版社，2020
(金融财税法学前沿问题论丛 / 许多奇主编)
ISBN 978-7-5197-3878-5

Ⅰ. ①中… Ⅱ. ①陈… Ⅲ. ①中小企业-债券-证券法-研究-中国 Ⅳ. ①D922.287.4

中国版本图书馆 CIP 数据核字(2019)第 209717 号

中小企业集合债券法律制度研究
ZHONGXIAO QIYE JIHE ZHAIQUAN FALÜ ZHIDU YANJIU

陈怡西 著

策划编辑 陈 妮
责任编辑 陈 妮
装帧设计 汪奇峰

出版 法律出版社
总发行 中国法律图书有限公司
经销 新华书店
印刷 北京虎彩文化传播有限公司
责任校对 周合芝
责任印制 吕亚莉

编辑统筹 法治与经济出版分社
开本 710 毫米×1000 毫米 1/16
印张 14.75
字数 235 千
版本 2020 年 6 月第 1 版
印次 2020 年 6 月第 1 次印刷

法律出版社/北京市丰台区莲花池西里 7 号(100073)
网址/www.lawpress.com.cn
投稿邮箱/info@lawpress.com.cn
举报维权邮箱/jbwq@lawpress.com.cn
销售热线/400-660-8393
咨询电话/010-63939796

中国法律图书有限公司/北京市丰台区莲花池西里 7 号(100073)
全国各地中法图分、子公司销售电话：
统一销售客服/400-660-8393/6393
第一法律书店/010-83938432/8433　西安分公司/029-85330678　重庆分公司/023-67453036
上海分公司/021-62071639/1636　深圳分公司/0755-83072995

书号:ISBN 978-7-5197-3878-5　**定价**:68.00 元